Intelligent Teaching in Big Data Era

大数据时代的
智慧教学

技术对教育的赋能与重塑

赵 衍◎著

上海财经大学出版社
SHANGHAI UNIVERSITY OF FINANCE & ECONOMICS PRESS

图书在版编目(CIP)数据

大数据时代的智慧教学:技术对教育的赋能与重塑/赵衍著. 一上海:
上海财经大学出版社,2023.10
ISBN 978-7-5642-4190-2/F・4190

Ⅰ.①大… Ⅱ.①赵… Ⅲ.①教育工作-信息化-研究 Ⅳ.①G43

中国国家版本馆 CIP 数据核字(2023)第 093955 号

本书的出版得到以下两项资助:上海外国语大学 2021 年校级规划项目,基于校园大数据和深度机器学习的学生多模态画像研究(项目编号2020114091);中国教育技术协会"十四五"规划课题,基于校园大数据的教学质量评价研究(项目编号 G001)。

□ 策 划 汝 涛
□ 责任编辑 温 涌
□ 封面设计 贺加贝

大数据时代的智慧教学
——技术对教育的赋能与重塑
赵 衍 著

上海财经大学出版社出版发行
(上海市中山北一路 369 号 邮编 200083)
网 址:http://www.sufep.com
电子邮箱:webmaster@sufep.com
全国新华书店经销
上海天地海设计印刷有限公司印刷装订
2023 年 10 月第 1 版 2023 年 10 月第 1 次印刷

710mm×1000mm 1/16 18.5 印张(插页:2) 322 千字
定价:78.00 元

目录
CONTENTS

前　言

信息技术是 20 世纪最具革命性的技术创新。信息技术的快速发展不断地影响着人类的生产生活方式，颠覆着人类社会既有范式，驱动着各行各业的快速变革。教育，这个人类最古老的行业，也在不断经历着信息技术带来的变革和冲击。在信息化快速发展的社会大环境下，教育信息化的发展也日新月异。信息技术不仅推动着教育技术的发展，也对教育理念和教学范式产生了深刻的影响。

教育信息化是国家信息化和社会数字化的重要组成部分。信息技术在教育领域广泛和深入的应用带来了教学方式和学习方式的巨大变革，对传统教育教学方法产生了巨大冲击，也为丰富教学资源、提升教学效率、提高教育质量、提升教育公平提供了巨大机遇。

我国政府非常重视教育信息化的推广和应用。在进入 21 世纪第 2 个 10 年后，国家集中出台了发展教育信息化的各项政策。2012 年 3 月，教育部印发《教育信息化十年发展规划(2011—2020 年)》，对未来 10 年的教育信息化建设提供了指导意见，指明了总体方向；2012 年 4 月，教育部印发《教育部等九部门关于加快推进教育信息化当前几项重点工作的通知》，对教育信息化的重点工作进行了部署；2012 年 11 月，教育部正式公布第一批教育信息化试点单位名单；2013 年 7 月，教育部印发《关于进一步加强教育管理信息化工作的通知》，为教育管理信息化提供了明确指导；2018 年 4 月 13 日，教育部发布《教育信息化2.0 行动计划》，提出在新时期、新形势下，教育信息化工作应该进行各方面的转变,以应对新挑战。总之,在国家政策的大力推动下,信息化在教育领域的发展正迎来一个新的高峰。

教育的核心是教学,教育信息化的核心是教学信息化。所谓教学信息化,就是综合运用计算机、有线和无线网络、教学平台、多媒体技术、大数据、人工智能、虚拟现实等多种信息技术手段,实现教学全过程的数字化、信息化、智能化和智慧化。通过信息技术手段来促进教育教学改革,从而真正适应信息化社会对人才培养提出的新要求。

自20世纪80年代开始,我国学者就开始了教育教学信息化的研究和探索,发表了一批有重要学术价值的论文和专著。但教育信息化的发展一日千里,特别是近些年来,随着云计算、大数据、物联网、人工智能及相关技术的研究日趋成熟且应用越发广泛,教育教学领域也迎来了新的机遇和挑战。不断创新的信息技术无论是对于国家、社会、学校还是教师和学生,都产生了极其深远的影响。

本书著者及研究团队成员从事教育教学信息化领域的研究和实践工作多年,见证了教育领域近20年从"电化教学"到"智慧教学"的发展历程,深感信息技术对教育教学的影响之大,也深感大数据、人工智能及相关技术对教育教学的影响之深。但由于教育教学信息化尚处于快速发展之中,目前国内还鲜有专门论述大数据、人工智能与教育教学之关系的论著。希望本书的出版是抛一块低价值的"砖",今后能引出更多、更优质的"玉",不断推进中国教育信息化的理论研究和实践向前发展。

本书成于全国上下乃至全球抗击新冠疫情的特殊时期。在抗击新冠疫情期间,信息技术对保障全国大中小学的网络授课和网络办公起到了关键作用。新冠疫情也让教育信息化从幕后走到台前,让更多的人看到信息技术对教育的重要作用,越来越多的人开始重新审视信息化在教育行业的价值。

叶圣陶曾经说过,"教育是农业,不是工业",教育是个特殊的行业,是个缓慢发展和变革的行业。确实,长期以来,"一本书、一支笔、一块黑板、一张讲台"是教学最基本的要素。但是,随着信息时代的到来,一切都悄悄地发生变化:电子书代替了纸质课本,丰富的云端学习资源代替了连篇累牍的参考书,键盘代替了粉笔,屏幕代替了黑板,网络虚拟教室代替了实体教室,传统的教学方法被网络教学、翻转课堂、混合式教学、智慧教学所取代,传统的教学范式逐渐被颠覆。教育,这个古老而缓慢发展的行业正经历着有史以来最大的变革。作为一名高校教师和 IT 工作者,我有幸见证并经历了这个变革的全过程。

本书的撰写,凝结了很多人的劳动:张志悦、莫淇淇、杨喆涵、沈浩宇、王奕杰、俞秀、倪梓琛、张敏、王宁宁、程恺等人为本书收集和整理了大量的资料;在本书的撰写过程中,还得到了张宁、张文正等资深 IT 工程师的帮助;此外,还有很多业内专家给本书提出了非常专业和中肯的修改意见,在此,一并对他们表示衷心的感谢!

最后,特别感谢我的家人,你们的支持是我永远的动力!

赵　衍

2023 年 1 月 8 日

第 1 章

大数据及相关技术概述

大数据(Big Data)这个概念的提出始于"第三次信息化浪潮",大数据具有容量大、类型多、存取速度快、应用价值高等特征。大数据及相关技术主要通过对分散在各个信息系统中的多种不同格式的海量数据进行采集、存储和分析,从而发现隐藏其中的新知识并创造新价值。越来越多的组织认识到大数据技术的合理运用能够显著提高组织竞争力,大数据采集、处理、存储和分析本身也逐渐发展为一种新的服务业态。

1.1 大数据时代的到来

所谓数据(Data),是指对事物的原始记录。自人类诞生以来,数据始终伴随着人们的生产和生活。在传统环境下,由于认知、记录手段和传播能力所限,人类所掌握的数据不仅量少,而且增长缓慢。自 20 世纪 70 年代以来,由于计算机和通信技术的发展,特别是个人电脑和网络技术的发展,通信成本和存储介质价格的持续大幅度下降,以及 Web 2.0、自媒体(We Media)、物联网(Internet of Things,IoT)时代的到来,各种硬件设备和软件系统产生、积累、存储了海量数据,这些数据在数量上超越了人类社会之前几千年积累的总和,人类社会迎来了大数据时代。

1.1.1 大数据时代到来的动因

推动大数据时代到来的第一个动因是互联网通信成本的持续降低。图 1—1 显示,互联网连接成本和总通信成本在 1995 年之后呈指数式下降趋势。当前,互联网通信成本已经降至非常低甚至接近于 0,而美国数字用户线路和有线宽频通信服务费的零售价大约仍为每千位(Bit)2 美分。互联网通信成本在全球范围内的降低,让互联网在包括发展中国家在内的全球各国普及,参与互联网内容创作的人数持续增加,互联网上沉淀的数据量呈爆炸式增长的态势。

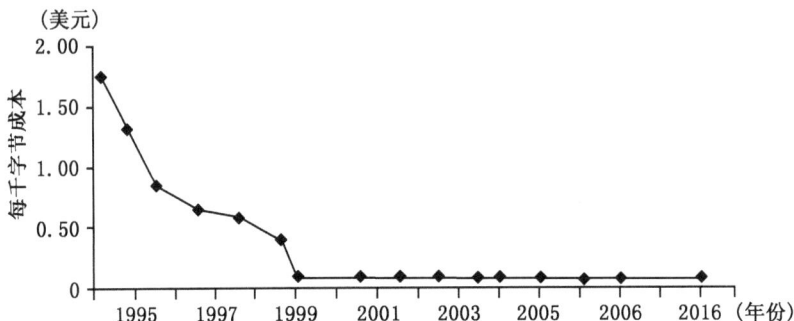

资料来源:肯尼斯·C. 劳顿,简·P. 劳顿. 管理信息系统[M]. 北京:机械工业出版社,2007:145。

图 1—1   互联网通信成本呈指数式下降

推动大数据时代到来的第二个动因是存储成本的大幅度下降。图 1—2 显示,从 1950 年开始,每 1 美元的磁存储介质能够存储的数据量(兆字节数)几乎每 15 个月就翻了一番。从 2019 年开始,随着闪存芯片工艺制程转换的完成,部分固态硬盘(Solid State Drive,SSD)的价格下跌至每 GB[①] 只需 0.6 美元,机械硬盘的价格下降至每 GB 只需 0.3 美元,部分磁带机的价格更是下降到每 GB 只需 0.05 美元。存储介质价格的降低,让企业可以留存越来越多的数据。

推动大数据时代到来的第三个动因是数据产生方式的变化。数据产生的方式在过去几十年经历了三个阶段:

第一阶段是运营式系统阶段。比较典型的是企业销售点(Point of Sales,POS)系统数据库。比如,在超市购物付款时,通过扫描终端,数据库系统会实

---

① GB,即 Gibibyte,是计算机中表示容量的单位,1GB=1 024MB。

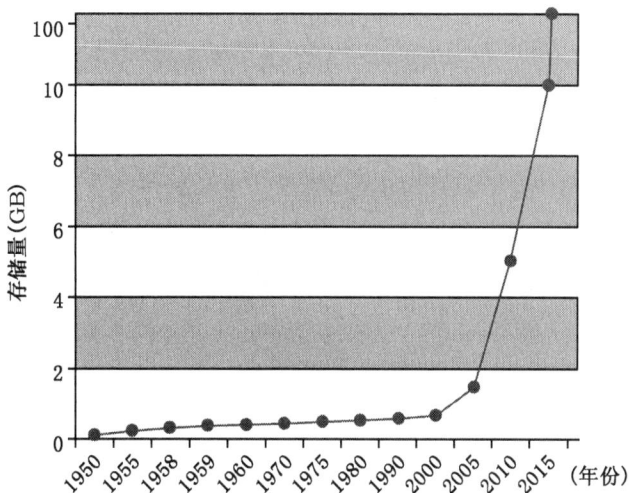

资料来源:肯尼斯·C.劳顿,简·P.劳顿.管理信息系统[M].北京:机械工业出版社,2007:145。

图1-2 1美元存储的数据量

时生成顾客的购物信息。随着各类信息系统在人类生产生活中的广泛应用,这些系统正在积累越来越多的数据。

第二阶段是用户原创内容阶段。随着Facebook、Twitter、微博、微信等社交媒体和自媒体平台的出现,每个网民都可以成为内容创作者和信息发布的主体,由于数以亿计的网民参与了互联网内容的创作,因此互联网信息量暴增。据统计,互联网上每天增加超过500EB①新信息,仅Facebook每天就产生4PB的数据。据英特尔公司估计,仅一台联网的自动驾驶汽车每天若运行8小时,将产生4TB的数据。

第三阶段是感知式系统阶段。进入21世纪以来,物联网技术获得快速发展,物联网终端的感知器每时每刻都在生成大量数据,这些数据也是大数据的重要来源。

2011年,麦肯锡全球研究院(McKinsey Global Institute,MGI)在《大数据:下一个创新、竞争和生产力的前沿》(Big Data:The Next Frontier for Innovation,Competition,and Productivity)报告中提出:随着计算机软硬件的不断升

---

① EB,即Exabyte,是计算机中表示容量的单位,1EB=1 024PB,1PB=1 024TB,1TB=1 024GB。

级和网络带宽的不断扩大,人们产生以及储存数据的能力空前提高,大数据时代正在到来。这个报告引发了强烈反响,学术界、产业界以及政府机构都将大数据视为下一个创新的来源、竞争的焦点和提高生产力的动力。2012 年,在瑞士达沃斯召开的世界经济论坛上,大数据成为论坛主题之一,会上发布的报告《大数据,大时代》(Big Data,Big Impact)认为,大数据是一种新的经济资产类别,其价值堪比石油。以美国为首的发达国家也加快了在大数据行业的布局,巩固和加强其领先地位,2012 年,美国政府推出《大数据研究和发展计划》(Big Data Research and Development Initiative)。我国也极其重视大数据领域的研究和应用,2015 年,党的十八届五中全会公报提出,要实施"国家大数据战略",这是大数据第一次写入党的全会决议,标志着大数据战略正式上升为国家战略。[①] 为贯彻落实《中华人民共和国国民经济和社会发展第十三个五年规划纲要》和《促进大数据发展行动纲要》,加快实施国家大数据战略,推动大数据产业健康快速发展,2016 年,工业和信息化部发布《大数据产业发展规划(2016—2020 年)》,推动我国大数据行业奋起直追,并成为带动国民经济发展以及综合国力提升的强劲动力。[②]

1.1.2　大数据发展的三个阶段

从概念提出到大规模应用,大数据的发展经历了三个时期:

(1)萌芽期

1997 年 10 月,美国国家航空航天局(National Aeronautics and Space Administration,NASA)阿姆斯研究中心(Ames Research Center)的研究员迈克尔·考克斯(Michael Cox)和大卫·埃尔斯沃斯(David Ellsworth)分别在第八届电气和电子工程师协会(Institute of Electrical and Electronics Engineers,IEEE)和美国计算机协会(Association for Computing Machinery,ACM)计算机图形学年会(ACM SIGGRAPH)上提出了"大数据"这一术语。1999 年 8 月,史蒂夫·布莱森(Steve Bryson)等在《美国计算机协会通信》(Communication of ACM)上发文也提出了"大数据"这一术语。在萌芽期阶段,大数据还只是一

---

① 何哲. 五中全会,大数据战略上升为国家战略[EB/OL]. 人民网,politics. people. com. cn/n/2015/1108/c1001−27790239. html,2015−11−08.

② 中华人民共和国工业和信息化部. 工业和信息化部关于印发大数据产业发展规划(2016—2020年)的通知[EB/OL]. http://www.miit.gov.cn,2017−01−17.

个构想中的概念,只包含"大量数据"或"数据集"这一字面意义,其内涵(比如大数据的收集、存储、关联、分析、应用等)尚不清晰。

(2)发展期

进入 21 世纪,随着人类积累的数据量的增加、计算技术和计算机技术的进步,与大数据相关的各种技术开始迅速发展。由于存在广阔的应用前景,越来越多的科研人员投身于大数据研究。英国的《自然》(Nature)杂志、美国的《科学》(Science)杂志等学术期刊相继推出了大数据专刊,探讨大数据在互联网、生物学、经济研究、环保、医疗等多个领域的应用前景和面临的困难。在这个时期,大数据的相关技术不断发展,其内涵也得到进一步丰富,大数据在各个领域的应用价值也逐渐被开发出来。

(3)成熟应用期

从 2011 年开始,大数据进入发展成熟期和大规模应用期。2011 年 5 月,麦肯锡全球研究院发布了《大数据:下一个创新、竞争和生产力的前沿》报告,首次系统化阐述大数据的概念及相关的核心技术,标志着大数据的概念已经趋向成熟。2012 年,在达沃斯世界经济论坛上,大数据成为主题之一。会议报告提出,大数据已经成为一种新的经济资产类别,就像货币和黄金一样。之后,联合国经济合作与发展组织(Organization for Economic Co-operation and Development,OECD)相继发布大数据发展战略。大数据领域成为各个国家、企业、组织争相抢夺的战略高地。

1.1.3　大数据的特征

与传统的结构化数据相比,大数据有其特性,而对大数据特性的描述也林林总总。2001 年,麦塔集团(META Group)分析师道格·莱尼(Doug Laney)提出大数据的"3V"特性,即数据量大(Volume)、数据进出速度快(Velocity)和数据种类多样(Variety)。

之后,更多的研究者开始从特性的角度去研究、剖析大数据,不断完善和丰富"3V"观点。其中,国际数据公司(International Data Corporation,IDC)的观点最为权威,也得到了广泛认同。IDC 在其发布的《从混沌中提取价值》(Extracting Value from Chaos)报告中提出大数据的"4V"特性,即数据容量大(Volume)、数据类型繁多(Variety)、处理速度快(Velocity)、商业价值高(Value)。

（1）数据容量大

这篇报告中提出了大数据的摩尔定律（Moore's Law of Big Data）：数据每年都在以 50% 的速度增长，人类在最近两年产生的数据量相当于之前产生的全部数据量的总和。这一定律给人们带来数据量爆炸式增长的直观感受，也表明大数据的首要特性：数据体量巨大，单一数据集的体量从几十个 TB 到数个 PB 不等。

（2）数据类型繁多

大数据由结构化和非结构化数据组成，其中，大部分数据为非结构化数据（主要是文本、图片、音频、视频等）。数据的种类繁多这一特性意味着我们不能（也无法）用以前处理结构化数据的方法来应对大数据。

（3）处理速度快

很多时候，大数据处理需要为秒级决策提供支持，这意味着大数据从生成到消亡，时间窗口非常窄，因此，留给分析数据和做出决策的时间也非常短，这也对数据的处理速度提出了更为苛刻的要求。

（4）商业价值高

大数据的价值密度低，但商业价值高，同一数据可以反复使用，不会被消耗，可以根据研究者的目的用于不同的研究。在很多国家的政府组织报告中，将大数据视为石油和黄金，这充分体现了研究者对其价值的肯定。

1.1.4　大数据的影响

大数据的发展给当今社会带来了深远的影响，吉姆·盖瑞（Jim Gray，2009）认为，大数据分析已成为继实验、理论和计算之后，科学研究的第四种范式。此外，大数据对人们思维模式的影响也是颠覆性的（李学龙等，2015），人们在 20 世纪积累的基于概率论的抽样统计分析在大数据时代遇到严峻挑战。大数据分析对统计学分析的挑战主要体现在：

（1）全样而非抽样

由于缺乏全量数据及相关计算能力，统计学惯用的方法是抽样研究，即通过对局部样本的统计分析来了解总体的规律。囿于数据采集和数据处理能力的限制，传统的统计学研究致力于通过尽可能少的样本来了解总体，从而产生了各种各样的抽样调查技术，其中不乏一些非常优秀的抽样和分析方法，这些方法在实践中得到了检验。然而，抽样调查工作的开展有严格设定的假设条件,因此,不论抽样技术有多么完美,获取的数据永远只是总体中的一小部分,样本永远只是对总体情况的片面反映。而在大数据时代,数据收集和数据处理的能力得到前所未有的提高,传统的抽样统计面临的限制被打破,统计学中抽样调查工作思想开始转变为全样调查。如今,大数据分析面临的数据是过去资料的总和,样本就是总体,通过对所有相关数据的分析,既能够得到总体情况,又能够得到局部信息。

(2)效率而非精确

传统的抽样统计分析要求所获数据具备完整性、精确性(准确性)、可比性与一致性等性质(朱建平等,2014)。由于通过抽样得到的数据量有限,数据处理技术也比较落后,因此,数据分析的目的是希望用有限的数据尽可能全面、准确地反映总体特征。也是由于这个原因,传统的抽样统计对所获数据的准确性要求是非常严格的。而在大数据时代,数据来源非常广泛,数据量非常庞大,加之数据处理能力和技术在不断进步,因此,对数据准确性的要求不再那么严格,但对数据处理的效率要求很高。在对数据处理时效性追求甚高的今天,如果过于追求精确而拖长数据处理结果的生成,将会因小失大。

(3)相关而非因果

传统的统计分析是一种实证研究(Empirical Study),一般会预先通过理论分析,假设变量之间存在某种因果关系,基于此因果关系假设构建数学模型,并用抽样数据检验模型,从而证实或证伪假设的因果关系。在大数据时代,由于数据规模庞大、数据类型多样、数据结构和数据关系复杂,预设并验证因果关系的工作更加复杂,因此,人们更加关心数据之间的相关性而非因果性,这也是追求数据分析效率的一种表现。例如,在某人网购一件商品后,互联网商家会向他推荐购买此商品的其他用户还购买了什么,而不会特意去研究这些商品之间的因果关系。在大数据时代,系统常常需要处理流式数据(Streaming Data),这些数据的价值密度低且具有很强的时效性,一些数据的价值周期往往按"天"甚至"秒"来计算,因此,在这样的场景下,往往并不需要深究其中的因果关系。

大数据已成为当今的一股潮流,这股潮流催生了大数据分析产业的发展,很多专业从事大数据分析的公司如雨后春笋般崛起,也让很多一度陷入困境的企业焕发新生。大数据背后蕴藏的巨额财富正在将资本和人才源源不断地吸引进来,了解乃至掌握大数据相关技术也成为大数据时代个人能力提升的迫切需求。

1.2 大数据处理涉及的主要技术

进行大数据处理的首要条件是要有数据,且这个数据的体量要大。大数据的来源主要有个人数据、公共部门提供的数据和私人部门提供的数据,将这些数据存放在共享的数据库中,通过数据挖掘和数据分析,将分析结果应用于各种行为决策中,比如快速地跟踪和响应、提升对风险行为的认识、对服务需求更准确地刻画、预测需求和供给能力的变化等(见图1—3)。

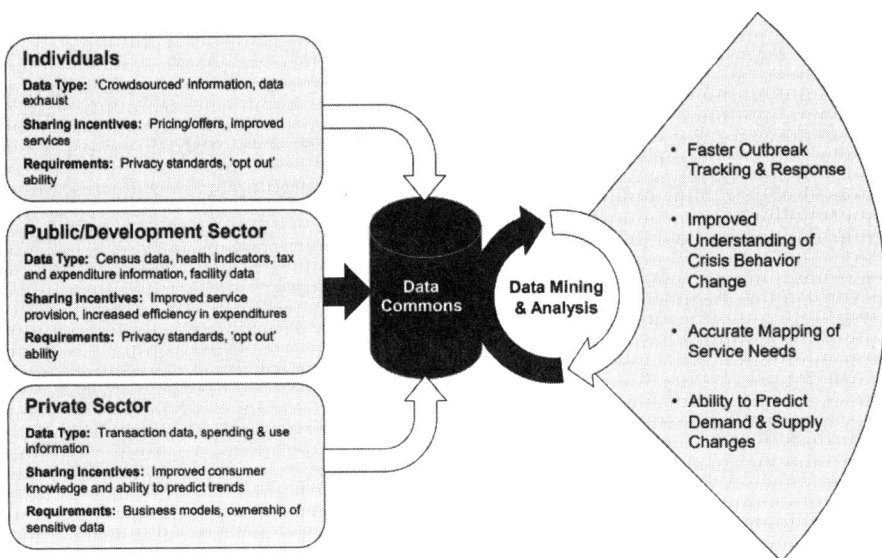

资料来源:Big Data,Big Impact:New Possibilities for International Development[EB/OL]. World Economic Forum. http://www3. weforum. org/docs/WEF_TC_MFS_BigDataBigImpact_Briefing_2012. pdf。

图1—3 大数据的来源和数据挖掘及分析结果的应用

大数据处理是一系列技术的组合,图1—4的纵轴是大数据发展的时间轴,横轴按大数据的数据采集、存储、计算、展示四个环节的顺序渐进,显示了大数据领域在各个时间阶段以及不同发展环节的成果。下文将按横轴显示的四个环节的顺序介绍大数据处理中涉及的主要技术。

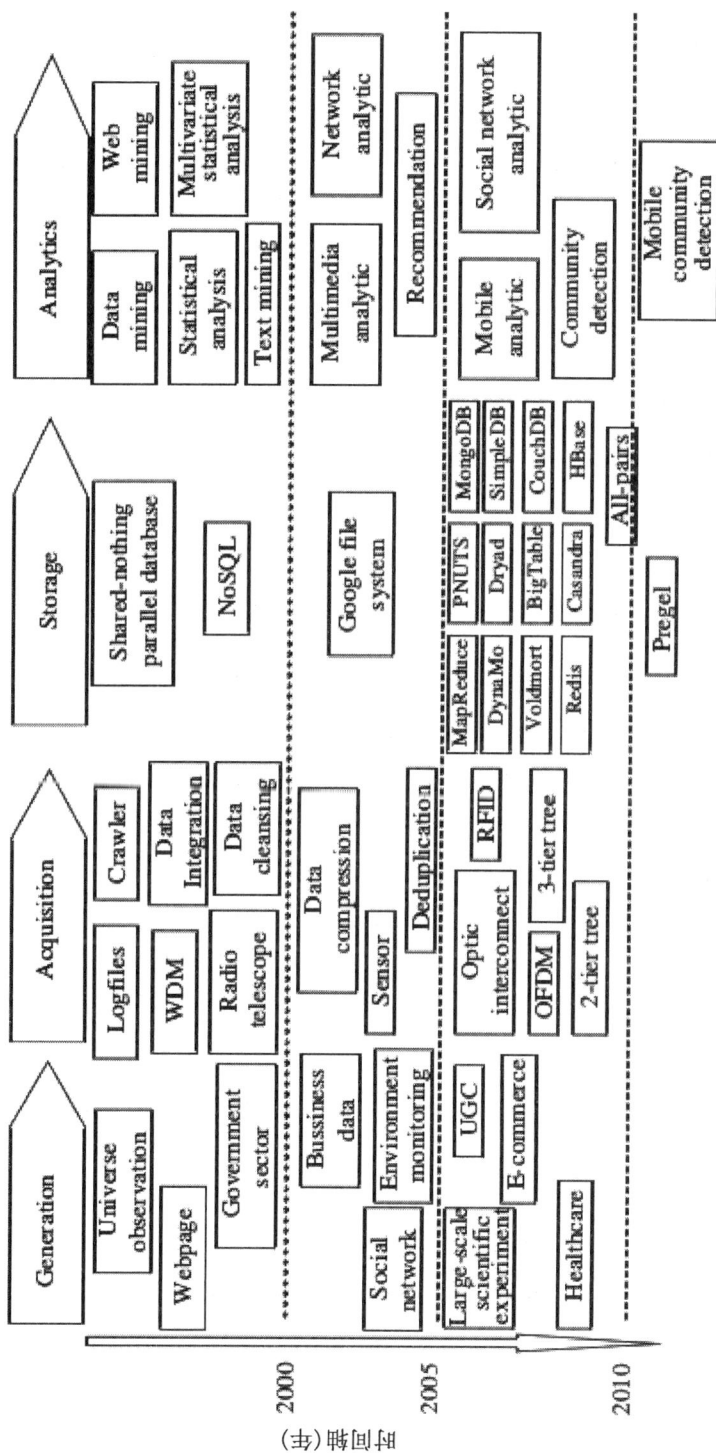

图1-4　大数据价值链及其技术地图

资料来源：李学龙，龚海刚，大数据系统综述 [J]，中国科学，信息科学，2015，45 (01) :1-44。

1.2.1　大数据的获取技术

大数据的获取技术是指从特定数据生产环境获得原始数据的专用数据采集技术，简而言之，就是将信息以数据形式聚合，供分析处理。大数据获取一般可以细分为三个步骤，即数据采集、数据传输和数据预处理，具体如图1—5所示。

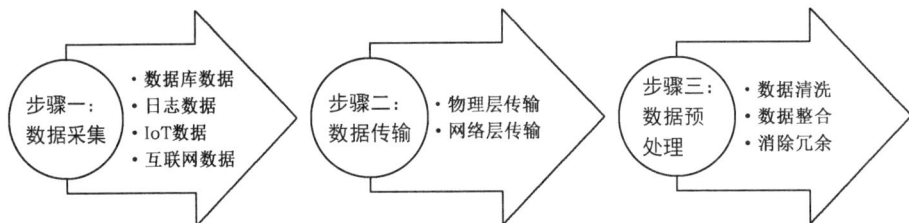

图1—5　数据获取的三个步骤

大数据采集是从现实世界中获得原始数据，是数据处理的起点。大数据采集的任务是获得能反映真实世界真实情况的准确数据，不准确的数据将会对数据分析结果产生很大的影响，甚至造成灾难性后果。数据采集常用的工具和获取途径有数据（库）接口、日志文件、网络爬虫等。大数据采集方法的选择既要考虑数据分析的要求，也要考虑数据源的特点和数据的可获得性。

采集到的原始数据需要经过传输才能进行下一步处理。大数据传输方法有网络传输和数据中心传输两种。网络传输是指数据由各节点通过分支网络统一汇集到主干网后传输至数据中心，传输速度和质量受到网络介质、网络带宽、节点数目等因素的影响；数据中心传输是指数据在数据中心（Data Center）存储位置的分配和重新调整，传输速度和质量受数据中心架构、采用的传输协议等因素的影响。

由于大数据是多源、多模态的复杂数据，复杂的情况造成源数据的质量难以控制，所以这些数据无法直接用于数据分析。因此，需要对这些数据进行预处理操作，以获得满足数据分析要求的高质量数据。大数据预处理技术主要包括数据集成、数据清洗、冗余消除、缺失数据填充等。

1.2.2　大数据的存储与管理技术

大数据在数据量、生成速度、数据源、数据类型等方面与传统的以关系型数据库组织的结构化数据迥然不同,因此,关系型数据库的数据存储、数据传输、数据读写、数据备份等技术已经无法满足大数据存储和管理的需求。基于大数据的特性和管理要求,大数据存储与管理系统需要满足以下条件:可以持续、稳定工作,满足持续的业务需求;具备强大的 I/O 性能,满足大数据吞吐的业务需求;能够做到资源的弹性伸缩,可灵活扩展存储空间;具有强大的索引性能,满足海量数据的快速查询要求。

大数据存储需要硬件基础设施的支持,硬件基础设施包括随机存取存储器(Random Access Memory,RAM)、磁盘(Disk)、磁盘阵列(Disk Array)、存储级存储器(Storage-Class Memory,SCM)等。这些存储设施的性能指标不同,成本也不同,用户可以根据实际业务需要和预算控制要求进行选用。

从网络在存储系统中的作用及体系结构角度来看,数据存储系统的组织构建方式主要有四种(Naimi et al.,2014):

(1)直接附加存储(Direct Attached Storage,DAS)

存储设备通过主机总线(Bus)直接与计算机进行连接,设备和计算机之间没有存储网络。当用户数增加、数据量激增时,DAS 存在严重的 I/O 瓶颈,且无法妥善解决数据的备份、恢复、扩展和灾备等重要问题。

(2)网络附加存储(Network Attached Storage,NAS)

文件级别的存储技术,由大量的硬盘驱动器组成,这些硬盘驱动器被组织为逻辑上的冗余存储容器。NAS 是专用的网络文件服务器,是对传统网络文件服务器技术的发展和延续。但 NAS 的扩展能力有限,当规模增大时,维护工作量也随之增加。NAS 对数据保护能力有限,存在单点故障,不适合生产级的存储应用。

(3)存储区域网络(Storage Area Network,SAN)

通过专用的存储网络在一组计算机中提供文件块级别的数据存储,SAN能够合并多个存储设备。SAN 架构稳定,允许在不增加计算资源的前提下独立增加存储容量,可扩展性好,经过十多年的发展,技术已经非常成熟,成为业界的事实标准。但 SAN 架构存在网络传输瓶颈,且受物理空间和光纤传输距离限制,存在扩展瓶颈。

(4)超融合架构(Hyper-converged Infrastructure,HCI)

集成了存储设备及虚拟运算的信息基础架构框架(Pott,2015),在超融合架构环境中,同一厂商的服务器与存储等硬件单元搭配虚拟化软件(Virtualization Software),被集成在一个机箱之中(Davis et al.,2015)。超融合架构没有网络传输瓶颈,占用的空间更小,便于扩展,但由于计算和存储资源是同时增加的,有时会造成某部分资源的冗余。

大数据的"4V"特性要求存储基础设施能够向上、向外扩展,可以灵活、动态地配置存储资源以应对异构、多变的业务需求。云计算领域提出的存储虚拟化(Cloud,2011)为解决此类需求提供了可能。所谓存储虚拟化(Storage Virtualization),就是将多个网络存储设备在逻辑上合并为虚拟的单个存储设备,以方便存储资源的分配和管理。目前,软件已经可以支持在 NAS、SAN 和 HCI 架构上实现存储虚拟化。基于 NAS 的存储虚拟化成本低,但在系统的扩展性、可靠性和安全性等方面的性能远不如基于 SAN 的存储虚拟化。不过,SAN 系统由于存在网络传输瓶颈,也无法进行无限扩展。而且,SAN 结构复杂,需要耗费太多的资源和人力去管理,成本高。超融合架构(HCI)的出现,在一定程度上解决了 SAN 的一些问题:不存在网络传输瓶颈,支持无限灵活扩展,结构简单,总成本低。此外,HCI 需要更少的机柜空间,可以在一个系统/界面中管理所有资源,支持以采购替代交付,能够支持业务的快速上线。HCI 成功应用最典型的例子是,Google 公司的一位工程师最多可以管理多达 2.5 万台服务器。

Google 公司一直走在大数据存储管理技术的最前沿,因为在 Google 出现之前,还没有一家公司需要处理如此海量的数据,因此,对于 Google 而言,只能自己研发新型的数据存储技术。Google 的工程师认为,在大数据时代,由于公司需要处理海量业务,因此只能使用大量廉价服务器(否则公司无法负担昂贵的基础设施成本)。这样一来,系统组件出故障将成为一种常态,因此,大数据存储系统需要在系统组件经常出问题的情况下还能保持数据的完整性和可用性。基于此思想,Google 公司自主研发了 Google 文件系统(Google File System,GFS)。由于 Google 采用大量自主研发的廉价服务器,因此,GFS 的设计初衷就是一套对大量廉价服务器中的文件进行统一管理的可扩展的分布式文件系统(Distributed File System,DFS)。GFS 采用"主—从"(Master-Slave)结构,主要针对文件规模较大,且"读操作"(Read)远多于"写操作"(Write)的应用场景。通过将文件分块、追加更新(Append-only)等方式实现海量数据的高效存储。

除了 Google 公司外,还有很多业内公司、研究机构和学者从多个角度研究满足大数据存储需求的文件系统。例如,微软研发的 Cosmos 大数据存储系统支撑着其搜索、广告等业务;模仿 GFS 开发的开源 Hadoop 分布式文件系统(Hadoop Distributed Filed System,HDFS)和 CloudStore 也都有优良的性能和广泛的应用。

GFS 及仿效它开发的文件系统主要是针对较大文件的存储设计的,而当前有大量的互联网应用是小文件存储的应用场景,比如图片、小视频存储等。此时,GFS 类的文件系统因为要频繁读取元数据,会产生 I/O 瓶颈,造成读写效率低下。为此,Facebook 推出了专门针对海量小文件存储和管理的文件系统——Haystack。Haystack 通过将一个物理文件映射到多个逻辑文件、增加缓存层、将部分元数据加载到内存等方式,有效地解决了 Facebook 海量图片的存储和管理问题。淘宝(Taobao)也推出了类似的淘宝文件系统(Tao File System,TFS),TFS 通过将小文件合并成大文件、文件名隐含部分元数据等方式实现海量小文件的高效存储。

大数据存储不仅需要文件系统的支持,还需要数据库的支持。目前,业界已经有很多针对大数据存储数据库的解决方案。例如,Bigtable 是 Google 公司开发的用于大数据存储的数据库系统,Bigtable 有行、列和时间三个维度,是一个多维稀疏排序表,每个存储单元不仅包含行和列,还有一个时间戳,是一种三维结构的数据表。亚马逊开发的 Dynamo 数据库综合使用键/值(Key/Value)存储、改进的分布式哈希表(Distributed Hash Table,DHT)、向量时钟(Vector Clock)等技术,实现了一个完全的分布式、去中心化的高可用系统。雅虎开发的 PNUTS 分布式数据库主要用于管理"小数据",通过牺牲数据的一致性来换取数据的高可用性。

Bigtable、Dynamo、PNUTS 等大数据存储和管理系统都没有采用传统的关系型数据库架构,但在实践中取得了巨大的成功,这促使人们对传统的关系型数据库进行反思,并催生了新的一批未采用关系模型的数据库,这些数据库统称为 NoSQL(Not Only SQL)数据库。目前,对 NoSQL 数据库并没有一个统一、确切的定义,但一般认为 NoSQL 数据库具有以下特点:结构简单灵活、高可用、易扩展、高数据读取性能等。典型的 NoSQL 数据库分类如表 1—1 所示。

表 1—1		NoSQL 数据库的类型			
类型	典型代表	性能	可扩展性	柔性	复杂性
键值 Key-value	Redis Riak	高	高	高	无
列存储数据库 Column	H Base Cassandra	高	高	中等	低
文档型数据库 Document	CouchDB MongoDB	高	可变	高	低
图形数据库 Graph	Neo4J OrientDB	可变	可变	高	高

资料来源:Baker J.,Bond C.,Corbett J.,et al. Megastore:Providing Scalable,Highly A-vailable Storage for Interactive Services[C]. Proc of CIDR. 2011:223—224。

1.2.3 大数据处理与分析技术

大数据处理与分析的目的是从海量的数据中发现有价值的信息,为决策者提供决策建议。大数据分析基于一定的算法,再配合强大的计算能力,发现隐藏在海量数据中的潜在价值,这种潜在的价值包括隐藏的某种模式(Pattern)、数据之间未知的相关性、事态可能的发展趋势等。有些大数据分析并不要求实时处理,但有些则对实时性要求很高。根据对数据处理实时性要求的不同,大数据分析可以分为两种类型:

(1)流式处理(Stream Processing)

有些数据的价值周期很短,数据的新鲜度(Freshness)非常重要,比如网络攻击行为数据、自动驾驶汽车收集的道路情况数据等。这些数据以数据流(Data Stream)的方式源源不断地到达,因此,对数据的处理速度和处理结果的及时应用要求很高,通常被要求工作到秒或毫秒级。科研人员对流式处理的相关理论和技术已研究多年,业内也有了一些成功的应用和成熟的系统,其中,具有代表性的开源系统有 Kafka、Storm、S4 等。目前,流式处理在一些在线(On-line)应用中被广泛采用。

(2)批处理(Batch Processing)

有些数据对处理的实时性要求不高,或者由于条件所限,无法实时处理,这些数据往往先被存储起来,到达一定规模或时间后才被分批(Batch)处理,即批处理。批处理领域最杰出的系统是 Google 研发的 MapReduce(Dean et al.,

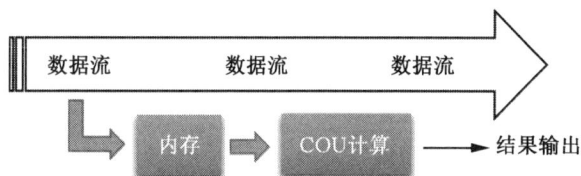

图 1—6　基本的数据流模型

2018)。MapReduce 由"Map"(映射)和"Reduce"(归约)两个部分组成,用 Map 和 Reduce 两个函数编程就可以实现并行计算任务。MapReduce 的工作逻辑是:首先,将数据分为若干个小数据块(Chunks);然后,这些数据块在不同的计算单元被并行处理并产生分布式的中间结果;最后,合并这些中间结果,从而得到最终结果。在生产环境中,为减少数据传输带来的通信成本和时间延迟,MapReduce 一般选择与数据存储位置距离相近的计算资源。

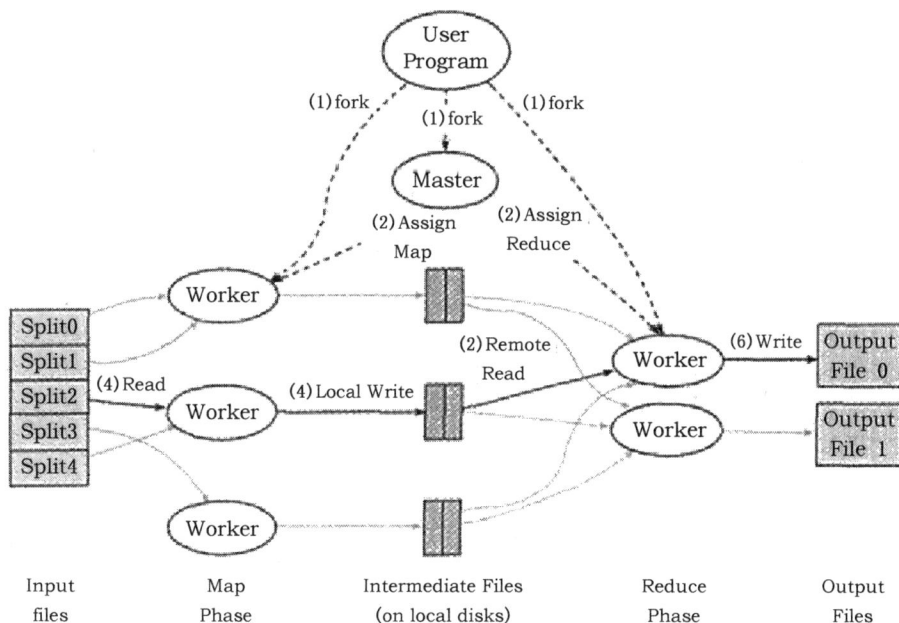

资料来源:Dean J.,Ghemawat S. MapReduce:Simplified Data Processing on Large Clusters[J]. Communications of the ACM,2008,51(1):107—113。

图 1—7　MapReduce 执行流程图

两种大数据的处理方式各有优缺点,适用于不同的场景。但从实际应用情况来看,批处理比流式处理的应用要广泛得多。虽然有一些研究试图集成两者的优点,但效果都不太理想。从技术角度来看,这两种处理方式在体系结构上存在根本的区别,是很难融合的:流式处理强调时效性,就不能太复杂;而批处理平台能够实现复杂的数据存储和管理,但牺牲了时效性。

大数据具有的数据规模庞大、对数据处理能力和时效性要求高等特性,与传统的结构化数据存在巨大的差别,因此,传统的数据处理模型已经无法满足大数据处理的要求。传统的以集中式数据为中心、以"内存到磁盘"的访问模式,存在计算能力瓶颈和 I/O(输入/输出)瓶颈,处理速度无法满足业务需要。通过对传统数据中心的硬件进行扩容和升级,或者对算法进行改进,也只能在一定程度上提升算力和吞吐速度,无法彻底突破算力瓶颈和 I/O 瓶颈,治标不治本。

突破瓶颈的方法除了上面提到的分布式计算(Distributed Computing)外,还有内存计算(In-memory Computing)。所谓内存计算,就是以进行海量数据的实时处理为目的,变革传统的磁盘到内存的计算模式,通过配置大容量内存,将要计算的数据装入内存进行处理,从而避免因频繁的 I/O 操作造成的计算效率低下的问题,是一种新型的并行计算模式。由于传统机械硬盘的 I/O 速度是毫秒级,而内存的 I/O 速度是纳秒级,因此,从理论上来讲,在其他条件相同的情况下,内存计算的速度比传统的基于机械硬盘数据的计算要快 1 000 倍。在应用层面,内存计算主要承担数据密集、对实时性要求高的计算任务。内存计算以数据为中心,数据的存储与传输是系统的核心,也有别于传统的以计算为核心的数据处理系统。

内存计算并不是传统的内存缓存,内存计算与内存缓存的区别主要体现在数据在内存中的存储方式和访问方式上。内存缓存对应用程序是透明的,应用程序可以通过文件系统的接口直接访问内存缓存中的数据,提高效率。在内存计算模式下,数据长久存储于内存中,应用程序直接访问内存、读取或写回数据。即便是当数据量过大而导致内存无法容纳所有数据时,从用户视角来看,待处理的数据仍然是存储于内存中的,应用程序仍然只是直接操作内存,而不用通过操作系统。从实际效果来看,内存计算和传统的内存缓存都可以减少 I/O 操作,提升系统性能,但内存计算支持海量数据的直接访问(而内存缓存的容量是有限的),因此,对海量数据的处理效率更高,但需要专门接口的支持。

内存计算主要依托内存数据库(Main Memory Database,MMDB)实现。内存数据库与传统的磁盘数据库(Disk-Resident Database,DRDB)最主要的区别就在于数据主版本驻留的位置和介质的不同:内存数据库驻留在内存中,磁盘数据库驻留在磁盘中。常见的内存数据库有 SQLite、Oracle Berkeley DB、Oracle TimesTen、eXtremeDB 等。内存数据库与磁盘数据库的特征和性能比较如表 1—2 所示。

表 1—2　　　　　　　　　　　内存数据库与磁盘数据库的比较

性能	内存数据库	磁盘数据库
数据存储	行、列级存储模型以及段到分区式存储模型,不要求数据在内存中连续存放	Sybase IQ 采用列级存储,其他数据库系统采用行级存储,在磁盘上连续存放
缓冲管理	不需要	需要
并发控制	采用封锁机制、多版本等方式,一般采用较大粒度的锁,比如库级锁、表级锁或采用乐观封锁机制	采用封锁机制、时间戳、多版本等方式,为了提高事务的并发度,一般支持多粒度和多种类型的锁
恢复机制	采用备份、日志和检查点技术,采用预提交、组提交等提交方式稳定内存来存储日志记录	采用备份、日志、检查点、保存点等技术
索引结构	T 树索引、hash 索引	B 树索引、hash 索引
查询优化	基于处理器代价以及 cache 代价	基于 I/O 代价

资料来源:王珊,肖艳芹,刘大为,覃雄派.内存数据库关键技术研究[J].计算机应用,2007(10):2353—2357。

2012 年 SAP 公司推出的 HANA 系统是内存计算的一个典型应用(Färber et al.,2012)。HANA 是一套计算机软硬件一体化的系统,提供高性能的数据处理、分析和查询等功能,可以用于对海量数据的实时处理。HANA 内建了 SAP 自主开发的内存数据库(SAP In-Memory Database,SAP IMDB),主要包括内存数据库服务器(In-Memory Database Server)、建模工具(Studio)和多种客户端工具(如 ODBO、JDBC、ODBC、SQLDBC 等)。HANA 还提供了一些支持性的软件工具包,可以更好地辅助用户进行数据处理。HANA 的出现是数据库管理和数据处理领域的一次革命性创新,它颠覆了传统磁盘数据库的结构和运行模式,满足海量业务数据对处理、分析和查询速度的要求,有效支持以大数据为基础的新型组织运营管理与决策支持模式。

1.2.4 大数据的可视化

大数据处理分析的最终目的是让人们清晰地了解真实情况,为人们的生产、运营、规划提供决策支持。因此,如果不对数据进行加工、转化,而直接以数据的原本形式进行呈现,往往不能被决策制定者更好地理解。数据可视化(Data Visualization)正是选取恰当的、生动直观的展示方式呈现数据,以帮助非大数据从业者更好地理解数据及其内涵和关联关系,从而发挥数据的价值。

数据可视化概念由来已久,早在 18 世纪,统计图、地图和主题图等数据可视化的表现手法已经开始被使用。到 19 世纪中后期,数据可视化迎来了它的第一个黄金时期,统计学的国际会议对可视化图形制定了分类和标准,各种图形、统计图表等都被广泛应用和熟知(陈为等,2013)。

表 1—3   数据可视化发展历程

时　间	特　点
17 世纪之前	图表萌芽,人类发现了精准观测的物理技术和器具,开始手工制作可视化图表。
17 世纪	物理基本量(时间、距离、空间)测量理论与技术日益完善,制图学理论不断发展。
18 世纪	可视化开始应用于地理之外的经济、医学等其他领域,统计图形学繁荣发展,威廉·普莱费尔(William Playfair)发明了折线图、柱状图、饼状图、圆图等。
19 世纪	可视化开始在政府规划、运营、工程与统计等方面发挥作用。
20 世纪上半叶	多维数据可视化、心理学介入可视化,应用扩展到航空、生物等科学和工程领域。
1950—1987 年	信息可视化出现并逐渐发展成为一门学科。
1987—2004 年	信息可视化发展为科学可视化(科学计算之中的可视化)和交互可视化。
2004 年至今	数据爆炸的挑战推动综合可视化、图形学、数据挖掘、用户交互等各学科的可视分析学的诞生。

资料来源:根据公开资料整理。

表 1—3 展现了数据可视化的发展历程,数据可视化在实际应用需求的推动下不断发展。目前,数据可视化已经形成了三个主要的研究领域,分别是信息可视化(Information Visualization,InfoVis)、科学可视化(Scientific Visualization,SciVis)和可视分析学(Visual Analytics,VAST)(Ward et al.,2010)。

信息可视化是我们日常接触最多的一种数据可视化方式,它来源于统计图形学,常见的形式就是在二维空间中展现的各种各样的图形,比如柱状图、折线图等。

科学可视化在自然科学领域的应用最为普遍,也是数据可视化发展最早、最成熟的一个应用领域。科学可视化多用三维形式表示,在地理、生物、化学、物理等领域有广泛的应用。

在大数据时代,数据可视化还融合了计算机科学、图形学、视觉、人机交互等学科知识,形成了一个新的数据可视化领域:可视分析学。可视分析学强调交互,是以可交互的可视化界面为基础进行分析和推理的一门科学(Cook et al. ,2005)。

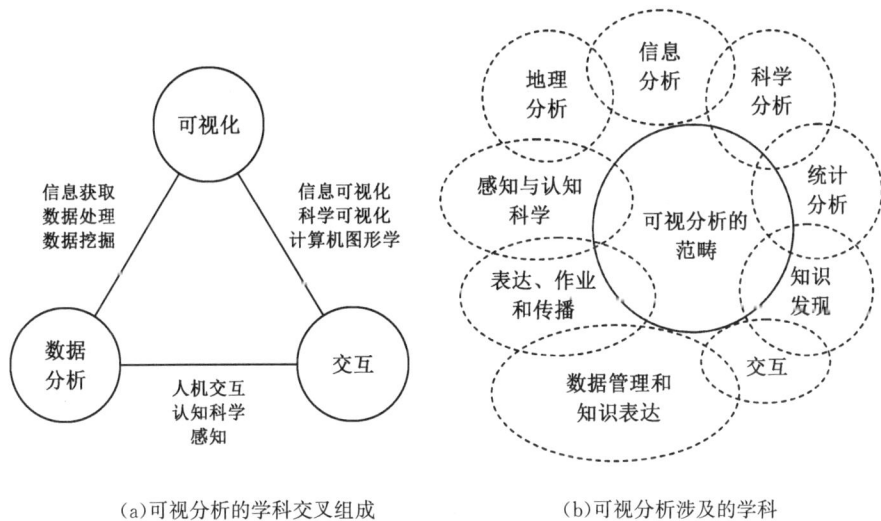

(a)可视分析的学科交叉组成   (b)可视分析涉及的学科

资料来源:陈为,张嵩,鲁爱东.数据可视化的基本原理与方法[M].北京:科学出版社,2013:7—14。

图 1—8　可视分析学

值得注意的是,大数据可视化不仅是对数据分析结果的展示,而是一个持续进行的过程。为了能让使用者掌握更多的信息,从而更充分地理解业务,可视化工具应该提供交互界面,让使用者可以反复修改查询条件和显示要求。数据分析结果的可视化要通过"交换"来验证,在交互环节,用户常常需要返回到数据挖掘阶段调整要显示的数据内容和显示方式,或者返回到渲染阶段修改图表的样式、大小、颜色等属性。这种交互让用户能够不断挖掘深层次知识和隐含知识,从而更加清晰地读懂数据,更深刻地理解业务。常见的大数据可视化技术有标签云(Tags Cloud)、历史流(History Flow)、空间信息流(Spatial Information Flow)等,可以根据具体的业务需求选择合适的可视化技术。

1.3 大数据的应用

大数据的应用就是利用大数据分析的方法,从大数据中挖掘有用信息,为用户提供决策支持,实现大数据价值的过程。大数据的相关技术已经广泛应用于电子商务、电子政务、生物科学、生命科学、脑科学、医疗、看护、环保、经济、文化、交通、安全、教育等众多领域,表1-4显示了当前大数据的一些典型应用领域以及在该领域应用的特征。

表1-4   大数据的典型应用及其特征

应用	实例	用户数量	反映时间	数据规模	可靠性	准确性
科学计算	生物信息	小	慢	TB	适中	很高
金融	电子商务	大	很快	GB	很高	很高
社交网络	Facebook	很大	快	PB	高	高
移动数据	移动电话	很大	快	TB	高	高
物联网	传感网	大	快	TB	高	高
Web数据	新闻网站	很大	快	PB	高	高
多媒体	视频网站	很大	快	PB	高	适中

资料来源:张引,陈敏,廖小飞.大数据应用的现状与展望[J].计算机研究与发展,2013,50(S2):216-233。

在大数据的概念及相关技术出来之前,商业智能(Business Intelligence, BI)、联机分析处理(Online Analytical Processing,OLAP)和数据挖掘(Data Mining,DM)等是企业数据分析处理的主要应用形式。大数据分析技术的应用,可以有效提升组织运行效率和竞争力,为企业的价值创造提供更多的可能。具体来看,在市场营销中,企业对相关数据进行关联分析、趋势分析、聚类分析等,可以更准确地洞察消费者行为和消费趋势,从而创新商业模式,获得新的商业机会;在企业的运营管理上,通过对运营大数据的分析,可以优化企业资源配置,减少成本投入,有效提高运营效率和运营质量,提升用户满意度,实现降本增效;在供应链管理上,企业通过大数据分析可以优化库存,提高物流效率,提高供应链的协同性,预见并缓解供需矛盾,从而达到控制成本、提升效益的目的。

1.3.1　大数据的主要应用领域

电子商务平台拥有大量的用户浏览、点击和购买数据,由于缺乏与客户的直接沟通,也非常依赖大数据分析来了解客户的喜好和购买行为,提高用户满意度,提升商品销量,因此,大数据分析在电子商务领域得到了最早和最广泛的应用。早在 2015 年,阿里巴巴集团董事局主席马云在致投资者的公开信中称,"大数据云计算是阿里未来十年核心战略"。阿里巴巴集团旗下的淘宝网(www. taobao. com)平台每天都有数百万元的交易和无数次的点击浏览量。在用户点击浏览和交易的过程中,与之相关的浏览者性别、年龄、地址、职业、身份、交易时间、商品类型、价格、购买数量等信息均会被系统自动记录,供数据分析团队进行分析。为了提升淘宝平台商户的服务能力,淘宝公司专门开发了"数据魔方"为淘宝平台商户提供大数据应用服务方案,淘宝平台商户通过"数据魔方"可以了解淘宝平台上相关行业的宏观情况、自身产品的市场状况以及客户购买行为等,为企业生产、库存、物流和销售决策提供支持依据。

此外,在新兴的互联网金融领域,大数据技术也有用武之地。例如,互联网担保和征信业务既是大数据在互联网金融领域应用的第一步,也是未来互联网金融发展的基础。征信系统是传统金融系统和互联网金融行业进行风险管控的重要基础,当前,金融和银行系统进行风险管控的最大障碍是数据缺失,尤其是个人的信用数据不全、不准。而基于各种互联网金融平台数据的大数据分析,可以获得更加全面、准确的个人信用数据。金融大数据分析不仅可以为互联网金融行业的风险管控提供有力的工具,而且可以为传统金融机构风险管控的改进提供新的思路和方法。

1.3.2　大数据的其他应用领域

随着互联网技术的进一步发展,大数据应用逐渐扩展到互联网和金融企业之外的领域。有些领域在大数据技术出现之前,在发展上遇到了一些瓶颈,但大数据技术为这些领域带来了新的生机和活力。例如,我国目前面临着医疗资源分布严重不均的问题,乡镇和偏远地区很少能享受到优质的医疗资源。近些年来,随着医疗诊断设备的普及,我国医学影像数据以每年30％以上的速度递增,但能对这些医学影像数据进行专业分析的医生数量不仅存量小,而且每年人员增速不到5％,远远赶不上医疗影像数据的增速。医生天天赶着完成任务,没有时间对医疗影像进行细致分析,造成我国每年有大量的误诊。基于大数据和人工智能技术开发的医疗影像辅助诊断系统可以有效地缓解这种矛盾:通过对海量历史医疗影像资料的"学习",人工智能程序可以帮助医生精准"看片"。医生由于主观上的责任心不强、麻痹大意,以及客观上的疲劳、专业不精等原因,可能造成漏诊、误诊,但机器不存在这些问题,而且可以24小时持续工作,因此,可以大幅度提高医疗影像诊断的工作效率和诊疗水平。这对缓解医疗资源配置不均衡的矛盾、推动医药卫生体制改革进程、改善整个医疗大环境有着积极的作用(钱英等,2019)。

大数据在科研领域也得到了广泛应用,比如海洋学、环境工程学、天体物理学、基因学等科研领域都有大量的高通量传感器,这些传感器每天、每小时、每分钟都在源源不断地获取大量数据,没有大数据技术的支持,是无法完成对这些海量数据分析的。目前,一些学科的大数据研究已经逐渐成熟,一些专业型大数据处理和分析平台已经开始逐步市场化。例如,中国科学院植物研究所系统与进化植物学国家重点实验室主导开发的生物学领域的iPlant平台(植物智),整合了十余个网站和信息系统以及4个移动端APP,提供极其丰富的植物物种百科、图库、标本等信息,成为业内最权威的植物智慧信息系统。大数据处理在科学研究中的广泛应用也印证了吉姆·盖瑞的那句话:数据密集型科学发现(Data-Intensive Scientific Discovery)已经成为继实验、理论、仿真之后科学研究的第四种范式(Gray,2007)。

此外,大数据分析在环境监测领域也有成功的应用。监测机构通过建设基于物联网的高密度环境监测网络,形成全区域、全天候、多方位的环境监测体系,运用大数据技术进行分析,实现准确的超标排放点定位以及环境污染预报。

当然,大数据分析并不只局限于上述几个应用领域,在智能汽车研发、农业病虫害防治、业务流程优化、移动数据分析、图形图像处理以及基础设施建设等领域,大数据也有广阔的应用空间。随着人们逐步认识到大数据中蕴含着的宝贵价值,越来越多的领域开始探索如何通过大数据分析来挖掘数据的潜在价值,从而实现决策支持和应用创新。

1.4　大数据带来的问题

硬币都是双面的,大数据技术也是一把"双刃剑",这种技术创新令社会、商业、政府以及亿万个体受益,但由于技术本身的固有缺陷和人们不规范、不合理的使用,大数据也带来了很多问题。

1.4.1　数据价值与处理方法

首先,大数据就其本质属性来看,价值密度比传统结构化数据的价值密度低。而且,大数据来源广泛,没有经过严格的数据清洗和数据处理(有些时候也无法处理),数据质量参差不齐。因此,大数据的"数据量大"并不一定意味着信息量大或者数据价值高。相反,数据的海量性有可能意味着"数据垃圾"的泛滥。因此,在大数据时代,数据清洗工作就显得尤为重要。然而,由于大数据的价值密度低,高价值含量的细微信息混杂在规模庞大的数据群中,如果数据清洗的颗粒度过细,极容易过滤掉有价值的数据;但如果数据清洗的颗粒度过粗,又会留下海量的无用数据,无法达到真正的数据清洗的效果。因此,数据清洗工作需要根据实际情况确定清洗粒度,在"质"与"量"之间仔细考量和权衡。

其次,传统的数据分析针对的是结构化的数据,这些数据在存储时就已经包括了这些数据内部关系等先验知识,我们在数据分析工作开始之前已经对数据内涵有了一定的了解。而在大数据时代,半结构化数据和非结构化数据难以用之前的方式构建出其内部关系(孟小峰等,2013)。传统数据分析业已形成的一整套行之有效的分析体系在大数据时代已经不再适用。而且,虽然已经有了一些可以投入实际应用的大数据分析技术,但迄今还仍没有一个标准、通用的大数据处理框架。在大数据分析的实际工作中,仍然需要根据具体的业务需求和应用场景,有针对性地选用合适的方法才能达到预期的效果。

1.4.2　能耗

大数据领域还有一个不容忽视的问题,是大数据分析需要耗费的电能。当今的数据中心,无论是存储规模还是计算能力都在不断扩张,这些都要消耗大量的电能。统计数据表明,用户每进行一次 Google 搜索所耗费的电能够让 5 瓦的 LED 灯泡维持 3 分钟的亮度,而全球每年有 2% 的电能耗费在云计算服务上，且绝大多数为非可再生能源。2012 年，《纽约时报》报社和麦肯锡公司经过联合调查后发表了报告《能源、污染与互联网》(Power, Pollution and the Internet)。该报告表明，在 Google 和 Facebook 的数据中心每年耗费的巨大的能量中，只有 6％～12％的能量被用于响应用户的查询计算，而绝大部分的能量被用于维持服务器的正常运转，即占到数据中心所有能耗 80％以上的能源并未被用于真正的业务处理。在世界能源价格总体呈现逐渐上涨趋势的今天，高能耗已经成为制约大数据及相关技术进一步发展的一个主要因素。

数据中心电能利用效率(Power Usage Effectiveness, PUE)是国内外数据中心普遍接受和采用的一种衡量数据中心基础设施能效的综合指标。其计算公式为：

$$PUE = \frac{PTotal}{PIT}$$

其中，$PTotal$ 为数据中心总能耗，PIT 为数据中心中 IT 设备能耗，PUE 为数据中心消耗的所有能耗与 IT 设备负载能耗的比值。数据中心的 PUE 值越接近 1，表明其绿色化程度越高，即能源利用率越高。传统数据中心的 PUE 值一般为 2.5～3.5，随着数据中心规模的扩大和世界能源危机的加剧，降低数据中心的 PUE 值成为世界各国关注的话题。目前，世界各国普遍要求 PUE 值低于 2，中国国家发展改革委和工信部要求，在中国境内建设的数据中心的 PUE 值不高于 1.6。

为了提高能源利用率、降低能耗、节约数据中心运营成本，科学家们想了很多办法，比如改善算法，或用更少的系统资源完成相同的任务，但效果有限。另一种更有效的方法是直接从硬件入手，采用新型、低功耗硬件，主要有：

(1)用闪存存储(Flash Memory)代替传统机械硬盘。同样容量的闪存存储的能耗只有传统机械硬盘的三分之一甚至更少，因此，在大规模的存储环境下，用闪存替代机械硬盘可以有效降低能耗。例如，SAP HANA 采用全闪存存储，不仅计算速度有了革命性突破，系统能耗也有了显著降低。

(2)用相变化内存(Phase Change Memory, PCM)替代传统内存(Random Access Memory, RAM)和闪存。由于 PCM 所采用的相变材料的熔点低、晶态向非晶态转变时所需要的能量小，因此也可以实现存储器的低功耗。

(3)采用专门设计的处理器。不同的处理器，由于其架构不同，适用的场景也不同。例如，在人工智能领域需要大规模矩阵运算，中央处理器(Central

Processing Unit, CPU) 并不适合这种使用场景, 使用图形处理器 (Graphics Processing Unit, GPU) 虽有明显的改善, 但能耗巨大。Google 针对机器学习专门设计了张量处理器 (Tensor Processing Unit, TPU), 有效降低了处理数据的功耗。

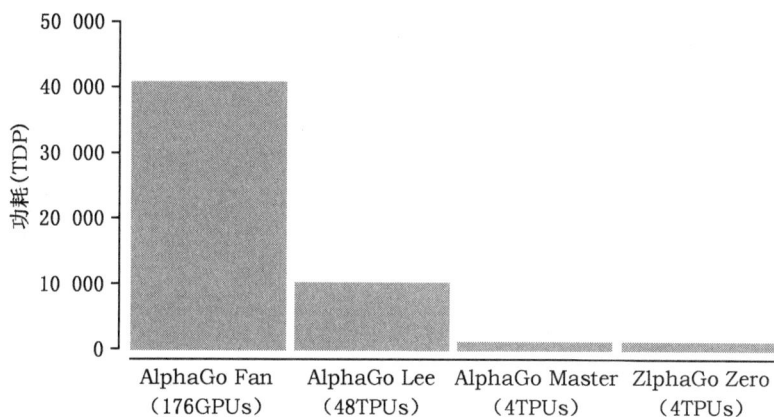

图 1—9　阿尔法狗 (**AlphaGo**) 不同版本所用处理器的功耗

（4）采用新型冷却技术。数据中心的设备运转会产生很大的热量, 因此, 需要冷却装置降温, 而冷却装置需要耗费大量能源。传统数据中心采用空调制冷, 并辅以机房保温、风道改进、模块化、环境控制等措施, 以提高能效, PUE 值有一定的降低。目前, 采用水冷技术的大型数据中心可将 PUE 值降低到 1.6 以下。有些数据中心甚至可以将 PUE 值控制在 1.4 以下。Google 已经在探索将数据中心建在寒冷地带, 或将服务器放到水下, 以求进一步降低制冷的能源消耗。

（5）也有研究探索将可再生能源应用于数据中心, 但目前都还仅限于设想阶段, 没有可以付诸实施的成熟、具体方案。

1.4.3　隐私泄露忧虑

大数据带来的诸多问题中, 最受人们关注的是隐私泄露问题。隐私问题由来已久, 计算机的诞生使得数据能以数字化的形式存储, 而互联网的发展又让数据的产生和传播变得更快、成本更低, 这就让数据隐私问题越发严重, 在大数据时代更加成为一大棘手的难题。在互联网诞生之前, 人们可以有意识地将自己的行为隐藏起来,以达到隐私保护的目的。而在互联网时代,尤其是社交网络诞生之后,人们在不同地点、不同平台留存越来越多的数据足迹。这些数据足迹单独来看并不能暴露用户的隐私,但当这些具有关联性的数据足迹累积起来,在专业的数据分析师手里,通过数据抽取和关联,就可以获取用户详细的隐私信息,而用户往往对自身的隐私暴露还全然不知。虽然很多国家的政府已经对企业留存和使用用户信息做出了明确的规定,尽量约束企业行为,在一定程度上保护了用户的隐私,但是,近些年来,企业泄露用户信息的事件依然频发,且数据规模和社会影响越来越大。大数据时代的隐私保护面临着人力和技术的双重考验。

如果要发挥数据的最大价值,就需要尽量公开数据,这就会造成隐私泄露的问题;如果要进行个人隐私保护,就要尽量私存数据,但这又无法发挥大数据的价值。因此,大数据价值的发挥和隐私的保护是一对矛盾。从社会管理和经济发展的角度来看,数据公开有利于信息对称,提高社会运作效率。例如,政府可以从公开数据中了解整个社会的运转情况,及时制定科学、合理的政策和制度;企业可以从公开数据中了解市场主体的需求和行为,从而制定更加科学的经营决策,提高企业利润;个人可以从公开数据中了解其当前所处的社会、政治、经济和技术环境,从而为自己的各种决策提供更科学的依据。有了如此广泛的用途,人们无法承受数据被隐藏的结果,因此,大数据时代隐私保护的主要目标是在不暴露个人敏感(隐私)信息的前提下进行最大限度的数据共享和处理。针对大数据时代的数据公开与隐私保护的矛盾,很多研究者在相关领域开展了研究。其中,部分研究者尝试从技术层面解决,先后提出了保护隐私的数据挖掘概念(Privacy Preserving Data Mining)(Agrawal et al.,2000)和差分隐私方法(Differential Privacy)(Dwork,2006)。而另一部分研究者尝试从制度方面改善这个问题,通过制定在大数据方面所采取行动的伦理框架,即伦理原则,为制定行为准则、管理和立法建立伦理学基础(邱仁宗等,2014)。

1.4.4 大数据的傲慢

大数据给人类社会带来的巨大利好是显而易见的,但大数据带来的负面影响也绝对不能忽视。美国著名数据科学家凯西·奥尼尔(Cathy O'Neil,2018)教授在其所著的《算法霸权:数学杀伤性武器的威胁与不公》(*Weapons of Math Destruction*)一书中,详细分析了大数据分析带来的负面作用,他称之为"大数据的傲慢"(Big Data Hubris)。凯西·奥尼尔认为,由于大数据模型的不透明、大规模应用和潜在伤害,大数据模型可能会成为这个时代的"数学杀伤性武器"。

　　首先,大数据模型可能会固化、强化偏见,造成负面问题的强化。人类社会一直存在偏见,但在传统人类社会中,由于信息不对称、信息传播范围的限制和人类认知本身的改变,人类的偏见是不稳定的;同时,影响范围也比较小。但在大数据时代,大数据模型将这些偏见固化、强化并大规模传播。例如,美国有些州的法官使用"再犯罪预测模型"来评估犯人再犯的概率,并作为裁定罪犯刑期的参考。但有权威研究指出,罪犯在狱中的服刑时长与其出狱后再犯概率成正比。因此,该模型产生了恶循环:犯罪率较高的群体会被判处更长的刑期,他们出狱后,又成为犯罪率更高的群体,从而面临更严重的惩罚。当这样的"再犯罪预测模型"被广泛使用的时候,陷入恶性循环的不仅是一个人,而是整个群体。

　　其次,大数据分析在提供准确性的同时失去了公正性和公平性。由于掌握了个体的详细数据,一些机构可以对每个个体进行精准的分析,这种分析可以让商业组织实施精准的成本和收益控制,却损害了个人和群体的利益。例如,汽车保险公司通过对被保险人的年龄、性别、职业、收入、出险记录、违章记录等信息进行分析,精确计算每一个人的保费,进行"价格歧视"(Price Discrimination),这样一来,就失去了保险原本是要在一群人中分担个体风险的目的。而且,被损害利益的往往都是社会底层人群。

　　再者,大数据模型通过信息过滤和精准推送等操作,让用户"只能看到他想看到的信息"或者让用户"只能看到我们想让他看到的信息",从而造成"信息茧房"(Information Cocoons)(Sunstein,2006)效应,固化或改变人们的既有想法,操控人们的思想。例如,Google 公司在美国总统选举之前,对网页搜寻结果进行筛选,让用户只能看到公司事先设定的具有特定政治倾向的文章,结果对约20%的选票产生了影响。Facebook 公司也曾在美国总统的选举日,在其网站上提供了一个功能:用户在网站上填写自己已投的选票,并将用户分为两部分:一部分能看到自己的朋友已投的选票,另一部分则看不到。结果显示,能看到自己朋友已投选票信息的那部分用户,有更高的投票率。

　　总之,大数据给人类社会带来了诸多利好,方便了人们的生活,推动了整个社会价值创造效率和效果的提升;但同时,大数据带来的诸多问题也不容忽视。大数据造成负面影响的背后原因繁杂,影响过程复杂,后果难料。如果想让大数据更多地发挥其积极作用,同时又尽量避免其负面影响,需要个人、组织、国家和整个人类社会的共同参与和行动。

1.5 大数据技术与教育

大数据分析在社会上成熟、广泛的应用也激发了教育领域研究人员和实践者们对大数据分析的追求。教育,即人才培养,是一个多变量相互交叉影响的非常复杂的过程,在此过程中,会产出类型多样、数量庞大的数据,仅采集和保存这些数据就是一项巨大的工程,更不要谈设计科学、合理的模型来模拟和分析这个过程。虽然如此,教育领域的研究者和实践者们依然孜孜不倦地克服各种困难,积极探索教育领域的大数据分析方案。从应用的业务领域来看,教育领域大数据分析主要分为教学大数据分析和教育管理大数据分析两类。

1.5.1 教学大数据分析

教育的根本和核心在教学,多少年来,教育公平、因材施教、个性化教学、自主学习、科学评教等一直都是教育工作者追求的目标,但由于技术条件的限制,传统教育很难达成这些目标。不过,在信息化社会,大数据技术为这些目标的达成创造了条件。

互联网的发展推动了网络教学的普及,让缺乏优质教学资源的边远、落后地区也能获得优质课程,而且,网络课程边际成本(Marginal Cost,MC)极低,中低收入家庭也能承担,因此,在一定程度上促进了教育公平。

网络教学的发展让各大网络教学平台不仅积累了大量用户,还积累了海量教学数据。通过对学习者学习行为大数据的分析,可以为学习者量身定制课程。大数据驱动的算法还可以分析每个学习者的特点,为其提供"一对一"的辅导,从而实现个性化教学。

由于网络教学突破了时间和地点的限制,配合移动互联技术,学习者可以"时时学、处处学",实现自主学习。而大数据算法可以对用户的学习习惯和学习状态进行分析,为其提供学习建议,从而更好地辅助学习者的自主学习。

教学质量评价一直是困扰教育界的一个难点问题,主要有两方面的原因:其一,每个学生都是一个独特的个体,学生学习活动是一个极其复杂的、多要素参与的互动过程,学生学习行为和过程的模型设计是个难题;其二,传统环境下,除了出勤、作业和考试成绩、参加社会实践活动情况等数据外,教学过程数据很难采集,没有数据支持,就很难进行教学过程和效果的科学评价。由于上述两点原因,传统的教学评价只能依靠有限且片面的静态数据,难以全面、客观地反映学生学习的全过程。基于信息技术的网络教学、智慧教学为更加科学的教学质量评价提供了可能。由于教师的备课、课堂教学、课后答疑,学生的预习、复习、上课、练习、考试等都基于信息化平台,在很多教室中也装有音频和视频采集装置,这些系统、平台和装置都可以采集、留存大量的教学过程数据。通过对这些数据的分析,可以更加清楚地了解教学过程,从而对教学效果、教学质量进行更科学的评价。

世界主要国家开始重视大数据及相关技术在教育领域的应用。2013 年,美国新媒体联盟(New Media Consortium)和美国高校教育信息化协会(EDU-CAUSE Learning Initiative)联合发布了《2013 年地平线报告(高等教育版)》(NMC Horizon Report 2013 Higher Education Edition),报告指出:学习分析技术是影响全球教育未来 5 年发展的 6 项新兴技术之一。同年,英国政府要求所有高校各学科都要将数据能力(Data Capability)作为大学生的核心能力来培养。2015 年,我国在发布的《促进大数据发展行动纲要》中,将数据作为国家基础性战略资源来看待,并要求相关部门完善教育管理公共服务平台,推动教育基础数据的伴随式收集和全国互通共享。

1.5.2　教育管理大数据分析

教育管理大数据分析也是教育大数据分析的一个重要分支。随着大数据分析技术在社会上其他行业的成功应用,教育管理者和教育管理部门一直期望通过大数据分析,尽早发现并解决管理中的问题,提高管理水平,提升服务质量。

在我国的教育管理工作中,长期存在管理机制僵化、管理效率低下、管理不科学、管得太多太死等问题,造成校内师生的不满,社会上批评的声音也不绝于耳。在全国教育系统推行"放管服"的大背景下,如何转变教育管理职能、提高管理效率、提升服务水平、提高师生满意度是教育系统的管理部门面临的迫切问题。在大数据的帮助下,这些问题有望得到一定程度的缓解。

针对教育系统管理体系效率低下的问题,可以通过信息技术手段,对网上办事大厅、办公自动化(Office Automation,OA)系统以及各部门的业务管理系统中的各类数据进行大数据分析,找出影响流程正常推进、降低办事效率的关键节点和岗位,并分析其原因,从而制定相应的改进方案。

大数据分析也可以帮助学校进行学科建设经费投入/产出分析和科研经费投入/产出分析。无论是学科建设经费投入还是科研项目经费支持,本质上都是学校的一种"投资",但与企业不同,这种"投资"的产出主要不是以资金收入来衡量的,这种投资的产出衡量标准主要是科研成果的质量和数量、人才培养的数量和质量、学术团队的数量和质量以及其他各种评价指标。通过大数据分析,还可以对其他学校的相似和相近学科进行分析,结合本校历史数据,进行综合研判,从而辅助学科建设和科研经费投入等问题的决策。

大数据分析也可以帮助学校进行更科学的校园管理。校园是一个小社会,也是一个相对独立的系统,涉及包括后勤、资产、安防、信息化、图书馆等在内的大量的支持性和保障性工作,学校每年都要花费大量的资金用于各类设施设备的维护和更新。相关工作在传统上都是根据经验进行的,不仅不科学,而且随意性较大,结果往往是一边花费了大量的投入,另一边师生却还是不满意。究其原因,是投入不在"痛点"问题上,未解决师生"急、难、愁、盼"的问题。通过建设各类业务管理系统、物联网管理平台、地理信息系统(Geographic Information System,GIS)等,采集相关数据,借助大数据分析,可以更加"精准"地进行设备维护和更新决策,解决关键和重点问题,提高师生满意度。

第 2 章

人工智能及相关技术概述

人工智能(Artificial Intelligence,AI)是让机器模仿人类完成一定的任务,是计算技术和计算机技术发展到一定程度后的产物。在过去 70 多年的时间里,人工智能研究经历了两次发展高潮和两次低谷。自 2010 年以来,随着算法的发展,特别是基于多层神经网络的深度机器学习技术的成熟,以及互联网和各类信息系统的发展所带来的大数据的积累,加之计算机硬件(主要是存储和算力)的发展,人工智能迎来了一轮新的发展高潮。

2.1 人工智能发展历史

20 世纪中叶,伴随着计算机技术的发展,研究者们开始探究如何让计算机模仿人类的行为与思考方式,人工智能的概念由此开始产生。以图灵、明斯基、香农为代表的一大批科学家为人工智能的发展做出了杰出的贡献。

2.1.1 萌芽期

20 世纪 50 年代,人工智能开始进入萌芽时期。1943 年,沃伦·斯特吉斯·麦卡洛克(Warren Sturgis McCulloch)和沃尔特·皮茨(Walter Pitts)将生物神经网络中最基本的神经元模型抽象为 M-P 模型。1950 年,马文·李·明斯基(Marvin Lee Minsky)和迪恩·埃德蒙兹(Dean Edmonds)搭建出世界上第一台神经网络计算机(Stochastic Neural Analog Reinforcement Calculator,

SNARC)。该计算机利用自动指示装置以及 3 000 个真空管来模拟 40 个神经元组成神经网络,是人工智能研究中最早的尝试之一。同年,艾伦·麦席森·图灵(Alan Mathison Turing)在《思想》(Mind)杂志上发表了一篇名为《计算机与智能》(Computing Machinery and Intelligence)的文章,该文章以"机器是否可以思考?"(Can Machines Think?)作为先引问题,设计出与该问题对应的"模仿游戏"(Imitation Game)测试,即是否可能存在一种可架构的计算机"模仿游戏",让计算机能以与人类回答方式相近的方式来回答提问者的问题? 若提问者不能分辨出回答问题的对象是人类还是机器,则"模仿游戏"成功。"模仿游戏"测试使用离散状态机(Discrete State Machine),机器的内部状态因输入信号的变化而改变,既定的离散状态机一旦确定了其初始状态和信号输入,便能够对将来全部的状态进行预测(Machinery,1950)。该文中所提到的"模仿游戏"测试就是后来广为人知的"图灵测试"(The Turing Test),图灵测试是公认的人工智能判断标准。在《计算机与智能》这篇文章中,图灵除了提出"图灵测试"概念外,还提出了机器学习(Machine Learning,ML)、遗传算法(Genetic Algorithm,GA)和强化学习(Reinforcement Learning,RL)等概念,这些概念都是当前人工智能领域非常重要的研究方向。

1956 年,在约翰·麦卡锡(John McCarthy)的组织下,马文·李·明斯基、纳撒尼尔·罗切斯特(Nathaniel Rochester)、克劳德·艾尔伍德·香农(Claude Elwood Shannon)、赫伯特·亚历山大·西蒙(Herbert Alexander Simon)和艾伦·纽厄尔(Allen Newell)等学者在美国达特茅斯学院(Dartmouth College)开展为期两个月的达特茅斯夏季人工智能研究会议。这次会议讨论的三个热点问题分别是明斯基提出的"SNARC 计算机"(Stochastic Neural Analog Reinforcement Calculator Computer)、约翰·麦卡锡提出的"α-β 搜索法"以及西蒙和纽维尔提出的"逻辑理论家"(Logic Theorist)推理程序。此外,会议还讨论了当时计算机科学领域尚未解决的各种问题。会议提出,"学习或者智能的任何其他特性的每一个方面都应能被精确地加以描述,使得机器可以对其进行模拟"。此次会议后,"人工智能"作为一门新的学科正式诞生。麦卡锡也在达特茅斯会议后将计算机下棋作为其主要研究方向。

2.1.2　曲折发展期

在 1956 年达特茅斯会议正式提出人工智能之后的 10 年里,人工智能进入其首个快速发展时期。但是受限于当时的计算机与编程工具,该时期的研究只限于几个特定领域范围内。例如,赫伯特·盖伦特(Herbert Gelernter,1959)搭建出几何定理证明器,该证明器能够帮助学生证明较为复杂棘手的几何定理。自然语言处理长期以来是人工智能研究关注的重点领域,丹尼尔·鲍勃罗(Daniel Bobrow,1963)提出让计算机理解简单的自然语言输入并以此解决代数问题,他利用 Lisp 语言编写出早期的人工智能程序 STUDENT,这是利用计算机进行自然语言处理的最早尝试之一。

20 世纪 70 年代至 80 年代初期,在第一阶段的快速发展之后,由于算法、计算能力和财力的限制,人工智能所面临的问题和瓶颈也开始逐渐显现,人工智能的发展进入首个低潮期。

(1)计算的复杂性限制

杰克·埃德蒙兹和理查德·卡普(Jack Edmonds and Richard Karp,1972)曾提出,计算时间与输入信息规模的幂次方成正比。除了一些最简单的问题,许多问题只能在指数时间内获解。由于人工智能计算所涉及的数据类型繁多、数据量极其庞大、数据之间的关系复杂,因此,计算复杂性极高。

(2)计算机的性能限制

影响计算机性能的原因主要有两个:一是计算机中央处理器(Central Processing Unit,CPU)的主频低,导致计算机处理速度慢;二是计算机内存小,频繁读取机械硬盘的数据存在输入/输出(Input/Output,I/O)瓶颈。基于上述两点原因,当时的计算机难以解决任何实际的人工智能问题。汉斯·莫拉维克(Hans Moravec,1977)等提出了莫拉维克悖论(Moravec's Paradox)来描述人工智能与人们的常识相左的现象:人类具有高级智慧,实现推理、计算、感知等只需要较少的能力;若要让计算机实现这些活动却非常困难,需要强大的算力支撑,所以计算机距离智能还相差甚远。但是,随着计算机能力的不断提升,问题的解决也会变得越来越简单。

(3)财政支持的缩减

在这一时期,人工智能研究因为遇到各种问题而进展缓慢,因此,美国国防部高级研究计划署(Defense Advanced Research Projects Agency,DARPA)、美国科学研究委员会(National Research Council,NRC)也相继减少或停止了对人工智能研究的资金支持。

除了上述三个原因之外,人工智能这一新兴领域也受到了许多传统学者的批评,甚至有不少学者觉得人工智能研究是一个骗局。例如,约翰·塞尔(John Searle,1980)提出"中文房间"(Chinese Room)实验:一个人即使不会说中文,只要有合适的工具辅助,他仍然可以在不清楚中文含义的情况下说出流利的中文;同理,尽管计算机可以模仿人的行为处理各种工作,但计算机并不能够真正理解这些工作。塞尔试图利用该实验证明计算机程序并不具备"意向性"(Intentionality),即程序并不可能真正理解它所处理的符号。

进入 20 世纪 80 年代,神经网络(Neural Networks,NNs)和专家系统(Expert System)的研究兴起,人工智能开始逐渐走出低谷,进入第二个快速发展时期。在神经网络研究领域,约翰·霍普菲尔德(John Hopfield,1982)提出了 Hopfield 网络。这是一种递归神经网络,它结合了存储系统和二元系统,同时也提供模拟人类记忆模型。Hopfield 网络保证了算法的可收敛性(可收敛于局部极小),不过,收敛到错误的局部极小值的情况也可能发生。大卫·鲁梅尔哈特等(David Rumelhart et al.,1986)将反向传播(Back-Propagation,BP)算法应用于神经元样单元的网络,并在过程中反复调整网络中连接的权重,以便最小化网络的实际输出矢量和所需输出矢量之间的差异。权重调整的结果是:内部隐藏单元(不是输入或输出的一部分)开始代表任务域的重要特征,并且任务中的规律性通过这些单元之间的相互作用来捕获。在专家系统研究领域,卡内基梅隆大学(Carnegie Mellon University,CMU)设计出 XCON 专家系统,该专家系统使用人工智能程序,拥有完备的特定领域知识与经验,IntelliCorp、Lisp Machines 等软硬件公司就是基于该系统衍生而来的。在这一时期,专家系统拥有极高的产业价值(Winston,1986)。

20 世纪 80 年代末至 90 年代初,由于算力和资金的限制,人工智能的发展再一次陷入低谷期。人工智能研究是需要耗费大量资金的,所以当资金来源枯竭且公司缩减人工智能相关研发的投资时,人工智能领域的创新速度自然会减慢(Frankenfield,2018)。由于缺乏资金支持,研究人员无法对之前研制的专家系统进行持续改进和升级,加之计算机算力不足,因此在上一时期大获成功的专家系统开始暴露出难以使用、难以升级、异常值敏感(输入异常时会出现各种各样的错误)等问题。在这一时期,战略计算促进会(Strategic Computing Promotion Association,SCPA)等机构开始大幅度削减对人工智能的资助。由于看不到人工智能在未来的明确发展前景,美国国防部高级研究计划署的新任领导将拨款用于那些看起来更容易出成果的项目。尽管这一时期人工智能发展遭遇寒冬,但是人工智能领域的研究者们坚持对各种问题和局限进行渐进式的改进,以期在人工智能领域有新的发现。

2.1.3 持续稳步发展期

20 世纪 90 年代,伴随着计算机与互联网技术的发展,人工智能开始进入平稳发展时期。这一时期,人工智能在诸多领域,尤其是在基于多层神经网络的深度机器学习领域取得了丰富成果。1997 年 5 月 11 日,国际商业机器公司(International Business Machines Corporation,IBM)研发的计算机智能下棋系统"深蓝"(Deep Blue)战胜国际象棋世界冠军卡斯帕罗夫(Garry Kasparov),引发了全世界对人工智能的广泛关注,这是人工智能发展史上一个重要的里程碑。在神经网络领域,杰弗里·埃弗里斯特·欣顿(Geoffrey Everest Hinton,2006)使用互补先验(Complementary Priors)来消除具有多隐藏层的密集连接信念网中的难以进行推理的解释效应,并利用互补先验推导出贪心算法(Greedy Algorithm),用于初始化较慢的学习过程,对该过程进行微调后,形成带有三个隐藏层网络的生成模型。与最佳判别学习算法(The Best Discriminative Learning Algorithms)相比,该生成模型提供了更好的数字分类,这是人工智能在神经网络领域取得的重要突破。

2013 年,谷歌大脑(Google Brain)创始人高客·李(Quoc Le)利用 1 000 万张未标注的图像训练出具有 16 000 个处理器的大型神经网络来进行图像识别与分类,首次利用无监督深度学习网络进行特征学习(Quoc Le,2013)。Google 旗下公司 DeepMind 开发的围棋人工智能程序"阿尔法狗"(AlphaGo)以深度神经网络与增强型的深度学习为核心技术,利用策略网络、快速走子网络、价值网络、蒙特卡罗树搜索四个主要部分,获得围棋的棋感直觉(刘知青,2016),分别于 2016 年和 2017 年战胜围棋世界冠军李世石(Lee Sedol)与柯洁,再次引发全世界对人工智能的现象级讨论。

纵观人工智能 70 余年的发展历程,呈现"循环往复,螺旋上升"的发展特征,但总体仍然处于发展和上升的态势。当前,在大数据、云计算等新兴技术的保驾护航下,人工智能将会在机器学习(Machine Learning,ML)、自然语言处理(Natural Language Process,NLP)以及计算机视觉(Computer Vision,CV)等诸多领域取得更多、更可观的成果。

2.2　人工智能研究现状

从全球范围来看，人工智能研究在图像识别、自然语言处理、智能检索、感知问题、推理、复杂系统等领域逐渐深入。中国的研究机构和学者在全球顶级学术期刊中发表的人工智能相关的学术论文数量也逐年攀升。在国际机构组织的各类人工智能比赛（比如 ImageNet 图像识别竞赛、WebVision 图像识别竞赛等）中，中国团队也屡屡获奖。当前，中国的人工智能研究已走在世界的前列。

2.2.1　与机器学习紧密结合

人工智能研究因与深度机器学习（Deep Machine Learning）结合而取得革命性的进展。所谓深度机器学习，就是在神经网络的基础上叠加隐含层（Hidden Layer）的一种学习网络。一般来说，隐含层数越多，对特征的提取越精确，模型也就越准确。在社会需求的推动下，深度机器学习的应用也得到快速发展，已被广泛应用于人工智能领域的图像识别（Image Identification）、语音识别（Speech Recognition）、视频分析、文本分析和大数据分析等诸多领域，并取得了显著的成就（田启川等，2019）。

在图像识别领域中，深度机器学习应用于人脸和自然图像的识别，大大提高了图像识别的准确性（Nazaré，2017）。比如，自 2010 年开始，斯坦福大学每年都会举办 ImageNet 大规模视觉识别挑战赛（ILSVRC），2015 年 12 月，微软的图像识别系统错误率降低到 4.94％，首次低于人类（5.1％）。到了 2017 年，在参赛的 38 个团队中，已经有 29 个团队的图像识别错误率低于 5％。

人工智能技术在语音识别领域也取得了巨大突破。2012 年，谷歌将其语音识别模型全部更换为深度学习模型之后，其错误率降低了约 20％（王彦哲，2019）；苹果公司的 Siri 语音交互系统基于口语理解（Spoken Language Understanding，SLU）模块来预测用户意图（Changsu L.，2018），使其人机对话智能化程度得到大幅度提升；微软公司基于深层神经网络（Deep Neural Networks，DNNs）开发的同声传译系统 Microsoft Translator（Hernandez，2016）在应用中获得成功，已经能够胜任一般的翻译工作。

人工智能在文本分析和文本生成领域也颇有建树。由微软亚洲互联网工程院研发的人工智能底层框架"微软小冰",通过对海量文本的持续学习,能够实现诗歌、金融摘要及研究报告等文本的创作;清华大学计算机系自然语言处理与社会人文计算实验室(THUNLP)和清华大学人工智能研究院合作开发的"反向词典"[①],在学习了大量的词语及对应的释义后,能够通过分析用户给出的一段话来找到合适的词;清华大学矣晓沅教授带领的研究团队开发的"九歌"[②]诗词自动生成系统,在对 80 万篇诗歌进行深度学习后,能够根据用户给出的体裁、关键词和情感基调,自动生成诗词。

当然,有关深度机器学习的研究探索还远不止于此,社会上几乎各个领域都在研究通过深度学习来开发人工智能产品实现降本增效,提升组织和用户价值。

2.2.2　不断向深层次进展

随着人工智能研究的不断深入,目前,人工智能正从"感知智能"(Perceived Intelligence)研究向"认知智能"(Cognitive Intelligence)研究发展(蔡自兴,2019)。所谓感知智能,是指视觉、听觉等感知能力,人类通过感知智能来与自然界进行交互。因为人类的感知属于被动感知,但是机器却可以通过诸如红外雷达、激光雷达、烟雾探测、温度测量等技术进行主动感知,因此,从理论上来说,机器在感知智能方面的能力是可以优于人类的。例如,自动驾驶汽车对周围环境的感知,就是通过激光雷达、摄像头等感知技术和人工智能算法实现了感知智能(陈熙霖等,2016)。所谓认知智能,是指理解与思考能力,人类所具备的概念、意识、观念等都是人类认知智能的体现。认知智能是人工智能研究发展所追求的高阶目标,也是一项艰巨的挑战。研究者们希望通过对人类独有的语言、表达、逻辑与推理、自主学习等能力进行深入研究,探寻其机理,并利用计算机进行模拟,以期让机器具备拟人智能,甚至具备不同领域专家级别的知识储备与知识运用能力(McMullen,2003)。

随着神经科学等学科与人工智能研究的深度融合,人工智能研究不断成熟。感知智能所涉及的模式识别、语音识别和自然语言理解等技术已经具备相对成熟的规模与应用基础,但认知智能却要求机器具备机器思维与人工情感等拟人智能,因此,人工智能在认知智能领域的研究正处于探索阶段,距离实际应

---

① 网址:https://wantwords.net。
② 网址:http://jiuge.thunlp.org。

用仍有较大距离(蔡自兴,2019)。

人工智能研究正在全面商业化,并引发各个行业的深刻变革。人工智能引发的变革主要包含三方面:一是企业变革。人工智能研究内容更加关注企业管理及生产流程,使得企业日趋数字化,部分企业在人工智能研究的推动下已实现了日趋完善的智能化应用与自动化办公。二是行业变革。传统产业链关系在人工智能研究的影响下发生了根本性改变。三是人力变革。人工智能研究重点在于让机器模仿人的行为与思考方式,让机器帮助人完成部分工作。所以,随着人工智能研究的深入发展,企业将提升自身信息的利用效率,实现自动化办公,减少企业人力成本(Jeff Loucks,2019)。

从中国本土人工智能研究发展现状来看,在理论研究领域,中国人工智能研究总体上紧跟世界研究发展趋势;在应用研究领域,中国的人工智能研究比较领先,在某些领域还能领先于世界。中国人工智能研究现状可以从基础层、技术层、应用层三个层面来进行阐述。[①]

基础层为人工智能研究提供了最基本的软硬件支撑,比如人工智能专门芯片、数据资源、云计算资源等,为人工智能研究和应用提供大数据、计算能力等支撑。在基础层研究中,5G 通信技术(The 5th Generation Mobile Communication Technology)是最新一代的蜂窝移动通信技术,具有数据速率高、延迟率低、节省能源等特点。中国在 5G 通信技术研发上走在世界前列(周一青等,2015)。中国人工智能的研究结合 5G 技术的发展,衍生出许多 5G 与人工智能相结合的研究领域。例如,以 5G 和人工智能为基础的 5G 赋能智能技术,通过高效快速的智能化网络创新并实现智能教育、智能办公(兰国帅等,2019);将人工智能与 5G 网络新特征相结合而设计出的智能化 5G 网络框架,该框架由环境舱、智能中心及网络策略三部分组成,在业务预测、网络切片、无线资源分配以及资源共享领域得到了有效应用(王威丽等,2018)。

技术层是人工智能研究的核心,主要目标在于模拟人的行为和思维,从而让机器具备人的智能。技术层包括算法理论(如机器学习算法、大规模并行计算算法等)、开发平台(如开源框架、技术开发平台等)、应用技术(如自然语言处理、计算机视觉等)。在人工智能技术层的各类研究中,智能语音研究是中国人工智能研究领域中为数不多的掌握自主知识产权并处于国际领先水平的领域,

---

① 深圳前沿产业研究院. 2019 人工智能行业现状与发展趋势[EB/OL]. https://bg. qianzhan. com/report/detail/1910081709070618. html/2020-03-09.

计算硬件——人工智能芯片

大数据

计算系统技术——云计算

5G通信

基础层

数据采集

数据——数据标注

数据分析

中国人工智能研究现状

算法理论——机器学习

基础开源框架

开发平台——技术开放平台

技术层

计算机视觉

自然语言处理

应用技术——智能语音识别

机器视觉

智慧医疗

智慧金融

智慧教育

智慧交通——应用层

智能家居

智慧零售

智能制造

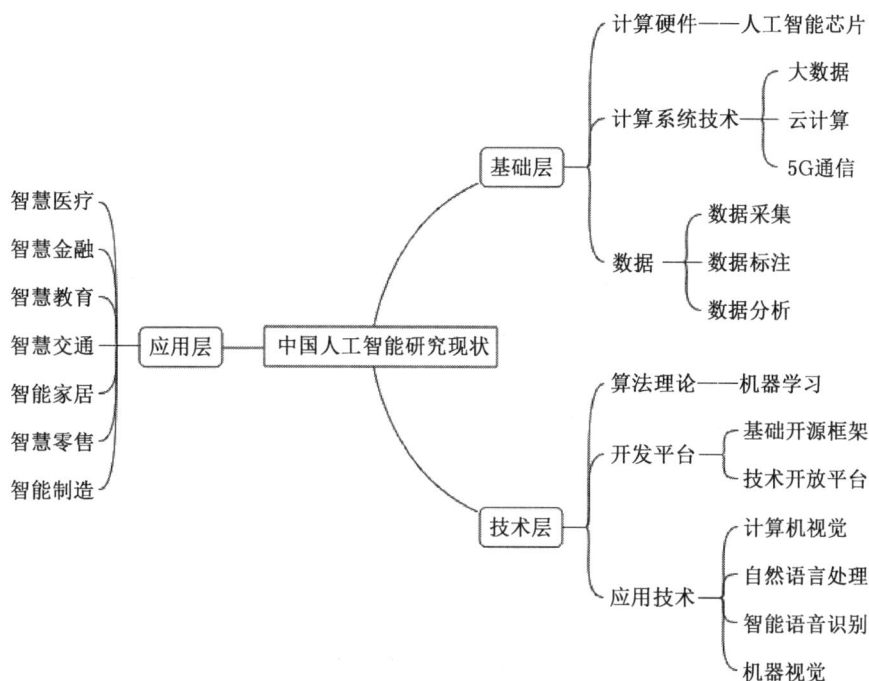

资料来源：深圳前沿产业研究院. 2019 人工智能行业现状与发展趋势［EB/OL］. https://bg. qianzhan. com/report/detail/1910081709070618. html/2020－03－09。

图 2－1　中国人工智能研究现状

一直受到国家的高度重视，已被列入多项国家科技发展规划和政策支持领域，智能语音产业也被列为中国七大战略性新兴产业之一。目前，中国已经掌握智能语音的核心技术，中英文语音合成技术处于世界领先水平（宋伟等，2011）。

应用层是人工智能技术在产业界的具体应用，通过将人工智能技术与其他技术进行整合，开发适用于特定应用场景的产品或解决方案。目前，应用人工智能比较成功的领域主要有安防技防、电子政务、医疗卫生、银行金融、交通出行、零售电商等。由于存在强烈的利益驱动，所以我国在智慧安防、智慧政府、智慧医疗、智慧金融、智慧交通、智慧零售等领域都有大量的成功案例。

但是，在教育领域，中国人工智能的应用成果相对较少。基于人工智能技术的智慧教育能够提高教学效率、改善教学效果。例如，利用人工智能技术开发虚拟学习助手，实现针对学生的个性化学习；人工智能技术驱动教学效果评估，可为教师、学生和家长提供有关学生如何学习、学生所需要的支持以及学生学习进展的持续反馈;通过人工智能技术还可以增强学习分析,使学生学习变得更加数字化和智能化。人工智能技术驱动的学习分析,将成为改善教育和提高机构竞争力的重要工具(兰国帅等,2019)。但是,由于教育本身是一个复杂的过程,教育的主体机构——公立学校——又缺乏明确的利益驱动,因此,人工智能在教育领域的应用研究还有较长的路要走。

结合世界与中国人工智能研究现状来看,作为一门多学科交叉的综合性前沿学科,人工智能研究从理论上不断取得进展、技术上不断获得突破、应用上不断得到创新,人工智能技术正快速扩展和渗透到社会的各行各业。随着各国的强力支持和各大科技公司的大力投入,人工智能将会持续快速发展,中国也将会在全球人工智能研究中发挥举足轻重的作用。

2.3　人工智能涉及的主要技术

当前的人工智能研究所涉及的技术主要包括大数据技术、机器学习技术、自然语言处理技术、语音识别技术和计算机视觉技术五大类。

2.3.1　大数据技术

大数据技术是从多源、多类型、大体量的数据中获得有价值信息的技术。虽然人工智能的实现手段不限于基于大数据的机器学习,但在目前的人工智能研究和应用领域,基于大数据和多层神经网络的深度机器学习是最耀眼的成就。研究人员利用大数据采集技术获得数据,并对数据进行人工标注,为人工智能程序提供训练数据集,在大规模算力的帮助下,完成有监督的机器学习,并在不断的重复迭代过程中,得到越来越"智能"的模型。本书第一章对大数据技术进行了详细的介绍,在此不做赘述。

2.3.2　机器学习技术

所谓"学习",就是从历史经验中总结规律,并将规律用于对现状的判断。而机器学习就是让计算机模拟人类的学习行为,根据现有数据或经验进行算法选择、模型构建、数据预测,并重新组织已有的知识结构使之不断改进自身的性能(William,2018)。

构成机器学习的三要素是数据(Data)、算法(Algorithm)和模型(Model)。

数据是机器学习的输入,计算机需要从大量已标注好的数据中学习规律;算法是数据与模型的中介,特定的算法对输入数据进行训练与学习,最终得到习得模型,最小二乘法(Least Squares Method)和梯度下降法(Gradient Descent)是机器学习中最常用的算法,最小二乘法适用于线性模型(Linear Model),而梯度下降法适用范围很广泛,几乎适用于任何模型;模型是机器学习的结果,其实质是一个假设空间(Hypothesis Space),该假设空间提供从"输入"到"输出"的所有映射集合,生成的模型可以用来进行预测、分类等各项实际任务。

根据机器学习的三个要素,可以将机器学习技术划分为监督学习(Supervised Learning)和无监督学习(Unsupervised Learning)两大类。

(1)监督学习算法

监督学习是从标签化训练数据集中推断出函数的机器学习技术(Mohri,2012)。在监督学习中,每一个实例都是由输入对象与监督信号(Supervision Signal)组成。监督学习算法通过分析训练数据而生成模型,用于映射新的实例(Lecun,2015)。监督学习可用的算法有很多,比如逻辑回归(Logistic Regression)、决策树(Decision Tree)、随机森林(Random Forest)、支持向量机(Support Vector Machine,SVM)等。

①逻辑回归

逻辑回归属于广义线性回归(Generalized Linear Model),区别于广义线性回归的其他模型,逻辑回归的因变量可以是二分类或者多分类变量。逻辑回归利用 Sigmoid 函数将回归结果映射在 0 至 1 之间,从而可以根据概率实现分类任务。

逻辑回归算法原理简单,在二分类问题中得到了广泛应用。例如,瑞利昂(Ruiliang,2015)分别利用逻辑回归算法和神经网络算法,对加利福尼亚州北部山区的火灾后图像进行烧伤疤痕存在或不存在的二分类计算,基于预测的准确性、不确定性指数和计算时间来对比这两种算法在烧伤疤痕分类方面的性能。实验结果表明:逻辑回归算法总体平均准确性高于 97%,不亚于神经网络算法结果,且逻辑回归算法在烧伤疤痕分类方面比神经网络算法更有效。当然,这并不是说逻辑回归算法一定优于其他机器学习算法,比如大卫·穆赫林斯基(David Muchlinski,2016)分别利用随机森林与逻辑回归对内战爆发与否进行预测,通过对二者效果进行比较,发现随机森林能够更准确地预测内战的爆发,预测效果优于逻辑回归模型。因此,需要根据所要分析数据的特征及具体情境来评估、判断逻辑回归算法是否适用于某问题。

②决策树与随机森林

决策树(Decision Tree)是一种由根节点、子节点和叶节点组成的树形结构。其中,根节点表示要解决的问题,子节点表示解决该问题的各种可能的方法,叶节点表示每种方法下的一种类别(子方法)。

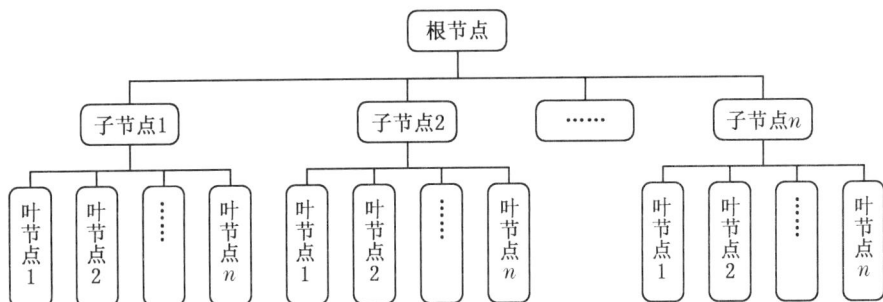

图 2—2　决策树示意图

决策树算法是一个大类,具体算法主要有 ID3(Iterative Dichotomiser 3)算法、C4.5 算法、CART(Classification and Regression Tree)算法等。ID3 算法的核心是在决策树各个结点上应用信息增益(Information Gain)准则选择特征,递归地构建决策树。具体实现方法是:从根结点开始,对结点计算所有可能特征的信息增益,选择信息增益最大的特征作为结点的特征,由该结点的不同取值建立子结点,再对子结点递归地调用以上方法,直到所有特征的信息增益均很小或没有特征可以选择为止,最后得到一个决策树(Quinlan,1986)。C4.5 算法对 ID3 算法进行了改进,C4.5 算法利用信息增益率(Information Gain Rate)来进行特征选择,并且可以在决策树构造过程中进行剪枝(Pruning),从而减少构造的决策树过拟合(Overfitting)风险(Quinlan,1992)。基于 ID3 和 C4.5 算法发展而来的 CART 算法利用基尼系数(Gini Coefficient)来进行特征选择,使用二元分支能够对全部数据进行充分运用,尽可能发现决策树的完整结构。

决策树算法通常用于完成分类任务(Classification Task):对于给定的输入数据,每个数据都包含特征和类别(这些类别均事先得到标注),决策树通过学习这些数据得到一个分类器,从而对新数据进行分类。

随机森林是基于集成学习(Ensemble Learning)的思想,将多棵决策树集成一个整体的一种算法(L. Breiman,2001)。在随机森林中,每棵决策树其实都是一个分类器,对于一个输入的样本,N 棵树就会产生 N 个分类结果,随机森林对所有分类的投票结果进行汇总统计,将获得最多投票次数的类别作为最终的输出。

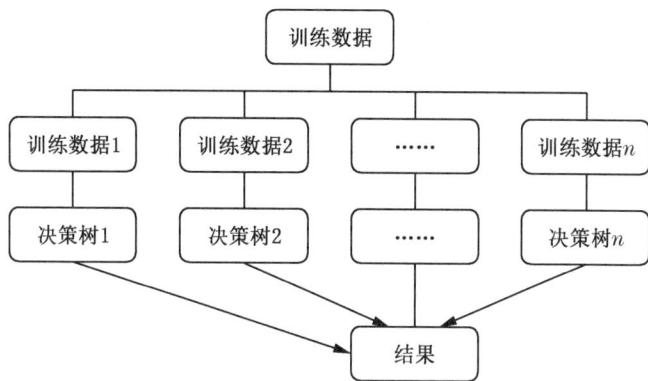

图 2—3　随机森林示意图

与单棵决策树相比,随机森林有明显的优势:随机森林利用集成学习思想,随机选取数据建立多个决策树,这时,即使出现异常值导致个别决策树的预测结果不准确,但并不影响多个决策树对该问题的总体预测结果,因此,有效降低了异常值带来的影响。此外,单棵决策树由于采用了所有样本及所有特征,很容易出现过拟合,导致模型泛化能力(Generalization Ability)下降。而随机森林则是随机抽取部分样本的部分特征构造了多个决策树,因此,特征和数据在单个决策树上变少了,降低了过拟合的可能性。鉴于上述优点,随机森林得到了广泛应用。

③支持向量机

支持向量机属于监督学习模型。给定一个经过标注的训练数据集,对支持向量机进行训练,从而构造一个分类模型。支持向量机分类模型将数据表示为空间中的点,然后寻找一个最佳平面(或超平面),以最大间隔将不同类别的数据点划分开。因此,支持向量机需要选择能够最大化到不同类别数据的边缘数据点距离的平面(或超平面)。除了进行线性分类之外,支持向量机还可以使用核(Kernel)对高维数据进行映射,实现非线性分类。支持向量机分类应用领域广泛,并且分类效果较好。

某些数据受人力、物力等现实条件约束而无法被标注,因此,需要借助计算机完成这些数据标注与划分工作。根据未知类别的训练数据来习得模型,称之为无监督学习。与有监督学习相比,无监督学习最大的特点和优点是,训练数据都是未经过标注的数据,即不需要耗费人力对数据进行标注。

(2)聚类算法

在无监督学习中,较为典型的算法是聚类(Clustering)算法。聚类算法可以将未经标注的数据划分成由类似的对象组成的多个类别,划分出的不同类簇分别是一组数据对象的集合,这些对象与同簇中的对象相似,与不同簇中的对象相异。相似度可以通过内聚性(Cohesion)来衡量,内聚性越高,说明该类簇划分效果较好;相异度可以通过耦合性(Coupling)来进行衡量,不同类簇的耦合性越低,聚类效果越好。因此,较好的聚类结果往往具有高内聚性和低耦合性。常见的聚类算法有:K-means 聚类算法(K-means Clustering Algorithm)、基于密度的聚类算法(Density-based Clustering Algorithm)、基于层次的聚类算法(Hierarchical Clustering Algorithm)等。

①K-means 聚类算法

K-means 聚类是一种蕴含迭代求解思想的聚类算法,其基本步骤是:预先指定数据划分类簇数(即 K 值),确定类簇数后随机选取 K 个对象作为初始的聚类中心,然后计算每个数据点与各个聚类中心之间的距离,把每个数据点归类为距离其最近的聚类中心。聚类中心及其所属数据点就代表一个类簇。初步聚类后,类簇中心会根据类簇现状被重新计算,该过程将不断迭代,直到类簇中心不再改变为止。

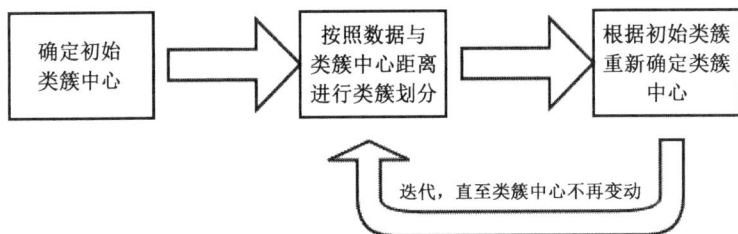

图 2—4　K-means 聚类过程

K-means 聚类算法应用领域非常广泛,在学习情况数据分析中也有应用。例如,O. J. 奥耶拉德(O. J. Oyelade,2010)基于 K-means 聚类,构建出一套学生成绩分析系统,该系统根据学生成绩对学生的学习情况进行聚类,并按照学生的学习水平进行针对性的教学。

使用 K-means 聚类算法,需要预先确定聚类数量,但是很多情况下无法事先确定最佳类簇数量。此外,类簇中心点是随机选定的,这会导致最后所生成的结果在很大程度上取决于初始随机中心点的位置,也就意味着每次计算结果都会因为初始随机选择的中心点不一样而导致结果差异较大。从计算复杂度来看,K-means 聚类算法在迭代中需要不断计算每个样本点到类簇中心的距离,因此当数据量较大时,计算量也很大。

②基于密度的聚类算法

相较于 K-means 聚类算法,基于密度的聚类算法能够在含噪数据中聚类出不同形状及大小的类簇。DBSCAN(Density-Based Spatial Clustering of Applications with Noise)算法是该类算法的典型代表。

DBSCAN 算法的基本思想是:首先,关注密度高的样本点;其次,将靠近的高密度点连接起来,从而形成多个类簇。算法实现步骤:以每个数据点为圆心,以邻域(Epsilon)为半径画圆,该点密度值就是圆内样本点的密度。指定一个阈值(minPoints)作为密度高低划分的标准,若有一个高密度点在另一个高密度点的圈内,则将二者串联;若有一个低密度点也在高密度点的圈内,则将该点连到最近的高密度点上,并称之为边界点(Boundary Point)。通过该方法,所有能连到一起的点就形成了一个类簇,而不在任何高密度点的圈内的低密度点就是异常点。

③基于层次的聚类算法

层次聚类是指在不同的层次上对数据集进行划分,从而形成树形的聚类结构。基于层次的聚类既可以采用"自底向上"(Bottom-Up)的聚类方法,也可以采用"自顶向下"(Top-Down)的分拆方法。与其他聚类算法相比,层次聚类算法可以通过绘制树图(Dendrogram)将聚类结果可视化。此外,不同于 K-means 聚类,层次聚类不需要事先指定类簇数量。

2.3.3　深度学习技术

深度学习(Deep Learning,DL)是机器学习的子集。深度学习属于监督学习的范畴,但不同的是,深度学习具有使用三层以上神经网络自动提取对象的高维特征,与传统监督学习方法相比,少了特征工程,省去了大量的人工劳动。

2006 年,杰弗里·埃弗里斯特·辛顿发表了论文"A Fast Learning Algorithm for Deep Belief Nets",提出用降维和逐层预训练方法来训练多层神经网络,从而实现对对象特征更准确的提取。辛顿的这篇论文被视为深度学习领域的经典之作。

2012 年,亚历克斯·克里日夫斯基(Alex Krizhevsky)、伊利亚·萨茨基弗(Ilya Sutskever)和杰弗里·辛顿提出的一种经典的深度卷积神经网络 AlexNet,在全球 ImageNet 大规模图像识别比竞赛中取得了优异的成绩,将图像识别的正确率提升到一个前所未有的高度,这对深度学习的发展具有里程碑式的意义。从此,深度学习获得了全球各行各业的瞩目,也称为当前人工智能研究和探讨的焦点。

除了图像识别领域,深度学习在其他几乎所有领域的表现都远超先前的相关技术,比如语音识别、自然语言理解、文本语义抽取、自动驾驶、医疗健康诊断等。

机器学习的本质是用函数表达现实世界,而深度学习之所以如此强大,原因在于其高超的数学表达能力。支撑深度学习的数学原理叫"万能近似定理"(Universal Approximation Theorem),即深度神经网络可以拟合任何函数,不管这个函数的表达有多么复杂。

深度学习在表现强大的同时,也带来另外一个负面问题:可解释性差,即深度学习模型是一个"黑箱",学习的过程不可知,学习的结果也不可控。深度学习模型有很多层神经网络,输入的信息在经过每一层神经网络时,都要做一次拟合,这样,每一层都会生成一个拟合函数,通过一层又一层拟合函数的叠加,深度学习模型的输出就可以无限地逼近目标输出。因此,深度学习的这种"无限逼近"是输入和输出在数值上的一种暴力耦合,而不是真的找到了一种代数上的相关性表达,人们也无法从逻辑上解释这种耦合。

2.3.4 自然语言处理技术

比尔·盖茨(Bill Gates)曾说过,"语言理解是人工智能皇冠上的明珠"。自然语言处理(NLP)技术的发展将会推动人工智能技术的整体提升。因此,使用自然语言与计算机进行通信一直是人工智能领域的重要研究课题。自然语言处理技术使得用户能够通过熟悉的语言来使用计算机,而无须投入大量的时间和精力去学习各种计算机语言。

自然语言处理主要包含两方面：自然语言理解与自然语言生成。自然语言理解是实现人机自然语言通信的第一步，即让计算机能够理解自然语言文本的含义；自然语言生成则要求计算机能以自然语言文本来表达给定的思想及意图。

人类在 20 世纪中叶就开始研究自然语言处理技术，人工智能领域也一直将自然语言处理视为最重要的研究课题之一。克劳德·艾尔伍德·香农（1948）首先将离散马尔可夫过程（Discrete Markov Process）的概率模型应用于语言描述的自动机（Automaton）；车姆斯基（Chomsky，1956）率先将有限状态自动机（Finite State Automaton）作为一种工具来刻画语言语法，并定义有限状态语法生成语言；布莱索（Bledsoe，1959）建立了用于文本识别的贝叶斯系统（Bayesian System）来计算字母系列的相似度；基于布莱索的研究，弗雷德里克·莫斯特勒（Frederick Mosteller，1966）使用贝叶斯（Bayesian）方法解决特定文章中原作者的分布问题；耶利内克（Jelinek，1976）将隐马尔可夫模型（Hidden Markov Model，HMM）引入自然语言处理技术；托马斯·米科洛夫（Tomas Mikolov，2013）提出 Word2vec 词向量化方法，可以将文本数据转化为词向量形式，便于后续模型训练；拉法尔·约瑟弗维奇（Rafal Jozefowicz，2016）基于前人研究，在模型、语料库、词汇量以及复杂的语言结构等方面进行了扩展。

从自然语言处理发展的历史和现状来看，无论是自然语言理解，还是自然语言生成，形成普适、高效的自然语言处理技术还是相当困难且复杂的，仍然需要长期的投入与研究。不过，在特定的应用领域，自然语言处理技术已经能够胜任部分工作，甚至在某些具体工作中比人工有更出色的表现。目前，也有了一些产品化、产业化的自然语言处理产品，比如智能音箱、翻译笔（机）、智能客服机器人等。此外，多语种数据库和专家系统的自然语言接口（Zhang，2002）、机器翻译系统、全文信息检索系统、自动文摘系统等也在一定范围内得到应用。

2.3.5　语音识别技术

自然语言处理技术希望实现人机间的语言交互，语音识别技术则是希望实现人机间的语音交互。语音识别的研究对象是人类语音，通过综合运用模式识别和语音处理技术，让计算机理解人类语音。同许多人工智能技术一样，语音识别也属于覆盖学科较广的交叉型学科，它与语音学、声学、语言学、语义学、信息论、模式识别等诸多学科密切相关。

语音识别技术主要包括语音预处理、语音特征提取、声学模型和语言模型。语音素材的预处理对语音识别的结果影响很大。迪帕克（Deepak，2015）利用耦合词典作为语音的预处理方法，对 5dB 至 15dB 的信噪比之间的含噪声语音进行识别，错误率仅为 11.9%。语音特征提取主要是通过分析频域（Frequency Domain）和倒谱域（Cepstrum Domain），特征提取的目的是模拟人耳提取频率成分。

尤其值得一提的是，人工神经网络（Artificial Neural Network，ANN）在语音特征提取中发挥了重要作用。约翰霍普金斯大学（Johns Hopkins University，JHU）语言和语音处理研究中心（Center of Language and Speech Processing Research，CLSP）应用神经网络功能训练法来提高声学特征提取效果（Arora et al.，2014）。在声学模型方面，余东（Dong Yu，2015）使用一个单独的深度神经网络（Deep Neural Network，DNN）来估计强语音和弱语音被试者每一帧的语素后验概率，并用加权有限状态传感器（Weighted Finite State Sensor，WFSS）来估计分析相关的说话人和语音，在不同的信噪比下，系统的最佳设置平均词错误率为 18.8%。语言模型被用来使语言的排序满足语法规则和发生概率，语言模型的构建也是基于深度神经网络来实现的。

2.3.6　计算机视觉技术

计算机视觉技术关注对生物视觉的模拟。类似于生物通过眼睛观察周围环境并从中获取信息，计算机视觉技术的主要任务就是采集图片和视频并加以处理，以获得图片和视频中的相关信息。计算机视觉技术涉及计算机科学、信息学、物理学、神经科学、统计学等多个学科领域。

计算机视觉包括图像检测、图像特征提取、图像分类等技术。在人工智能研究中，计算机视觉技术发展相对较快，理论研究和应用成果也更多。例如，在图像检测领域，孙柯（Ke Sun，2019）提出了新型的网络模型 High-Resolution Network（HR Net），该网络可以学习空间高分辨率表，在人体骨架点检测以及目标检测、图像语义分割、人脸关键点检测等视觉问题上取得了领先的结果；在特征提取领域，刘斌（Bin Liu，2018）提出了新迁移学习范式，该范式利用无监督预训练方法来获得图像初始特征，能够取得近 20% 的准确率的提升；在图像分类领域，胡翰（Han Hu，2019）提出了一种去卷积的神经网络，该神经网络在图像分类基准数据集上的准确率高于卷积神经网络的准确率。

计算机视觉技术的应用范围也非常广泛,可以说,只要有用到人眼的地方就有计算机视觉技术的用武之地。目前,计算机视觉技术已经广泛地应用于影像处理、人脸识别、人形识别、无人驾驶、智能识图等众多领域。

2.4　人工智能主要应用领域

虽然当前的人工智能还处于弱人工智能时代,但在一些特定领域,人工智能不仅可以替代大量人工劳动,还可以提升现有工作的效率,为组织创造巨大的商业价值。目前,人工智能已经广泛应用于电子商务、金融、医疗、教育、安防、个人助理、无人驾驶等领域。

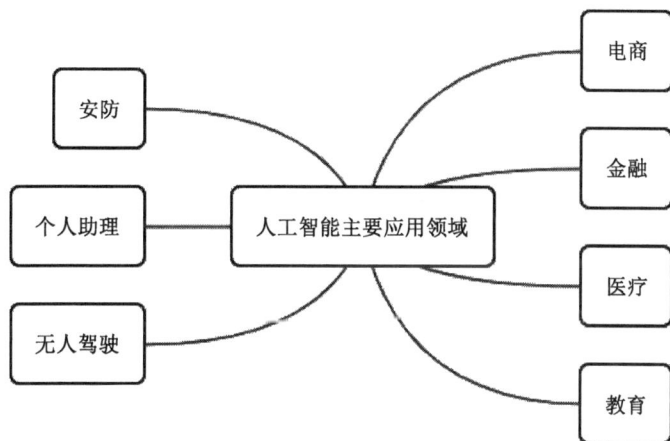

图 2-5　人工智能主要应用领域

2.4.1　电子商务领域

进入 21 世纪以来,随着电子商务的快速发展,电子商务网站的规模急剧膨胀,商品种类与数量快速增长,客户需要花费大量的时间和精力搜寻合意的商品,这种信息超载问题导致电商客户的体验下降,进而导致客户流失。虽然电子商务网站提供了商品检索功能,但精确度是一个问题,而且搜索引擎只能被动知晓用户的需求,无法主动"猜测"用户的喜好,不利于网站的精准营销和商品推送。为提高用户黏性和购买率、增强用户体验,电子商务网站利用人工智能技术进行商品智能推荐、提供人工智能客服、提升物流管理水平。

智能推荐系统(Recommender System,RS)是基于机器学习技术的一种商务智能(Business Intelligence,BI)系统。推荐系统根据客户以往的浏览、点击、购买行为以及商品偏好,向用户智能化地推荐其可能感兴趣的商品。一个标准的推荐系统包括用户建模、被推荐物品建模和推荐算法三个部分。推荐系统使用推荐算法,将用户模型中的用户兴趣和需求等信息(常用标签的方式实现)与被推荐物品模型中的物品特征信息(也是用标签的方式实现)进行匹配(Match),从而找到用户可能感兴趣的物品并推荐给他。

推荐系统常用的方法有基于内容的推荐(Content-based Recommendation)和协同过滤推荐(Collaborative Filtering Recommendation)。基于内容的推荐使用内容信息,基于机器学习的方法从关于内容的特征描述中得到用户感兴趣的资料;协同过滤推荐一般采用最近邻技术(Nearest Neighbor Technology),利用用户的历史信息计算不同用户之间的"距离",然后通过对目标用户的最近邻用户对商品的评价进行加权计算,根据计算结果(评价的加权值)来预测目标用户对特定商品的喜好程度,系统再根据这一结果来对目标用户进行有针对性的推荐。实践证明,这两种推荐方法都能够有效提高推荐效率,解决传统推荐不够精准、不够个性化的问题。但是,仅基于相似性度量的推荐方法会导致推荐系统的效率下降,因此,有学者提出利用先验知识的聚类和基于内容的推荐技术来计算客户近邻,然后推荐最合适的商品来满足其需求(Xu et al.,2005)。例如,埃纳尼·维里亚托·德·梅洛(Ernani Viriato de Melo,2015)提出了一种基于内容的服装推荐算法,该方法结合文本属性、视觉特征和人类视觉注意力来构成服装轮廓,有效提高了推荐系统的质量。

在客户服务方面,智能客服(Smart Customer Service)基于大规模知识处理,结合自然语言处理技术、知识管理(Knowledge Management)技术、自动问答系统(Automatic Question Answering System),能够模仿人工客服,通过网络聊天或语音对话的方式,为电商客户提供服务与答疑。随着移动商务(Mobile Commerce,M-commerce)的快速发展,人工智能客服技术开始应用于移动端智能客服领域。例如,蒲司慧等(Pu Si-hui et al.,2013)搭建了基于移动服务平台的移动商务智能客服系统,该系统不仅可以及时响应客户需求,而且可以提供多元化的电商服务渠道,提高客户服务质量。目前,主要的电子商务平台、电信运营商、大型机构等均提供智能客服服务。

物流是电子商务行业各商家之间竞争的焦点,物流管理能力是电商企业的核心竞争力。近些年来,主流的电子商务公司纷纷引入人工智能技术改进物流管理,智慧物流(Intelligent Logistics)得到长足发展。智慧物流就是集成人工智能的相关软硬件技术,使物流系统能够感知、判断和(辅助)解决物流中出现的问题,并能在工作数据的积累中不断学习,进而可以实现对可能出现问题的预判和提前干预。在电子商务领域,智慧物流能够规划最佳物流路线、对商品收发货信息进行实时动态监测、提供物流信息实时反馈、对例外情况进行警示等。

2.4.2　金融领域

金融是最早实现信息化的行业之一,多年来,金融领域逐渐积累了海量的交易数据。近些年来,随着互联网金融的发展,购买金融产品的门槛进一步降低,大量的互联网金融平台积累了更多的数据。海量的金融数据里隐藏着大量有价值的信息,人工智能技术能够通过对这些数据的处理,实现精准的用户画像、产品推送、风险评估、安全控制等。由于存在巨大的利益空间,金融领域广泛使用人工智能技术。

当前,人工智能技术在金融领域的应用主要体现在三方面:智能金融投资顾问、智能信托贷款与在线监控系统、智能客服。

随着人们经济收入的增长与理财意识的提升,投资理财成为金融领域的热点。传统的理财产品是通过人工方式推销的,人工、交通、提成、房租等成本令理财产品总成本居高不下,且受众面窄。引进人工智能技术后,“智能金融投资顾问”在算法的支持下,对投资人的风险喜好、期望收益和偏好领域等数据进行综合计算分析后,为投资人推荐最适合的理财产品或产品组合。“智能金融投资顾问”可以 24 小时工作,不受用户数量限制,除了开发和维护费外,不需要支付其他费用,且具有更高的效率和准确度,因此,总成本远低于人工顾问。例如,美国最大的投资管理公司贝莱德(BlackRock)根据自学习的人工智能算法开发全自动投资程序来替代人工选股,其高级版本 BlackRock Robo-Advisor 还可以实现战略计划框架内的自定义执行,用计算机投资决策取代人为投资决策(Tokic,2018)。

对贷款人进行资质评估是金融领域的一个传统难题。之前,由于信息不对称,金融机构很难对贷款人做出准确的资质评估。有了大数据以后,通过人工智能技术,金融机构能够根据贷款人的性别、年龄、工作、学历、收入和消费情况等信息进行综合分析,并对贷款人进行精准的画像和评估。对贷款人评估常用的工具是标签(Tag)技术,标签可以从多个维度展现对象的全方位特征。通过人工智能分析,给目标用户打标签,利用用户标签进行潜在目标客户的筛选和通信确认,为融资信贷等提供必要的参考(胡蝶,2018)。此外,人工智能客服在金融领域也极为常见,其原理和工作方式与电商领域的人工智能客服基本一致。

2.4.3 医疗领域

人工智能与医疗相结合,就形成了当前一个新兴的研究领域——智慧医疗(Smart Medical)。智慧医疗的内容涵盖范围比较广泛,主要包括医学影像分析、智能诊断、医学研究、智能看护、智能健康管理、可穿戴医疗设备、医院管理等。目前,智慧诊疗、影像智能识别、智慧健康管理三个方向的研究和应用相对比较成熟。

智慧诊疗是利用人工智能技术辅助诊疗,让计算机对现有医疗知识进行学习,模拟医生的思维和诊断方式,从而给出建议的诊断及治疗方案。随着移动技术的发展,智慧诊疗正逐渐从 PC 端走向移动端。例如,拉沙那索平(Laksanasopin,2015)将微流体技术与移动端产品相结合,可以使人通过智能手机访问某些基于实验室的医疗诊断程序。

医学影像识别将人工智能技术应用于医学影像分析。人工智能在医学影像的应用中包括两种技术:一是图像识别技术,应用于影像感知环节,其主要目的是通过图像分析获取有用信息;二是深度机器学习技术,应用于学习和分析环节,计算机通过大量的影像数据,不断对基于神经元网络的机器学习模型进行训练,使其掌握疾病诊断的能力。

健康管理是指将人工智能技术应用到对人的健康监测和管理中,可穿戴医疗设备(Wearable Medical Devices)在健康管理中发挥了重要作用。人们通过可穿戴医疗设备对自身健康状况进行持续的数据记录与监控,从而及时发现身体异常。例如,吴(Wu,2010)设计了一种移动电子健康管理系统,该系统将可穿戴式环形脉冲监测传感器与智能手机集成在一起,并提供了移动健康管理机制,在该系统中,所有生理测量值都通过蓝牙传输到智能手机,用户可以通过智能手机监控自己的健康情况。目前,各种健康检测手环、24 小时心电图等可穿戴设备在医疗系统中得到越来越广泛的应用。

2.5　人工智能与智慧教学

人工智能在教育领域的主要体现是智慧教学(Smart Teaching)。智慧教学是指基于大数据、人工智能等技术,改变传统教学模式,实现教学的信息化、网络化、数字化与智能化,实现"课前—课中—课后"全方位的教学支持和教学闭环管理。人工智能技术的发展也促进了教学模式的变革。人工智能对教学模式的影响主要体现在教学环境、教与学的过程支持、教学方式、教学评价、教学辅助五个方面。

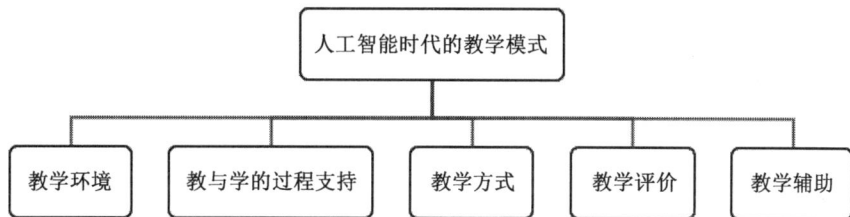

图 2-6　人工智能时代的教学模式

2.5.1　教学环境变革

人工智能催生了智慧学习环境建设。智慧学习环境是指基于人工智能技术,实现教学物理空间和虚拟空间的结合,使教学环境具备支持多样化学习需求的智能感知能力和服务提供能力。虚拟学习环境(Virtual Learning Environment,VLE)是智慧学习环境的重要体现。虚拟学习环境是指基于计算机与人工智能技术搭建的沉浸式模拟学习环境,学习者可以在任何时间与地点进入虚拟学习环境学习。在虚拟学习环境中,学习方式也得到了极大程度的拓展,除了传统的学习方式以外,学习者还可以通过人机交互等方式进行学习。有研究表明,在学习表现、自我效能、学习满意度、学习氛围四个方面,虚拟学习环境下的学生评估得分要高于传统环境下的学生评估得分(Chou,2005)。

目前,有很多产品和平台能够支持虚拟学习环境的实现。例如,全球目前应用最为广泛的教学资源管理平台 Blackboard(简称 BB),支持公有云和私有云两种部署方式,平台功能强大,教师可以在平台上自助开设课程、管理栏目、上传课程资料,学生可以选择有关课程进行学习;也可以通过将平台与课程数据对接的方式,将"教师—课程—学生"进行自动关联。通过平台自带的论坛板块,学生、教师都可以在论坛上提问、发言、解答,实现在线交流。除了提供学生学习环境外,Blackboard 也提供课程和教学过程管理功能,教师可以在系统后台查看学生浏览、下载学习资料情况,也可以在线修改学生提交的作业。此外,通过二次开发,Blackboard 可以与其他平台和系统进行集成,比如可以集成网络教室、流媒体系统、自动录播系统等,实现更加便捷的教学过程管理和教学资源管理功能。

除虚拟学习环境外,本书中提到的智慧教室也是智慧学习环境的典型体现。智慧教室充分利用人工智能技术、传感技术、网络技术、多媒体技术来装备教室和改善教学环境,是当前教学环境变革的热点。

2.5.2　教与学的过程变革

传统的教与学的过程,主要是"老师教、学生听"的过程。在学生数量少的时候,可以实现师生之间的双向交流和一定程度上的因材施教。但是,随着教育的普及,学生数量不断增加,一个班级有几十人甚至上百人的情况也不少见,这时,教学过程基本只能实现信息由老师向学生的单向流动。由于缺乏必要的互动和反馈,教师很难准确把握课堂教学效果和学生对知识的掌握情况。

在信息技术的支持下,这种情况有望得到改观:网络教学和视频教学让老师在不增加工作量的情况下,可以面对更多的学生,扩大课程受众面;通过学生学习行为大数据分析,人工智能程序可以帮助老师对每一个学生的学习进度和学习效果进行准确评价;根据学生的学习进度和学习效果,人工智能程序可以给每个学生准确推荐个性化的学习资源和习题,帮助其有的放矢地开展学习和练习;大数据支持下的教学评价也更加客观、科学、可靠。

以学习资源推荐为例,人工智能技术可以通过分析用户画像(User Profiling),从学习者的学习过程数据中发现其学习行为特征、短板与偏好,然后使用推荐算法为学习者提供适合他的学习资源,提高学习效率。例如,刘(Liu,2009)基于语义 Web 技术,设计了一种学习资源个性化推荐算法,该算法通过对学习者的浏览行为和学习资源的评价数据进行综合分析,分别定义了学习资源集和核心概念集,然后,基于领域本体中各概念之间的关系,分别计算不同学习者的学习资源集和核心概念集之间的语义相似度,从而获得用户的偏好,系统根据用户偏好的相似度推荐学习资源;莫伊塔巴·塞赫(Mojtaba Salehi,2013)在推荐算法中加入学习者的属性以及学习者访问资源的顺序模式来改进推荐算法,以提高学习资源推荐质量,实验表明,该改进算法在精度和召回率上均优于之前的算法,并且可以根据实时更新的上下文信息准确地满足学习者的实际学习偏好;付芬等(2017)提出了一种基于隐式评分和相似度传递的学习资源推荐算法,该算法收集用户的学习行为,改进传统的相似度计算方法,并在此基础上引入相似度传递策略,实验表明,该算法能够在一定程度上解决相似度计算不准确以及数据稀疏问题,从而提高学习资源的推荐质量。

许艳凤等(2019)从 AI 技术本身以及语言学习理论的角度,探讨智能语言教育机器人对儿童语言学习的影响,认为智能化语言教育机器人具有个性化的语言学习内容优势、人机互动促进学习效益优势、提高儿童学习动机和参与度优势。

批改网(http://www.pigai.org)基于自然语言处理技术和语料库技术,可以在线实现对学生的英语书面作文进行自动即时评分并提供改善建议和内容分析结果。杨等人基于批改网的自主写作教学模式的实践表明,基于批改网自主写作教学模式能够提高学生的自我效能感,不同程度地提高不同水平学生的英语写作能力。

2.5.3 教学方式变革

人工智能推动了教学方式的根本性变革,网络教学、翻转课堂、混合式教学、虚拟现实教学、交互式教学等新型教学方式不断重塑教学新范式。人工智能时代的教学方式变革主要体现在多元化教学和交互式教学两个方面。

人工智能技术使得教学方式愈发多元化,除了运用多媒体教学方式外,人工智能还可以实现网络教学和远程教学,并在教学过程中加入更多以动画、习题、虚拟现实等形式呈现的更具有趣味性、可理解性和实践性的内容,充分调动学生的视觉、听觉以及其他感官系统,提高教学效果。人工智能支持的新型教学方式打破了传统教学信息传递方向单一、以教师讲授为主的方式,有效提升了教学过程的趣味性,激发了学生的学习热情和创造性,这是传统教学方式所无法比拟的。例如,迪·塞波(Di Cerbo,2007)提出了基于合作学习范式的网络教学方法,该范式依赖人工智能与互联网技术,使用 Web 2.0 资源来满足交互式学习空间的要求,该教学方式能够通过网络实现学生间学习资源与学习经验的交流共享。

人工智能支持教学方式变革的另一个重要体现是交互式教学。交互式教学关注学习者之间的相互支持和促进,教师的作用是帮助学生就知识的理解展开讨论,而不是只做字句的重复,同时,灵活地利用各种方式实现学生对所学知识的充分理解(Palincsar,1986)。人工智能为交互式教学提供了丰富的实现手段与技术支持,能够充分帮助学生通过各种方式参与学习并深化对知识的理解。例如,尼纳(Nina,2013)通过使用基于人工智能技术的交互式教学方法来进行职业教育培训,提高了职业教育的效果。

人工智能也提升了特殊人群的教学效果。华为推出了手语多模态模型及手语教考一体机,辅助听障人士更好地理解和学习手语。手语教考一体机可以实现文本到图像的自动生成,具备实时手语手势识别、表情及唇语识别等能力,并且可以实现新事物词汇的及时学习与更新,适用于特殊教育学校、开设手语教学师资培养的大专院校、通用手语推广教学点和全国残联基层培训点等。

2.5.4 教学评价变革

教学评价是衡量教育结果、改进教学方式的重要环节。教学方式的适用性、学生对知识的接受程度、教师的能力与职业操守等问题,都需要准确的教学评价体系来进行评估和判断。传统的教学评价主观、静态,关注结果,忽视过程。例如,刚入校时,两个学生英语成绩分别是 60 分和 80 分,期末时,两个学生成绩都是 85 分,从期末成绩来看,两个学生水平是一样的,但经验告诉我们,第一个学生比第二个学生更努力且更具成长性。此外,不科学的教学评价,有时不仅起不到客观评价的作用,还变相鼓励不合理、不科学、不严谨的教学行为。例如,学生倾向于给课堂氛围轻松、期末打分高的老师更高的评分,这就助长了老师为获得学生较高的评价而通过各种方式"讨好"学生的不良风气,有时会牺牲教学的严肃性和严谨性。

将人工智能技术应用于教学评价,将传统教学中面向结果的静态评价转变为面向过程的动态评价,把对结果的考核变成持续不断的行为过程分析。例如,可以采用上一节提到的机器学习中的关联规则挖掘算法,探索各教学环节的评估结果与评价系统整体结果之间的关联规则,从而使教学评价由结果导向转变为过程导向(Jianxin W.,2001)。

人工智能技术也扩大了教学评价的范围,在纸面文字之外,把语音、图像等多模态(Multimodal)内容纳入评价范围。例如,詹妮佛·贝恩(Jennifer Bain,2012)提出了一个基于语音识别技术的模型,该模型从教师与学生的授课对话中对学生的语音进行识别分析,从而判断学生是否真正理解所学知识。

人工智能技术也可以帮助学生更好地了解自己的学习情况、管理自己的学习进度。例如,腾讯公司研发的企鹅辅导系统,基于人工智能技术,会自动分析学生的上课状况,生成个人学情报告,根据学生的学习情况匹配个性化的学习计划,从而帮助学生实现自我发现和自我辅导。又如,"作业帮"的使用者只需要拍照上传题目,系统通过模式识别技术,从海量的题库中查找对应的题目及解题方法,帮助学习者自学。

李有增等(2018)构建了包含学生基本信息、课堂学习、课外学习、校园生活、娱乐五个维度的学生行为分析模型,挖掘并分析出学生的学习生活行为信息,勾勒出他们的"个性化行为画像",针对每个学生提供个性化的教学和管理,不断优化和完善教学方式与指导方法。

2.5.5　教学辅助

人工智能技术能够辅助完成多种教学工作,例如,智能助理可以辅助教师完成日常工作中诸如收作业、客观题批改、分数累加和统计等简单、重复的结构性工作,缓解教师的工作压力,让老师有更多的时间用于思考教学方法的改进和与学生的交流。

2012 年,谷歌公司首先提出了知识图谱(Knowledge Graph)的概念,其初衷是为了优化搜索引擎检索质量,提高检索命中率,增强用户搜索体验。所谓知识图谱,就是在由实体(Entity)、关系(Relation)和属性(Attribute)组成的传统的关系型数据结构(Relational Data Structure)的基础上,结合应用数学、信息科学、图形学、数据可视化技术等理论和方法,采用网络图(Network Graph)的形式来展示领域知识的核心内容、发展历史、前沿领域、主要人物等知识。知识图谱本质上是一种语义网络(Semantic Network)知识库,或者更简单些,称为多关系图(Multi-relational Graph)。

在人工智能技术的推动下,知识图谱获得了快速发展,并在诸如智能搜索等很多领域得到了成功的应用。在教育领域,知识图谱能够通过数据的处理和挖掘、知识计量、数据可视化等方法,将复杂的知识结构直观地显示出来,揭示领域知识的发展脉络与规律,为相关人员提供全面、有价值的信息。知识图谱的出现对知识管理工作起到了巨大的推动作用,将知识图谱技术应用于教学领域能够促进对知识的整合与管理,起到辅助教学的作用。

知识图谱在教学研究领域得到广泛应用。孙(Sun,2016)利用提取的实体和关系构造教育知识图谱,并构建可视化分析平台 EduVis,实现基于拓扑结构和时间结构的事件网络布局,通过跟踪用户点击行为,记录用户的历史知识记录,并帮助用户进行知识回溯。在线上教育社区中,课程完成率相对较低,为了提高在线教育的用户体验及课程完成率,王(Wang,2017)基于知识图谱设计了具有清晰内容框架的课程学习路径,为线上学习者提供便利,并在线学习场景中推动学习者以可访问和可探索的方式获取知识;陈(Chen,2018)设计了一个名为 KnowEdu 的系统,该系统能够自动提取教育领域异构数据的相关信息,自动构建教育知识图谱。

阿里公司基于知识图谱,开发了一套课程多模态知识图谱自动构建系统,该系统首先对教学课件中的内容进行拆分,根据文字在 PPT 中的位置、层级,结合语义分析,生成本课程的基本知识图谱;然后,根据 PPT 和教学视频的共现时间,对教学视频进行切割,将切割后的视频片段与知识图谱中的各知识点进行对应,扩充知识图谱的内容;同时,将教学视频中的音频转化为文字,将文字对应到知识图谱中,对之前构建的知识图谱内容进行补充和扩展。所有这些工作基本不需要人工的参与,全部由人工智能程序自动完成。

随着技术的不断发展,人工智能将会给教育领域不断注入新的活力,不断解放教师、成就学生,持续提升教学活动的效率,促进教学质量的改善,赋能教育系统的各项改革,不断增加"教"与"学"的价值。

第 3 章

教育信息化

自 20 世纪 60 年代开始,以计算机和计算机网络为代表的信息技术飞速发展,不断推动着社会的发展与变革。当前,信息技术已经渗透到人类社会生产生活的方方面面,不断改变、颠覆、重构着我们既有的生产生活方式,教育领域也概莫能外。

在教育领域,信息技术不断变革传统的教育理念、教育方式、教学工具、教学效果和教育质量。中国政府非常重视信息技术在教育教学领域的应用,2010年 7 月,教育部发布了《国家中长期教育改革和发展规划纲要(2010—2020年)》,纲要明确指出:"信息技术对教育具有革命性影响,必须予以高度重视。" 2012 年 3 月,中华人民共和国教育部发布了《教育信息化十年发展规划(2011—2020 年)》,将教育信息化列为我国教育改革和发展的战略重点议题,提出以信息化推动教育的现代化,并将其作为 21 世纪教育改革与发展的一项战略任务。

教育信息化主要包括教学信息化和教育管理信息化两大领域。教学是教育工作的核心内容,因此,教学信息化是教育信息化工作的核心。教学信息化的本质是运用信息技术赋能教学,主要体现为对教师"教"与学生"学"的全流程、全生命周期的支持。在信息技术的支持下,应用现代教学方法,可以使教学的所有环节数字化、智慧化,从而提高教学质量和效率。

信息化教学的前身是"电化教学"(于翠翠,2020),自 20 世纪 50 年代开始,半导体、无线电产业的发展促进了视听电子产品的发展,广播、录音机、电视机、幻灯机等设备逐步应用于课堂教学;之后,投影仪、多媒体计算机等也逐步走进课堂。信息化设备在课堂教学中的广泛应用,提高了知识点的可理解性,提升了课堂教学的趣味性,扩大了课堂信息的容量,提高了知识传播的效率,使得课堂教学由传统模式进入信息化教学模式。信息化教学模式建立在建构主义理论基础之上(钟志贤,2006),强调对教学环境的设计(陈雪林,2014)。当前,信息技术支撑下的教学环境主要有多媒体教室环境和网络教学平台,其中,班级授课仍然是最主要的教学方式,因此,多媒体教室是高校教学中最主要的信息化教学环境。

教育信息化的第二个主要组成部分是教育管理信息化(任友群,2014),教育管理信息化也是衡量高校教学管理质量的重要指标(赵林,2010)。教育管理信息化不是简单地将信息技术应用于教育管理的某个环节,而是要把信息技术内化于教育管理的整个过程,用信息技术发展来引领教育管理变革。

总之,无论是教学还是教育管理,都需要借助信息技术加快数字化进程,大力推进数字化校园建设、推动教育数字化转型,最终实现教育教学全方位、全过程的信息化、数字化和智慧化,这也是教育改革发展和教育现代化的必然要求。

3.1　电化教学

电化教学是指将电化设备应用于课堂教学。早期的电化教学主要是指在教学中运用幻灯、电视、电影、录音、录像、通信卫星、电动教学模型等教具,以增进学生对教材的理解和知识的巩固(辞海,1979)。与电化教学相关的一个概念叫"电化教育",电化教育的目的是实现教育过程的最优化,而电化教学则是对电化教育的理论、技术、方法和手段综合运用的过程,是使其发挥作用的主要途径。有别于"电化教育"的概念,电化教学是在现代教学理论的指导下,主要运用现代化电气、电子媒体进行的教学活动(祝智庭,2002)。电化教学是一种教学活动,包括教师传授和学生学习的双向操作(陈祥,1983)。在课堂上采用电化教学手段,可以将原本抽象的知识更加直观地展现出来,让学生更好地理解与掌握,激发学生的学习兴趣,使学生积极主动参与,从而有效提高教学质量。

3.1.1　电化教学发展历史

西方近代科技发展为电化教学的萌芽提供了技术支撑。1877年,世界上第一台留声机在法国诞生;1889年,爱迪生将早期放映机改进为电影放映机;1898

年,电视显像管和录音机相继出现(施行等,1979)。此后,声、光、电技术被逐步应用于课堂教学活动。到了 19 世纪末,西方教育界开始研究、推行视觉教育(Visual Education)。随着有声电影的诞生和推广,视觉教育研究逐渐发展成视听教育(Audio Visual Education)研究。

1920—1930 年间,中国电化教育的先行者们开始效仿西方国家,将电影、幻灯等技术应用于教学。20 世纪 20 年代初,人民教育家陶行知使用彩色画片、玻璃片和幻灯片进行"千字课"教学,是我国最早有意识地进行电化教学的事例,这也标志着我国电化教学开始萌芽。

我国早期的电化教学主要采用电影胶片和幻灯片,教育工作者利用影音技术手段,在各种讲座上播放幻灯片,进行识字和扫盲教学,开展平民教育。在这一时期,电影放映机、幻灯机和挂图等教具是改进教学的主要手段。中华人民共和国成立前的金陵大学是国内最早在大学应用视听媒体进行教学的学校之一。20 世纪 20 年代,金陵大学的农林科邀请美国优良棉花推广专家郭仁凤主持良棉种植及先进技术推广工作。郭仁凤将电影放映机和幻灯机引入教学过程,并亲自带领学生拍摄和制作幻灯片、电影片到农村放映,用幻灯片、电影片配上留声机或口头讲解,宣传科学植棉知识,形象地示范优良品种和先进的种植技术,获得了热烈反响(新华社,2019)。这次教学活动的成功,令金陵大学备受鼓舞,也激发了学校将电影、幻灯、放映机等设备和技术应用于教学的热情。为了更加制度化、专业化地开展电化教学,金陵大学于 1936 年设立"电影部"作为专职拍摄教育电影的机构。金陵大学的"电影部"也成为中国大学第一个专职的电教部门,自此,我国大学电教服务开始走上专业化道路。

电化教学在我国是"先有其事,后有其名"(南国农,2012)。虽然在 20 世纪 20 年代,电化教学已经应用于我国社会教育和学校教育中,但我国最早出现"电化教学"这一名词却是在十多年以后。1935 年,江苏镇江的"民众教育馆"将该馆的大会堂命名为"电化教学讲映场"(郭元博,2011)。自此,运用电化设备进行教学的活动统称为"电化教学",并沿用至今。

我国著名的电化教育专家萧树滋教授曾在 1981 年 3 月 22 日出版的《人民日报》上对电化教育的概念做出如下定义:"所谓电化教育,主要是指运用各种现代科学技术手段去做教学工作,以提高学习效率,用的除视听工具外,还要辅之以相应的电气的嗅觉、肤觉、味觉等工具,以获得最大效果"(萧树滋,1981)。这一定义在电化教育的初创阶段,给人们指出了开展电化教育的努力方向。

1937—1949 年间，受到管理、经费和战乱等多方面因素的影响，我国电化教学的发展陷入停滞。1949 年新中国成立以后，通过借鉴苏联的先进经验，电化教学重新发展起来，在这一阶段，广播电视教学在早期的电影教学和播音教学的基础上得到快速发展。1953 年，上海人民广播电台和上海市教育局合办讲授高小语文、算数、地理、历史等课程的"文化补习"广播节目。

20 世纪 50 年代末，美国的心理学家斯金纳（Skinner）提出了"操作性条件反射"（Operant Conditioning）理论，基于该理论设计的教学机器在电化教学中获得了成功，从而在美国掀起一股使用教学机器进行学习的热潮；到了 60 年代初期，香农的传播理论（Communication Theory）被广泛应用于电化教学领域，促进了电化教学的进一步发展；60 年代中后期，电子计算机开始被应用于课堂教学；到了 70 年代，电视广播教学开始在欧美国家风靡，英国开放大学（The Open University，OU）开始采用电视、广播的方式进行教学，随之，英国各地创立了许多与之相类似的利用电子设备辅助教学的学校。

受"文化大革命"影响，我国电化教学在 70 年代发展缓慢，1979 年以后才逐渐恢复，高教、职教、普教等各类学校开始逐步普及幻灯、录音、投影、电视等电化教学方式；80 年代初期，我国开始在一定范围内试点计算机、语音实验室等新兴教学工具；80 年代中后期，我国计算机辅助教学经历了从国外引进、消化吸收到中国化实践的过程，并取得了一些成果；到了 90 年代，我国计算机辅助教学技术已经比较成熟，不仅高校的计算机辅助教学得到快速发展，中小学的计算机辅助教学也得到了推进，一些学校还开发了符合教育教学规律的教学软件，并运用多媒体技术促进教学改革，鼓励教师开展与计算机辅助教学有关的研究和实践。

在一个多世纪的发展历程中，随着科技的不断进步，电化教学手段与技术的更新也日益加快。从 19 世纪后半叶的幻灯机，20 世纪初的无声电影和唱片，30 年代的有声电影，50 年代的电视、磁带录音机、语言实验室、程序教学机，60 年代的闭路电视，70 年代的电子计算机，90 年代的信息高速公路，21 世纪初的多媒体网络教学，一直到现在的智慧教室，电化教学已经从最开始的单一信息形态发展到如今集声、光、电、网于一体的全息形态。

在整个电化教学体系中，外语电化教学的发展令人瞩目。从 20 世纪 50 年代开始，幻灯机、唱片、广播、电影胶片、录音机等设备和工具先后被运用于外语"听、说、读、写、译"教学，随后，电视、程序教学机等也相继应用于外语教学。从技术角度来看,早期的外语视听设备主要是胶片和磁带等模拟设备,后来逐步被计算机、数字投影仪和外语教学专用设备等数字化设备所取代。从"教"与"学"的角度来看,外语电化教学经历了以教师为中心的计算机辅助教学(Computer-assisted Instruction,CAI)阶段和以学生为中心的计算机辅助学习(Computer-assisted Learning,CAL)阶段。

在我国外语电化教学领域,长期以来,录音教学和广播电视教学被广泛应用于学生的听力训练与测试,各高校利用外语电视台、广播台开展外语教学;为外语教学专设的校园无线电台也曾风靡一时,比如上海外国语大学、北京外国语大学、同济大学等都曾建设过校园外语电台;录像教学以视听结合的方式帮助外语学习者通过外语原版电影深入学习异国社会背景知识和风土人情,一些有条件的高校(如上外、北外等)自主编写脚本并录制外语教学音视频教材;但自编教材毕竟数量有限,有些高校开始建设校内有线电视系统,接收境外电视节目作为教学资料;20 世纪 80 年代后,语音实验室开始广泛应用于语音语调训练、听力训练、会话训练、句型训练、跟读复述训练、听写训练、口译训练、口试等;到了 21 世纪初,国内高校陆续建设同声传译实验室,支持翻译、同声传译、交替传译、口译等的教学、训练和测试。以上海外国语大学为例,学校设有上海外语教育出版社和上海外语音像出版社,出版外语教学类的音视频资料和教材,配备校内闭路电视系统、广播系统、同声传译实验室、语言实验室等先进教学设备和设施,全方位支持外语教学。

3.1.2　电化教学的硬件基础

(1)电化教学硬件

电化教学硬件是指与教学信息传递相联系的各种教学设备,早期的有幻灯机、录音机、电影机、电视机、录像机、模拟信号投影仪等。数字产品普及后,多媒体计算机、数字投影仪、LED 大屏显示器、数字大屏一体机、数字白板等逐渐成为主流。

①幻灯机。幻灯机是利用凸透镜成像的光学原理,将要显示的幻灯片投影于屏幕上的设备。幻灯机由光源、聚光镜、放映镜头等部件组成。按光路结构的不同,幻灯机有直射式和反射式两种。直射式用于放映透明的幻灯片,比如胶卷正片、印刷于透明纸上的文字和图片等;反射式用于放映不透明介质上的文字和图片,比如书本、杂志等,反射式也可以用于实物展示。

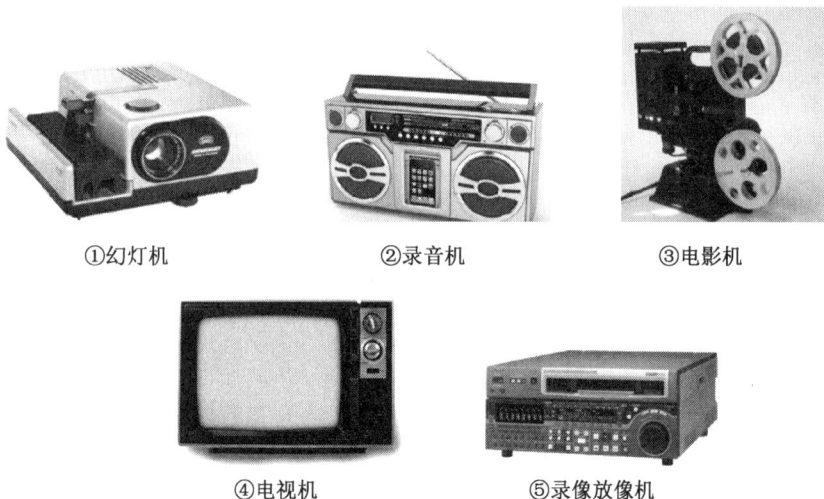

①幻灯机　　　　　②录音机　　　　　③电影机

④电视机　　　　　⑤录像放像机

图 3—1　电化教学的硬件基础

②录音机。主要由机内话筒、磁带、录放磁头、放大电路、扬声器、传动机构等部分组成,用于记录和播放声音。1898 年,丹麦科学家鲍尔森(Poulsen)发现将钢丝磁化后可以记录声音信号,以钢丝为记录介质的"钢丝录音机"出现了;1935 年,德国科学家福劳耶玛(Valdenar)在醋酸盐带基上涂上氧化铁,发明了磁带,磁带录音机很快替代了钢丝录音机;1963 年,荷兰的飞利浦公司发明了盒式磁带录音机并开始量产,从此,盒式磁带录音机风靡全球近 40 年,并被广泛应用于课堂教学。

③电影机。电影机是一种将电影胶片以一定的速度连续播放,并投射到幕布上,同时配合扩音机,还原出图像和声音的机械设备。电影机体积大、操作复杂、成本高,后逐渐被录像放像机代替。

④电视机。电视机接收有线或无线信号,转换为电信号后,通过显示屏进行播放。早期的电视机主要为阴极射线管(Cathode Ray Tube,CRT;俗称"电子显像管")电视机,体积庞大;后来,随着背投(Rear Projector)技术的发展,相继出现了等离子电视、DLP 背投电视和液晶背投电视,但由于技术和成本等原因,等离子电视和 DLP 背投电视相继退出历史舞台。在当前电视机市场中,LED 液晶电视处于绝对垄断地位。

⑤录像放像机。录像放像机可以播放成品录像带,也可以与电视机连接,

将电视节目中的视频和音频信号存储于录像带中,并且能够进行重复回放。

(2)电化教学的新手段

电化教学作为现代教学手段,被广泛应用到各类学校的教学中。一改传统教学的单调和枯燥,电化教学以鲜明的视听形象受到学习者的广泛欢迎。随着技术的发展和硬件基础设施的完善,电化教学的形式也在不断演进,不仅功能得到扩展,所涵盖的物理空间和受众也在不断扩展。电化教学的新手段主要包括无线电广播教学、广播电视教学、闭路电视教学、卫星教学、语言实验室教学等。

①无线电广播教学。利用广播电台进行各种教学课程的播讲。电台事先公布课程内容、使用频率、课程时段等信息,学习者按时打开收音机收听课程。虽然授课效果可能不如面授或视频教学,但在互联网和移动通信技术尚未发明和普及的时代,无线电广播教学无疑是一种非常重要的低成本远程教育方式。

②广播电视教学。与无线电广播教学类似,电视台事先公布课程内容、频道和时间,学习者按时打开电视机,即可收看视频课程。我国于 20 世纪 60 年代初开始创办一些省级广播电视大学,但在“文化大革命”期间相继停办;“文化大革命”结束后又陆续恢复,且规模不断扩大。1978 年,根据邓小平同志的批示,成立了面向全国的“中央广播电视大学”。随着网络和通信技术的不断发展,电视广播这种信息传递渠道越来越多地被互联网取代,2012 年,“中央广播电视大学”正式更名为“国家开放大学”,各省市的广播电视大学也更名为开放大学。

③闭路电视教学。一种通过内部闭路电视系统进行教学的模式。一套完整的闭路电视系统包括摄像机、录像机、编辑机、接收机、电视机、分频器等设备。闭路电视教学有直播和录播两种方式:直播是老师实时授课,学生通过教室里的电视机收看,一套闭路电视系统可以同时播放多位老师的授课实况,学生只要选择相应的频道收看即可;录播则是播放事先录制好的录像带,信号传送方式和接收方式与直播教学是一样的。

④卫星教学。通过同步通信卫星进行教学节目转播的一种教学方式。由于卫星的覆盖面广,不需要敷设有线电缆,因此,普及成本低,特别适合于边远地区、山区、海岛等交通不便和经济不发达地区的教学。卫星教学本身只能实现节目的单向传送,但授课者可以通过无线电通信的方式,与学生进行即时双向沟通,以取得更好的授课效果。

⑤语言实验室教学。设计并建设专门的教室,用于外语的“听、说、读、写、

译"教学。语言实验室的主要设备包括播放设备、控制设备、收听(看)设备、耳机、话筒、摄像头等,以及与之相关的教学软件、学习软件、控制管理软件和教学资源库等。语言实验室主要包括语音训练实验室和同传训练实验室两种类型。早期的语言实验室主要是围绕录音磁带设计和开发的各种设备。后来,随着数字技术和网络技术的发展,语言实验室逐渐实现数字化。

3.1.3 外语电化教学

在电化教学研究和实践中,外语电化教学发展得比较早,也是应用电子化、信息化手段比较充分的一个领域。纵观新中国外语电化教学发展历史,从技术演进角度来看,可以分为三个阶段:20世纪90年代之前,是模拟语音技术阶段;20世纪90年代至21世纪初,是半模拟、半数字语音技术阶段;进入21世纪以后,逐渐过渡为全数字语音技术,并实现了功能和教学环境的拓展。

图3—2　新中国外语电化教学发展的三个阶段

(1)我国外语电化教学的起源

由于外语教学的特殊性,我国很早就使用钢丝录音机、磁带录音机等开展外语的"听、说、读、写、译"训练。例如,20世纪50年代初,北外、上外都使用美国生产的80-1钢丝录音机对学生进行语音训练。

图3—3　美国芝加哥韦伯斯特公司生产的型号为80-1钢丝录音机

从 1955 年开始,中国各大高校的外语专业陆续开始使用磁带录音机对学生进行语音训练。从 20 世纪 70 年代开始,随着国产设备的大批量生产,我国外语教学领域开始大量使用国产录音设备建设专用的外语语音实验室。其中,钟声 L810、L601、L602 等电子管磁带录音机都曾经被大量采用。

图 3—4　钟声 L810 电子管磁带录音机

(2)模拟型语言实验室

后来,随着教学的需要,很多高校开始建设专门的语言实验室和同声传译实验室。在 20 世纪 90 年代之前,这些实验室均采用模拟设备,以松下、索尼、天宝等进口产品为主。此时的语音实验室是以录音机为核心,由控制台、磁带录音机、音响、耳机等设备组成,主要是"听音"型和"听说"型语音教室,只能实现简单的外语语言教学;而且设备功能单一,交互性差,声音效果不理想,稳定性也比较差。

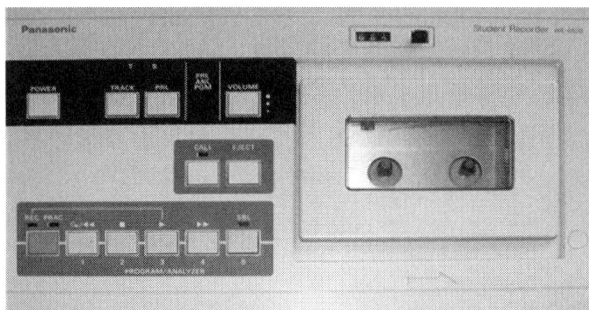

图 3—5　模拟型语言实验室设备

（3）半模拟、半数字型语言实验室

进入20世纪90年代，我国电子工业获得长足发展，在语言实验室领域，国产设备开始崭露头角。由于国产设备厂商与我国外语高校接触多，对我国外语教学需求的理解比较深入，所设计和开发的产品更能满足高校外语教学的需求，且产品质量一直在不断提升，因此，国产设备获得快速发展，并逐渐占领各大高校的外语教学设备市场。

在这段时期，数字技术开始发展，大部分产品在模拟技术的基础上融入数字技术，形成半模拟、半数字型语言实验室。此时的语言实验室更加专业化，采用嵌入式终端和单片机，使用部分数字信号和部分模拟信号的混合技术，可以实现数字录音、音频点播、视频点播、终端上网等功能。但厂商由于技术限制和出于商业竞争考虑，产品都比较封闭，兼容性和扩展性差，且终端性能相比进口产品仍然存在一定的差距。主要的厂商有蓝鸽、东方正龙、卓越、长海、正海等。

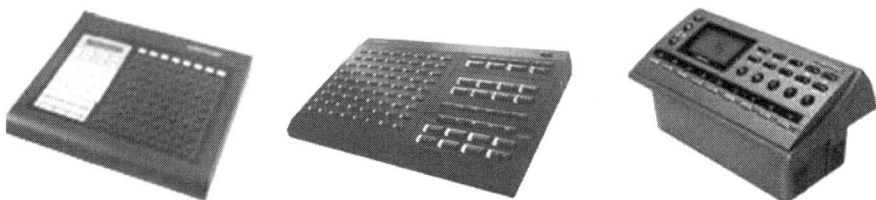

图3-6　半模拟、半数字型语言实验室设备

（4）数字型语言实验室

20世纪90年代末，随着信息技术的快速进步和普及，特别是网络技术、服务器和存储技术、个人电脑（Personal Computer，PC）技术以及数字资源制作技术的快速发展，数字型语言实验室获得发展。1999年，教育部出台的《大学英语教学大纲》（修订本）明确肯定了以计算机为核心的信息技术手段在大学外语教学中的积极作用和地位。2000年，国内的首款数字语言学习系统诞生，开启了数字语言实验室逐步取代模拟实验室的进程。2002年，为指导数字语言学习系统的研发、生产和使用，中国教育技术协会委托外语专业委员会制定了《数字语言学习系统技术规范》（南国农，2012）。

进入21世纪，数字技术得到长足发展，各行各业的设备都纷纷从模拟转向数字化，外语语言实验室也开始了全面数字革命。随着我国电子信息产业技术的不断提升，我国民用电子产品技术不断成熟。在数字语言实验室产品领域，国产产品不仅功能全面、价格便宜,而且性能也全面超越进口,实现了国产产品对进口产品的超越和完全替代。

数字型语言实验室实现了全面的数字化和网络化。在前端,不仅支持 PC 端访问,还支持专用智能终端、智慧大屏、Pad、智能手机等各种终端访问;在后端,通过各类接口程序,对接文本、音频、图像、视频、动画等各类数字资源和各类考试、测验、互动教学系统,极大地丰富了授课内容和授课形式。因为通过网络技术扩大了语言实验室的边界,一些数字型语言实验室厂家也在探索实现"备课—上课—考试—综评"一体化的语言教学系统。数字语言实验室融合了强大的计算机软硬件功能和网络功能,具有更强的通用性,也具有更好的交互性,提供了更好的用户体验。从管理角度来看,数字型语言实验室也更易于统一管理和维护。数字型语言实验室的主要生产厂家有凌极、东方正龙、蓝鸽等。

资料来源:上海外国语大学图文信息楼 7 楼数字语言实验室实景图。

图 3－7　数字型语言实验室

(5)数字语言学习环境

依托数字语言实验室,将数字语言实验室的教学系统、教学资源库通过互联网向实验室外部拓展,在 PC、Pad、智能终端等进行显示和交互,可以开展"校内—校外"和"线上—线下"混合式教学,此类教学环境被统称为"数字语言学习环境"(Digital Language Learning Environment)。数字语言学习环境主要包含数字语言实验室和同声传译实验室,在国标《数字语言学习环境设计要求(GB/T 36354-2018)》中,对数字语言学习环境的定义为:

①数字语言实验室(Digital Language Laboratory)。以实现语言教学及实践活动为目的的专业数字语言学习环境。数字语言实验室通常包括教师主控单元与学生单元,教师主控单元与学生单元之间能进行多媒体数据的传输处理和存储。

②同声传译实验室(Simultaneous Interpretation Laboratory)。以实现同声传译教学训练活动为目的的实验室系统。系统的教师主控单元与译员训练单元之间能进行数据传输、处理和存储,并具备可视化视频交互功能。

③数字语言学习环境(Digital Language Learning Environment)。采用数字化方式对语言的"听、说、读、写、译"进行教学训练的学习环境。包括数字语言实验室和同声传译实验室。

因此,数字语言实验室和同声传译实验室是数字语言学习环境的重要组成。在具体实践过程中,在外语语音实验室未全面实现数字化之前,教学训练依赖专用硬件设备,语言实验室和同声传译实验室由于在硬件设计上的不同,因此常常分开建设。外语语音训练全面实现数字化以后,软件取代了大量的硬件,设备通用性增强。此后,很多学校将语言实验室和同声传译实验室合并建设,以提高设备利用率,节约场地和运维成本。

(6)新型 IT 技术与智慧型语言实验室

随着大数据、人工智能、云计算、物联网、虚拟现实、增强现实等信息技术的蓬勃发展,数字型语言实验室也迎来了新的发展机遇。但是,目前对于如何将这些新技术与外语语言教学相结合还没有非常成熟的应用,研究人员和厂商都还在探索和开发这些新兴技术在外语语言教学领域合适的应用场景。这个探索和开发的过程是漫长而艰辛的,需要业务教师和工程技术人员的紧密合作。

(7)数字语言学习环境未来发展趋势

随着信息技术的不断发展和应用需求的持续推动,未来的数字语言实验室必将是向着功能更强大、系统更智能、管理更容易、边界更广泛的方向发展。具体来看,主要的发展趋势有以下几个:

①软件逐步替代硬件。随着计算技术和计算机技术的不断发展,大量的硬件被软件替代(比如早年的视频解压卡被解压算法取代),语言实验室的大量专用硬件设备也将逐步被软件替代。有些公司提出了"软件定义教室"(凌极,2021)的概念,也有学者提出了"大规模定制化智慧教室"(赵衍,2019)的概念并已有成功案例。

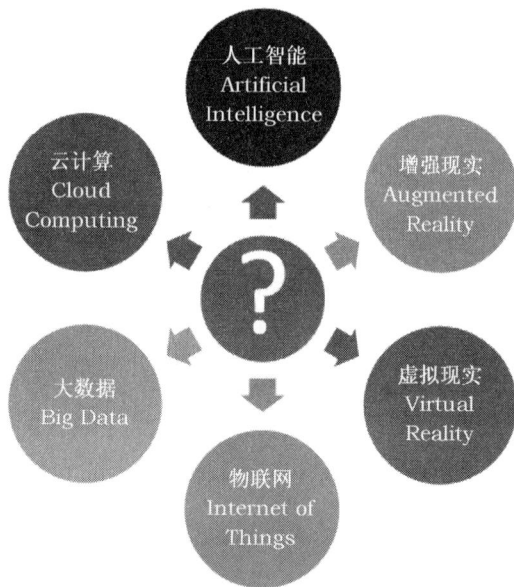

图 3—8　新型 IT 技术与语言实验室

②大数据与人工智能技术的深度应用。毫无疑问,大数据和人工智能是近些年 IT 发展的光辉成就,并取得了令人瞩目的应用。大数据和人工智能支持的人脸识别、人机对话、智能组题、智能阅卷、考试评测、课堂行为分析、形成性评价、学习过程智能干预等都有望在将来的智慧语言实验中得到应用和推广。

③虚拟现实和增强现实技术的应用。利用虚拟现实、增强现实等技术完成沉浸式的教学,让学生获得更加直观、感性、身临其境的学习体验,将会在一定程度上提升教学效果。

④支持"线上—线下"混合式教学(Online-Merge-Offline,OMO)。充分利用网络的便捷性、快速性、没有地点限制、24 小时在线等优点开展"线上—线下"混合式教学,能够提高学生的参与面和参与度,并能充分利用学生的课前和课后时间,提升学习效果。

⑤支持自带设备。随着智能移动终端(比如智能手机、平板电脑等)的普及,支持学生自带设备(Bring Your Own Device,BYOD)也成为将来数字语言学习环境的要求之一。

⑥资源库建设。数字语言学习环境的设计和开发厂商发现,随着计算机人才的不断增加,技术已经无法形成竞争壁垒,厂商仅靠软硬件本身无法构建长

期的竞争优势。语言课程的教师也发现,仅有平台支持是不够的,他们更需要优质的教学资源、题库资源帮助其提高教学质量和教学效果。因此,未来的数字语言实验还需要提供高质量的资源库。

⑦做到"教"与"学"的全生命周期闭环管理。好的体系一定是个"闭环","教"与"学"的过程也是一样。从教师备课开始,到学生预习、上课/课中管理、课后作业和学生复习,以及系统性帮助学生进行个性化的查漏补缺和有针对性的能力提升,直至根据整个教学过程大数据进行学生的形成性评价和综合评价,这样才是一个完整的教学闭环。只有获得了教学全过程数据,才能完成这个闭环,因此,今后的数字语言学习环境无论在功能范围这个"广度"上,还是在新型IT技术应用这个"深度"上,都要进行扩展,以实现教学的全过程、全生命周期的"闭环"。

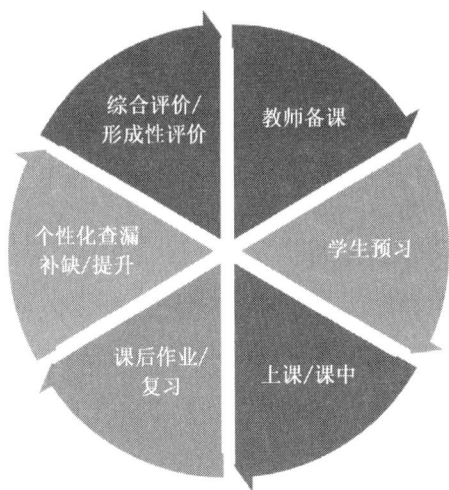

图3—9 "教"与"学"的全生命周期闭环

数字语言学习环境对运维工程师也提出了新的要求。由于新系统对专业技术的全面性要求越来越高,因此,语言实验室的运维工程师要主动学习新知识,不断提升自身专业素养。由于"一室多用"的数字语言实验室越来越多,使用频率越来越高,这要求实验室的可用时间延长,且尽量少发生因宕机等原因造成的实验室停工,因此,要求实验室管理部门不断强化设备和系统的预防性检修。此外,数字语言实验室的功能越来越多、集成度越来越高、迭代周期也越来越短,运维工程师要加强院校间的技术交流,加强与软硬件厂商的协作,尽快了解、掌握最新的技术动态。由于系统功能增加、使用难度加大,所以运维工程师还要承担对任课教师的技能培训工作。

3.2　多媒体教室

历史最悠久的"教学媒体"是黑板,除此之外,教师一直在借助文本、声音、图片等媒介来辅助教学,比如看图识字、听音辨义、利用算筹进行计数教学等。从 20 世纪 80 年代开始,陆续有学校在教室中综合运用幻灯机、录音机、录像机等电子设备辅助开展教学活动,多媒体教室开始出现。到了 90 年代,随着计算机技术硬件性能的不断提高,计算机能够处理图像、音频和视频等多种媒体文件;同时,模拟信号投影机开始出现并大规模生产,"多媒体计算机＋投影机"逐步取代了幻灯机、录音机、录像机,现代意义上的"多媒体教学"开始出现,多媒体教学也常常被称为计算机辅助教学。

随着电化教学的深入,知识传播路径由传统的"粉笔＋黑板"转变为"电脑＋多媒体",多媒体设备也成为现代教学的必备设施。2001 年,在中国教育部印发的《关于加强高等学校本科教学工作提高教学质量的若干意见》中,要求高校加快推进多媒体教室建设,国家重点建设的高等院校所开设的必修课程使用多媒体授课的课时比例应达到 30％以上,其他高等学校应达到 15％以上(教育部,2001)。随着多媒体技术的迅猛发展和国家政策的大力推动,截至 2018 年 12 月,使用多媒体教室进行授课的学校比例达到 92.3％,学校实现多媒体教学设备全覆盖的比例达到 71.2％(科技司,2018)。多媒体课堂教学逐渐成为高校常态化的课堂教学模式。

与传统的普通教室相比,多媒体教室增加了多种现代化多媒体教学设备。早期的多媒体教室比较简单,包括一台多媒体计算机、一台投影机以及投影幕布。上课时,投影机接收来自计算机的信号,将其投射到幕布上,供全体学员观看。由于各种设备都是独立的,因此,需要逐一开关设备,当教室规模较大的时候,要耗费很多的时间和人力。

随着多媒体教学的发展,教室中的多媒体设备越来越多,除了多媒体计算机、投影仪和幕布外,还有数字展示台、放音机、功率放大器、音箱、话筒等设备,对这些设备进行逐一开关显然不现实,"中央控制系统"(Central Control System,简称"中控")解决了多设备集中控制的难题,是多媒体教室设备的一大革新。通过中控系统,可以实现对教室中所有设备的集中、统一控制,可以实现一键式的"傻瓜"操作,即"一键上课""一键下课"。由于突然断电对计算机硬盘、投影仪灯泡等有严重影响,严重时甚至会造成机械硬盘的物理损坏、操作系统无法重启、投影仪灯泡寿命缩短甚至烧毁等问题,因此,系统一般都配备电源时序器(Power Supply Sequencer,也叫"时序电源"),让系统设备延时 3~5 分钟断电。

随着网络的普及,多媒体教室也在不断变革。一方面,多媒体教室设备逐渐由模拟转向数字,目前,全数字中控已经开始普及,所有的音频和视频信号全部通过网络传输和控制;另一方面,教室的功能也在发生变化。在网络及各种软件和数字终端的支持下,现代化的多媒体教室不仅可以实现单向的传统讲授型教学,还可以实现"师—生互动"和"生—生互动"的互动型教学;网络支持下的"虚拟教室"也突破了房间的物理限制,通过互联网延伸至全国乃至全球的各个角落。

3.2.1 多媒体教室的主要设备

多媒体教室最基本也是最主要的功能就在于"视"和"听",即要让学生看得清板书、听得清声音。围绕"视"和"听"两大功能,多媒体教室的设备主要包括计算机、投影仪、幕布、功放、音箱、话筒、中控等。

(1)多媒体计算机。多媒体计算机是多媒体教室课程演示系统的核心,也是各类教学软件的运行平台,其性能直接决定了课堂演示效果的好坏。在很长的一段时间里,教室里的多媒体计算机都是由台式电脑承担的,但由于教师机使用者众多,各种介质(U 盘、光盘、软盘、移动硬盘等)携带的病毒对计算机造成很大的伤害,也让教师机成为一大"毒源",给学校的教室设备管理造成了很大的困扰。后来,有些学校尝试通过安装计算机还原卡的方式来消除该问题,但又造成两大问题:一是还原卡并不能杜绝计算机病毒;二是如果教师授课需要特殊软件的话,每次上课前都要安装,极其不便。后来,随着技术的发展和统一管理要求的不断增加,越来越多的学校采用 VDI(Virtual Desktop Infrastructure,即虚拟桌面基础架构)、IDV(Intelligent Desktop Virtualization,即智能桌面虚拟化)以及 VOI(Virtual OS Infrastructure,即虚拟操作系统架构)等方案作为教师机的 PC 替代方案。这些新型方案虽然设计思路和实现手段不尽相同,但都比传统 PC 方案在管理上更加统一、灵活,且可以兼顾教师的个性化需求,每种方案都有一些成功的应用。

(2)投影机。投影机是多媒体教室中的显示设备,它负责将计算机及各种视频设备(视频播放设备、实物展台、网络视频设备等)的信号进行输出,显现在投影幕布上。传统投影机所使用的光源主要为高强度气体放电光源,比如超高压汞灯、短弧氙灯和金属卤素灯等,俗称"灯泡"。气体光源寿命短、发热量大、能耗高,而且,随着使用时长的增加,光源衰减严重,投影图像会变暗、变黄,影响投影质量。随着激光技术和半导体照明技术的发展,激光和LED被用于投影机光源,并取得成功。由于LED结构简单、发热量低,从而使投影机的结构更简单、体积更小、成本更低。而激光作为光源,可以解决传统光源存在的亮度衰减、色彩失真、能耗高、需要预热等问题。投影机输出的光能量单位用"流明"(lumen,lm)来衡量,流明越大,投影机越亮。一般来说,小型教室投影机的亮度要在3 000lm以上,中型教室投影机的亮度要在4 000lm以上,大型教室投影机的亮度要在6 000lm甚至更高才能达到显示的要求。近些年来,随着显示技术的不断发展,很多教室采用一体机或者LED大屏作为显示设备。但由于投影机体积小、维修简单、显示面积大、综合性价比高等优势,依然是教室显示设备的主流。

图3—10　数字投影机

(3)数字视频展示台。又称电子实物投影仪、实物投影仪,是一种特殊的摄影机,可以将放置在特定台面所展示物体(多为实物文件及图像)实时显示在投影仪画面中,部分展示台还配备可以照亮展示物体的光源(Everhart,2000),可以直接将图书、资料乃至实物投影到屏幕上。数字视频展示台由摄像头和演示平台两部分构成。摄像头负责获取实物影像,将信号传送给演示平台,由演示平台进行信号处理和输出。数字视频展示台适用于教学演示、设计讨论和远程教学场景,可演示文件、课本、学生的笔记、需要讲解的三维实物、实验动作等。同时,应用数字视频展示台的教学过程可以通过录播系统录制,并上传至课程平台供学生线上学习。随着技术的不断进步,数字视频展台的清晰度不断提高、体积不断缩小、价格也大幅度下降。但近些年来,由于教学资源大量数字化,在教学环境中使用数字视频展台的场景也越来越少。

图 3—11　数字视频展台

(4)中央控制系统(简称"中控")。中控提供多种类型的音频、视频、网络通信接口,将多媒体演示系统中的各类设备汇集到一个控制系统中,控制系统提供对各类设备的统一控制和操作,能够控制投影机进行开/关机、输入切换,控制投影屏幕的上升、停止、下降,控制 DVD、VCR 进行播放、停止、暂停等操作,控制实物展台进行放大、缩小等操作,控制音量的大小调节等。中央控制系统设计的重点是人机安全和设备的稳定运行,能够针对不同的故障问题,实现有效处理;同时还要考量其应变能力和容错能力。随着数字化和网络化的发展,目前的中央控制系统已经从模拟时代逐步更新到数字时代,全数字化的网络中央控制器通过网络对教室内的各种设备进行统一控制和管理,具备更快的速度、更高的稳定性和更强的可扩展性,通过内置的微处理器可以灵活、方便地接入各类设备并进行统一管理和控制。

(5)投影屏幕。投影屏幕与投影机搭配使用,显示输入的图像、视频、数字信号。投影屏幕在材质和制作工艺上可以分为硬质屏和软质屏。软质屏是在一种不透光的布料表面喷涂各种不同的光学材料,通过控制喷涂材料中的成分及分布来控制投影屏幕的分辨率、增益、视角、色彩饱和度等指标。硬质屏是在硬质材料上喷涂不同的光学材料,有漫反射屏、菲涅尔透镜屏等类型。漫反射屏应用光线的漫反射原理,屏幕视角大、增益低,能适应各种不同的光线环境;菲涅尔透镜屏可以根据不同投影机的需要,设置不同的焦距,以达到最好的显示效果。软质屏由于容易收纳、成本低、体积小、便于移动和运输,所以是目前多媒体教室中使用最多的投影屏。

(6)音响设备。音响设备负责音频信号的输入与输出。教室中的音响系统通过音频矩阵接收来自有线话筒、无线麦克风、数字音频播放设备、多媒体电脑、教师自带电脑等的多路音频输入,经调音台处理后,输出到教室里的音箱或其他接收端(比如录播系统、视频会议系统等)。音响设备是教室里重要的多媒体设备,因为学生听课最基本的要求之一就是听清教师的说话。随着教室设备越来越多,对音频矩阵的要求也越来越高,不仅要能够接收多路输入,还要具有优秀的处理能力和稳定性。教室音箱有多种选择,小教室安装一般音箱即可,大教室一般首选音柱,虽然价格较高,但覆盖范围广,不容易产生声波死角。在一些环境比较复杂的教室中安装音箱,还要先进行建声设计,防止出现混响、回声、啸叫等情况,影响正常授课。

(7)电子白板。电子白板是传统黑板的替代设备,为教师提供批注、书写、投影等功能。投影机安装在电子白板的后方,这样用户操作时不会遮挡到投影。与传统黑板不同,电子白板不需要粉笔书写,因此没有粉尘污染,更有利于师生的健康;同时,电子白板上的文字可以非常方便地"擦除",甚至可以一键清空白板,节约了大量的课堂时间;电子白板可以将板书保存为图片,或通过 OCR 识别后,直接保存为文字,自动形成课堂板书和课堂笔记供师生课后参考。

(8)纳米黑板。集传统黑板、液晶触摸屏、电脑、投影等众多功能于一体,中间为液晶触控屏,一般安装有 Windows 和 Android 双系统,支持师生电子设备之间的互动。触控屏两边为黑板,整个纳米黑板都可以用粉笔板书,满足教师多元化的教学需求。利用纳米触摸技术,通过触摸控制实现普通教学黑板与智能电子黑板之间的无缝切换,可以实现书写中教学内容的同步叠加和交互,将普通教学黑板变成可感知的交互式黑板,实现交互式教学。

(9)大屏一体机。大屏一体机将展示大屏、多媒体计算机、音响、电子白板、网络摄像头等设备合而为一,通过支架固定或直接安装在教室墙壁上。教师使用大屏一体机,可以完成课件和视频展示、上网、板书演示、网络视频授课等多种教学任务。大屏一体机还内置了录屏功能,教师在大屏上展示的所有内容都可以被录制和存储,课程结束后供学生复习。传统的大屏一体机产品内部布线繁杂、结构松散,非常容易在运输或者使用中接触不良或是松脱,且发生故障时不便检修。为了解决这一问题,很多大屏生产厂商运用 OPS(Open Pluggable Specification,即"开放式可插拔规范")①技术,将电脑内置于大屏一体机中。通过抽拉式设计,可以方便、快捷地把电脑 PC 部分和液晶一体机分拆开来,进行电脑部件的维修、更换、升级、换代等。

3.2.2 多媒体教室的主要教学形式

多媒体教室通过各种声、光、电、网设备,将教学所需的文字、图像、音频、视频、实物等各种形式的信息通过多种媒体进行综合展示,以提高课堂知识的可见性、可理解性和趣味性。多媒体教室的主要教学形式包括以下内容:

(1)多媒体演示教学。教师将幻灯片、文本、图像、动画、视频、音频等媒体内容通过视频和音频系统传送给学生,一边演示,一边进行课堂教学。多媒体演示教学是最常见的一种课堂教学方式,大部分时候是教师向学生的单向信息传递。

(2)分组教学。有些课程需要将学生分成若干个小组,教师给每个小组不同或相同的任务,让一个小组的同学在限定的时间内共同完成某个课堂任务。支持小组教学的多媒体教室提供用于小组内部讨论和协作的电脑、屏幕和白板;同一个小组的同学可以在屏幕和白板上探讨问题、演示方案;在汇报交流环节,小组内部的屏幕还可以共享给全班同学。

(3)互动式教学。在互动教学软件和硬件终端的支持下,学生与老师之间、学生与学生之间可以进行互动答题、互动交流,在互动中加深对问题的理解。

(4)网络教学。通过互联网,让教学行为摆脱地域限制,让教师和学生无论在教室、图书馆、办公室、家里,还是在机场、室外草地上,都可以进行教学活动;网络教学还摆脱了时间限制,教师将事先录制好的教学视频上传到网络教学平台,学生可以在任何时候点击收看相关课程;网络教学还能够支持"线上—线下"混合式教学。按照有无课堂交互行为来分,网络教学可以分为直播/录播式

---

① OPS 是 Intel 与 NEC 和 Microsoft 共同制定的标准化数字标牌接口规范,将电脑部分做成一个模块化标准品,把主板、内存、硬盘、WiFi 通信模块、电源等用一个标准尺寸的外壳集成到一起并且采用标准 80PIN JAE 接口与液晶屏内的 OPS 接口进行对接。

网络教学和互动式网络教学。

（5）学生自主学习。在资源库的支持下，学生可以选择自己想要的课件、视频、参考资料、习题等进行自主学习。近些年来，随着大数据和人工智能技术的发展，一些自主学习系统通过对学习者的学习行为大数据分析，为其"量身定制"学习计划，有针对性地推荐学习资源和习题，在一定程度上做到了个性化学习，有效地提高了学习者的学习效率。

（6）线上测试和自动阅卷。教师事前编辑好测试题后，就可以在特定的时间组织学生进行线上测试。这种测试可以是集中式的，也可以是分散式的，但分散式的在线测试无法有效避免作弊的问题（迄今为止，还没有有效的方法杜绝在线测试中的作弊问题）。采用在线测试这种考试方式，虽然第一次编辑试题的时候会花费教师大量的时间，但一旦建好试题库就可以重复使用，而且，客观题的批改是系统自动完成的，可以大大节约后续出题和批改测试题的时间。何屹松等（2018）基于综合人工智能方法设计了人工智能评测技术，并进行了实验。实验结果表明，智能阅卷基本上达到与评卷教师相当的水平；智能阅卷始终采用统一的评分标准，更具客观性和公正性，能为人工网上评卷提供有效的质量监控标准。

我国的教育正在向智慧化、数字化转型，传统的多媒体教室也在逐步向智慧教室转变。智慧教室是数字化教室和未来教室的一种形式，而物联网、云计算、大数据和人工智能等技术的发展，也为智慧教学环境建设提供了新的思路和有力的技术支撑，本书将在后续章节对智慧教室进行详细论述。

3.3　网络教学平台

早在 20 世纪 80 年代，随着网络的发展和广泛应用，开始出现"网络教学"这种新型的教学形式。网络教学就是教师将课程框架、讲稿笔记和阅读清单等放在网上供学生浏览，通过 E-mail 等与学生进行在线交流（Storey et al.，2002）。1989 年，美国凤凰城大学（University of Phoenix）推出了一个以计算机为基础的教育教学系统，成为美国乃至全球第一个提供网络教学的大学。20 世纪 90 年代，基于校园局域网的学习管理系统（Learning Management System，LMS）和课程管理系统（Course Management System，CMS）开始兴起。进入 21 世纪后，随着互联网从 Web1.0 过渡到 Web2.0，LMS 和 CMS 逐渐发展成为支持在线教学全过程的专业网络教学平台。2009 年以来,基于云技术的大型开放式网络课程(Massive Open Online Courses,MOOCs)快速发展,对全球高等教育产生了颠覆性影响。2013 年以来,随着新型教学模式的涌现,网络教学进入"后 MOOC"时期(Brown,2013)。

2020 年,受新冠疫情带来的全球性影响,网络教学成为特殊时期必需和唯一的教学手段,远程学习在校园应急计划中的重要性凸显,网络教学平台的应用和发展受到全球教育界和全社会的高度关注。

3.3.1 教学资源管理平台

教学资源管理平台包括学习管理系统(LMS)和课程管理系统(CMS)。LMS 负责用户注册、跟踪目录列表中的课件、记录学习者的数据,并向管理者提交报告,为整个学习管理提供支持;CMS 的核心是学习内容,具有组织、呈现、管理和评价课程内容及教学活动以及促进师生之间交互等功能。目前,国际上主流的教学资源管理平台有 Blackboard、Moodle、Sakai 等。

(1)Blackboard

Blackboard 网络教学平台最早由美国康奈尔大学(Cornell University)计算机系的教师研发,1998 年通过公司并购成为 Blackboard 公司的主营业务。经过二十多年的发展,先后合并和收购了 CourseInfo LLC、Angel Learning、WebCT 等学习平台或公司,成为全球用户数最多的商业网络教学平台,在全球著名高等院校中的市场占有率达到 70% 以上(郑丽等,2016),其用户包括著名的普林斯顿大学、哈佛大学、斯坦福大学、西北大学、杜克大学等。2003 年,Blackboard 公司进入中国,与赛尔网络公司共同组建了北京赛尔毕博信息技术有限公司(CERNET-Blackboard,简称"赛尔毕博"),推出了针对中国用户的汉化版 Blackboard 平台。

Blackboard 的初期产品是 Blackboard Learn 课程管理系统,后经不断发展,不仅系统经过多轮迭代,而且收购了其他平台,扩展了其功能。目前,Blackboard 具有四大核心模块:

①教学传递系统。教师通过该系统平台向学生传递网络课程,并可以在后台界面中对网络课程进行管理操作。

②网络学习社区系统。用于创建校园网络社区,教师可以针对某个问题、某个知识点、某个章节等在社区布置问题,学生可以在社区自由讨论、回答问

题。学生在社区的表现可以作为平时成绩的参考,网络社区中的各种回答也可以作为进行学习分析的原始数据。

③内容管理系统。提供教师建课和课程资源管理功能,教师可以有选择地在特定时间向特定学生开放特定的内容,供学生浏览、下载。该功能支持各类幻灯片、文档、视频、图片、压缩包等文件的上传和管理,还可以通过后台管理界面对文件类型、大小等进行限定。

④学生评价系统。对学生的学习情况进行数据分析,并做出评价。例如,对于久未登录平台的学生、缺少课程资料浏览记录的学生、未按时提交作业的学生、未完成规定学习动作的学生等进行提醒和挂科预警,提醒邮件或短信可以同时发给教师和学生。

(2)Moodle

Moodle 是 Modular Object-Oriented Dynamic Learning Environment 的缩写,中文翻译为"模块化面向对象的动态学习环境"。该教学平台是由澳大利亚的马丁·多格玛斯(Martin Dougiamas)博士基于社会建构主义(Social Constructivism)教育理论设计开发的课程管理系统(Dougiamas et al.,2003)。Moodle 于 2002 年正式发布第一版,由于它是免费的开源软件,对任何人都开放源代码,因此,吸引了全世界的网络课程平台编程爱好者不断为其设计和开发新的功能模块和插件,形成了生态。由于汇集了全球的开发资源,并得益于全球软件"开源运动"的发展,Moodle 逐渐形成了一种以学习者为中心的学习和课程协作环境。2010 年,据世界著名的教育软件评估中心对世界学习工具和教育软件评选的结果显示,Moodle 在全部教育软件中排序第十位,在课程管理系统类中排在第一位(曾棕根,2011)。

由于免费且功能强大,Moodle 在世界范围内得到广泛认可和使用。据其官方数据显示,截至 2020 年 4 月,Moodle 已经能够支持全球 130 多种语言,全球有 238 个国家和地区在使用 Moodle,运行着近 16 万个活跃站点、2 300 多万门课程,注册用户近 2 亿。[①] Moodle 一直是美国排名前三的教学资源管理平台,此外,在西班牙、墨西哥、巴西、德国、法国、俄罗斯等国家也有大量的用户。在中国,Moodle 已在上海外国语大学、哈尔滨工业大学、北京理工大学、华东政法大学、西安外国语大学、南京工业大学等多所高校长期使用。

---

① Moodle 官方网站:www.moodle.org。

（3）Sakai

2004年，美国印第安纳大学（Indiana University）、斯坦福大学（Stanford University）、麻省理工学院（Massachusetts Institute of Technology）和密歇根大学（University of Michigan）共同发起了一个开源代码的课程与教学管理系统开发计划，用于替代学校现有的教学资源管理系统，这个计划的产物就是 Sakai 开源在线协作和学习环境。该项目得到了安德鲁·W. 梅隆基金会（Andrew W. Mellon Foundation）的资助。与 Moodle 类似，Sakai 也是一种课程资源管理、学习管理系统和虚拟学习环境。① 由于是免费的开源系统，Sakai 已经逐渐形成了自己的开源社区，并不断推出新的社区版本。用户可以下载社区版自行安装、维护和二次开发，在此过程中，还可以从 Sakai 社区获得帮助。也有商业公司在 Sakai 社区版的基础上开发 Sakai 商业版，比如 rSmart 等。对于一些自己没有部署、维护和开发能力的教育机构来说，购买商业版的 Sakai 是更好的选择。我国的北京邮电大学、上海交通大学等高校也部署了 Sakai 平台。

3.3.2 MOOC 平台

大规模开放在线课程（MOOC）是"互联网＋教育"的一种学习形式，它由课程管理系统和学习管理系统综合发展而来。其中"Open"主要指用户免费注册。

MOOC 首先在美国兴起，之后在全球掀起热潮，全球各个国家和地区陆续开展本土化的 MOOC 平台建设。根据免费在线课程和慕课搜索引擎 Class Central 统计，截至 2019 年底，全球共有 900 多所大学推出了 1.35 万门 MOOC 课程，全球 MOOC 网站的注册用户达到 1.1 亿。按照注册人数排名，全球前 5 位的 MOOC 平台依次是美国的 Coursera、edX、Udacity，英国的 FutureLearn 和印度的 Swayam（Class Central，2019）。

表 3—1 全球前 5 名 MOOC 平台信息概览

平台	Coursera	edX	Udacity	FutureLearn	Swayam
用户数	45 000 000	24 000 000	11 500 000	10 000 000	10 000 000
课程数	3 800	2 640	200	880	1 000

资料来源：Class Central，截至 2019 年 12 月 17 日。

---

① Sakai 官方网站：www. sakailms. org。

中国是全球 MOOC 热潮中的重要参与者。2011 年在上海成立的"高校课程资源共享平台"是中国 MOOC 的雏形。2013 年,清华大学成立了中国第一个 MOOC 平台"学堂在线"。此后,果壳网 MOOC 学院、网易中国大学 MOOC 等相继出现,中国 MOOC 平台进入快速发展期。其中,课程资源以高校公共基础课、专业基础课和专业核心课为主,涉及理学、工学等多个学科的本科课程,开放内容包括课程教学思想、教学内容、教学方法、教学过程等。大部分平台还配有供学习者进行在线学习和交流的网络社区。

3.3.3　网络教学的"后 MOOC"时代

作为一种新型的教学手段和学习途径,MOOC 突破了传统教学的时空限制和入学门槛,大幅度降低了学习者获得高质量教育的成本,开创了高等教育的新时代。伴随着 MOOC 的快速发展,新的在线学习形式也不断涌现,比如小型私有在线课程(Small Private Online Course,SPOC)、大众开放在线实验室(Massive Open Online Labs,MOOL)、分布式开放协作课(Distributed Open Collaborative Course,DOCC)和大众开放在线研究课(Massive Open Online Research,MOOR)等。但是,随着在线教育的飞速发展,人们已经不满足于 MOOC 平台仅仅提供课程学习资源,人们期待新的学习模式和教育模式的根本性变革。MOOC 仅仅代表了在线教育的初始形态,而现在随着很多方面的变化,我们已处于"后 MOOC 时代"(Post-MOOC Ara)(Robert Lue,2013)。

新的教学方法、新的学习方式、MOOC 平台的新服务、学分认证的新动向等都表明,MOOC 的发展已进入"后 MOOC 时代"(Malcolm Brown,2013)。在"后 MOOC 时代",学习方式由完全自主的在线学习向混合学习(Blended Learning)、翻转课堂(Flipped Classroom)、协作学习(Collaborative Learning)、研究性学习(Research Study)转变,以 Blackboard 为代表的传统的网络教学平台也开始加入 MOOC 行列,MOOC 平台开始支持与合作院校进行学分互认等。

网络环境为探究性学习和协作式学习提供了更好的空间和条件,在线教学模式也得到革新,"后 MOOC 时代"涌现出一些新的样式(祝智庭,2014)。

(1)SPOC

SPOC 是指小型私有在线课程,是哈佛大学继 MOOC 后提出的新概念(Coughlan,2013)。不同于 MOOC 的大规模和完全开放,SPOC 对选修人数和条件有所限制,相对而言是比较小众的在线公开课。例如,哈佛大学的第一门SPOC课程"版权"(Copyright),就是从全球 4 000 多名申请者中遴选了 500 人组成的在线教学班。

（2）MOOL

MOOL 是指大规模开放在线实验室。MOOL 有三大优点:第一,时间自由,学习者随时可以做实验;第二,实验过程可重复,可回放;第三,数据可溯源,可以从线上实验中找出表现最好的学习者进入真实的线下实验室做实验。

（3）DOCC

DOCC 是指分布式开放协作课程。DOCC 课程并不局限于单一的教师授课,而是强调在数字时代开展协作学习,是协作学习的有效体现。参与 DOCC 课程的教师背景多样化,分布在各大高校,允许各种学习者积极参与、广泛合作,DOCC 具有动态的学习过程。

（4）MOOR

MOOR 是指大规模开放在线研究课程。传统的在线课程强调学习既有知识,而 MOOR 则强调研究和创新,在研究中探究问题、学习知识、启发思考。MOOR 可以帮助学生实现从学习到研究的平稳过渡,具有去专家中心化、问题化学习等特性。

3.4　教育管理信息化

教育管理信息化是指充分利用信息技术,开发利用教育管理信息资源,促进信息交流与共享,提高教育管理水平,推动教育改革与发展的历史进程(教育部,2014)。教育管理信息化是信息管理思想和技术在教育管理领域的具体应用,不仅包括与教育管理信息系统相关的硬件、软件平台的开发建设,还包括教育管理理念的数字化、现代化、科学化和高效化。我国教育信息化领域在 20 世纪 90 年代至 21 世纪前 20 年的时间里,建设重点就是教育管理信息化。

3.4.1　教育管理信息化的内容

根据现阶段高校管理的主要业务,教育管理信息化包括的具体内容有教学教务管理、科学研究管理、学生工作管理、后勤保障管理、行政党务管理和外宣继教管理共六大模块。

自 20 世纪 90 年代开始,我国教育系统开始普及信息化。教育系统的信息化建设最早是从"会计电算化"开始的,且高校信息化一直走在整个教育系统的前列。进入 21 世纪后,各高校陆续开始建设财务管理系统、教务管理系统、人事管理系统等业务管理信息系统。但由于建设初期缺乏统一规划,这些业务管理系统建成后,系统之间的数据共享和跨部门流程打通愈发成为严重的问题,"信息孤岛""操作孤岛"成为困扰高校管理信息化持续、健康发展的严重问题,于是,各高校开始建设数据交换平台和数据共享平台。2015 年以后,随着教育部对高校提高管理和服务水平要求的不断提升,高校内部各业务流程打通的需求愈发迫切。于是,在这股力量的推动下,在企业界已经得到成功应用的"工作流引擎"(Workflow Engine)在高校开始遍地开花,很多高校基于工作流引擎和数据共享平台建设"一网通办"平台;同时,随着云计算、大数据、物联网、人工智能等新兴 IT 技术的成熟,教育管理信息化领域也逐渐开始使用人脸识别、云服务、大数据分析等新技术。

3.4.2 国家对教育管理信息化的重视

作为提高教育管理水平的重要手段,教育管理信息化受到我国政府的高度重视。2013 年,教育部出台了《国家教育管理信息系统建设总体方案》,以国家教育管埋信息系统作为教育管理信息化建设的突破点;2014 年,教育部发布《教育管理信息化建设与应用指南》,对我国教育管理信息化进行顶层设计和系统指导。教育管理信息化是教育信息化"三通两平台"的基础和重要组成部分,在全面深化教育领域综合改革、促进教育的管办评分离和政府职能转变、加快推进教育治理体系和治理能力现代化方面的重要作用日益凸显(沈富可,2015)。

推进教育管理信息化的发展需要政府、社会和学校的协同合作,通过不同的主体各自履行相应职能,共同达到目标。各主体及其职能如表 3—2 所示。

表 3—2　　　　　　　　　教育管理信息化中不同主体的职能

主　体	职　能
政府和教育部门	拟定发展的政策规划并监督实施,协调资源,统筹经费,基础设施建设等
学校	有计划地组织实施,整合并配置资源,引进和培养信息化人才
教师	教学管理、科研管理

续表

主　体	职　能
学生	学习管理
信息化服务提供商	提供软硬件、信息资源等专业服务

其中,业务管理主要在学校。作为各项具体业务的责任方,学校是各项信息管理的数据源头。以高校为例,高校管理信息化的发展历程在很大程度上体现了信息技术逐步进入高校校园并成长为重要影响因素的过程,在多个维度上都有着相对清晰的发展脉络。在网络维度上,可以划分为单机、局域网、校园网和互联网四个发展阶段;在系统颗粒维度上,可以划分为管理信息系统(Management Information System,MIS)、门户(Portal)、高校资源计划(University Resource Planning,URP)和云(Cloud)四个发展阶段;在价值定位维度上,可以划分为边缘、亮点、支撑和重点四个发展阶段;与之对应,在参与度维度上,又可以划分为漠视、观望、试水及渗透四个发展阶段(任友群等,2013)。

教育管理信息化的基础是数据,高质量的数据是科学决策、系统服务、规范管理的保障(吴旻瑜等,2014)。为保证教育系统数据的准确性、时效性和安全性,教育部先后采取以下措施:

(1)规范编码。科学、合理、唯一的编码是信息化建设的基础,也是数据管理的基本条件。为规范我国教育领域的编码工作,2013年9月18日,教育部办公厅印发了《学校(机构)人员基础信息代码编制规则》的通知,对学生、教师、学校等实体进行统一编码,保证人员和实体编码的唯一性和准确性。

(2)数据只采集一次。传统各业务信息系统相互独立,且数据编码规范不同,用户需重复输入个人信息,造成各系统中信息的不一致和数据格式的不统一,对数据的规范性和统一性造成很大的影响。针对这个问题,在《学校(机构)人员基础信息代码编制规则》出台后,教育部要求教师和学生的数据仅采集一次。在首次采集之后,其他系统皆引用该数据,不再重复采集,从而保证数据的唯一性,有效避免数据重复、数据不一致等问题,还可有效避免学籍造假等问题。

(3)与其他部委实现数据共享。为提高师生数据的准确性和时效性,教育部将教育系统数据与公安部、人力资源和社会保障部等部委的数据进行共享。教育部与公安部、人力资源和社会保障部等部委的信息库进行对接,防止学校注册虚假的学生学籍或重复注册学籍;教育部还与税务总局、出入境管理局等部委的信息库进行对接,实时掌握学生的就业、出入境等信息;此外,教育部还与国家人口基础数据库对接,从而及时掌握学生信息的变化。

(4)保障数据安全。数据量增加、数据准确性和共享程度提高后,面临的挑战就是数据安全问题。为此,教育部先后多次发文,并制定相关规章制度,建立数据安全防护体系,落实数据安全责任,做到数据"谁录入谁负责,谁审核谁负责,谁使用谁负责",切实保障数据安全。

3.4.3　教育管理信息化存在的问题

信息管理是线下管理业务在线上的延伸,也是线下管理业务在线上的"镜像"。教育信息化的推进过程是信息系统和管理体系不断磨合的过程,也是制度和人不断磨合的过程,还是技术和管理不断磨合的过程。在这个过程中,既要做到"量体裁衣",也要做到"削足适履"。

所谓"量体裁衣",是指根据业务的实际需要设计管理信息系统,将线下的管理制度和流程"搬"到线上处理;所谓"削足适履",是指在实施教育管理信息化的过程中,对现有流程进行重新审视和分析,并借鉴同行业成功的实践经验,对现有流程进行改造,这个过程叫做"业务流程重组"(Business Process Reengineering,BPR)(Michael Hammer & James Champy,1993)。在 20 世纪 90 年代,美国很多大公司纷纷患上"大企业病",流程冗长复杂、效率低下,在市场中失去竞争力,为摆脱困境、重塑企业竞争力,大公司纷纷通过 BPR 来重组企业、改进流程,BPR 思想盛极一时。

我国教育系统在实施管理信息化过程中,首先,各单位重视对现有管理流程的保留,轻视对不合理流程的改造,造成线上系统仅仅是对线下流程的"搬迁",在线下不合理的流程搬到线上后依然不合理,没有真正发挥信息系统的作用;其次,各教育单位重建设、轻使用,把信息系统建设视为"政绩工程",很多管理信息系统建设完成后使用不充分或者干脆不用,造成数据不准或根本提供不了数据;最后,很多系统的建设缺乏"一把手"的强力领导和推动,把工作一股脑交给信息化管理部门实施,无法实现跨部门的流程整合和数据共享,建设的信息系统最后"不死不活",非但没有提高组织的效率,反而成为业务的阻碍。

相对于较发达国家和地区,我国的信息化建设在思想意识上存在偏差,组织结构不利于信息贯通,而在教育管理信息化建设过程中,不仅需要一个强有力的技术支持部门,还需要管理部门、业务部门和学术机构的密切配合和参与(赵国栋等,2003)。因此,教育管理信息化研究方向应该由信息技术方面转变为偏向管理方面(蔡连玉,2007)。

为了应对教育系统管理信息化落后于管理要求的情况,2021 年 5 月,教育部印发《关于加强新时代教育管理信息化工作的通知》,要求教育系统解决系统整合不足、数据共享不畅、服务体验不佳、设施重复建设等突出问题,加强教育管理信息化统筹协调,优化信息系统供给模式,提高教育数据管理水平,促进管理服务流程再造,提高基础设施支撑能力,以信息化支撑教育治理体系和治理能力现代化(教育部,2021)。

3.5　数字化校园

随着教育管理信息化的发展,管理信息系统在各高校、各部门被广泛使用,但由于管理机制、经费、技术和理念等各方面条件的制约,各个系统在建设时往往只关注自身的业务需求,信息化建设缺乏全校层面的总体规划和统筹协调。随着独立业务系统的不断增加和业务数据的不断积累,各个管理信息系统之间业务独立、缺乏整体协调和集成、流程相互割裂、数据重复存储、数据多源且不一致、各业务数据不共享、重复建设等问题迭出,造成资源浪费、管理效率低下。各个业务系统像一根根独立的"烟囱",之间没有关联,形成了一座座"信息孤岛"和"操作孤岛",造成管理效率低下、服务质量差,师生意见很大,甚至影响到校园文化氛围,严重制约了教育管理工作的有效、有序开展。为切实加强信息化对教育管理的促进作用,近些年来,我国教育系统大力推进"数字化校园建设"。

3.5.1　数字化校园的概念

20 世纪 70 年代,美国麻省理工学院提出了"E-campus"计划,被认为是数字化校园概念的起源。1990 年,美国克莱蒙特大学教授凯尼斯·格林(Kenneth Green)发起了持续长达 13 年的"数字校园计划"(The Campus Computing Project)大型科研项目(黄荣怀,2009)。1998 年,美国前副总统艾伯特·戈尔(Albert Arnold Gore Jr.)发表了题为《数字地球:21 世纪认识地球的方式》(The Digital Earth:Understanding Our Planet in the 21st Century)的演讲,提出"数字地球"(Digital Earth)的概念。此后,全世界普遍接受了数字化概念,并延伸出"数字城市""数字校园"等概念(陈丽,2007)。从 20 世纪 90 年代中后期开始,我国高校陆续开展数字化校园建设。1998 年 12 月 24 日,教育部颁布了《面向 21 世纪教育振兴行动计划》,该文件特别强调通过信息技术手段推进教育改革,自此,建设"数字化校园"作为新型教育改革理念被提上日程。在随后数年的教育信息化快速发展过程中,"数字化校园"的内涵和外延不断得到丰富和完善。

数字化校园是教育信息化的具体表现和高级阶段,是指在教育信息化相关理论的指导下,将互联网、计算机等信息技术与教育教学的各个环节紧密结合,最终对教育理念、教育制度、教学范式、教学方法和内容等进行重构,形成全新的数字化教育教学环境。数字化校园是一个复杂的信息系统,其建设可以分为四个部分:教育理念重构、网络等硬件系统建设、信息资源及管理平台等软件系统建设、以教学应用为核心的应用系统建设(田斌等,2002)。网络化、数字化、虚拟化、个性化以及智能化是数字化校园的热点,其中网络化是基础、环境,数字化是信息表现形式,虚拟化是手段、方法,个性化是一种标准,智能化是目的。数字化校园以建构主义教育理论为基础,把以计算机网络、计算机通信、虚拟现实技术和多媒体技术为主体的现代数字技术作为依托,对校内外信息进行全数字化的收集、处理、存储、传输和应用(李廷军等,2004)。

数字化校园使大学产生了翻天覆地的变化,这对高校的管理乃至高校的其他任何方面都起到了革命性的作用(万新恒,2001)。如表 3—3 所示,在我国高校信息化建设进程中,数字化校园在不同发展阶段表现出不同的形式和特点(蒋东兴等,2016)。

表 3—3　　　　　　　　　数字化校园发展阶段及特点

阶段观察点	校园网	数字校园		智慧校园
主体时间段	1994—2000 年	2001—2007 年	2008—2015 年	2016 年至今
IT 与业务关系	组合	整合	初步融合	融合创新
信息化程度	电算化	自动化	流程优化	流程与业务模式再造
IT 绩效重点	基础设施建设	信息系统与数据	业务流程支撑	学校事业发展师生个人成就
IT 集成度	系统集成	应用集成	信息集成	业务集成

阶段观察点	校园网	数字校园		智慧校园
IT 关注点	网络服务	业务应用系统	信息门户	服务框架
基础设施	网络	服务器	数据中心	云服务
建设模式	自建或外包	建设外包为主	建设外包为主	外包与众筹
运维模式	自主运维	自主运维	自主运维为主	混合运维
IT 支撑机构	网络中心	网络信息中心	信息化办公室	CIO 体系

资料来源:蒋东兴,付小龙,袁芳,蒋磊宏. 高校智慧校园技术参考模型设计[J]. 中国电化教育,2016(9):108—114。

从具体内容来看,数字化校园就是实现教学、管理和决策全面数字化。教学数字化主要包括教学环境、教学活动、教学管理、教学考核、学生考评等支持教学全过程闭环的数字化体系;管理数字化是实现日常办公、科研、财务、人事、学工等各项事务的数字化和协同化管理;决策数字化是通过数据报表、大数据分析、人工智能等手段,辅助学校进行各项决策。总之,数字化校园就是将实体校园投射到数字世界中,从而在时间和空间这两个维度上对实体校园进行拓展,通过校园的数字空间模型对实体校园进行更加精准、高效的管理,从根本上提升管理和服务效率。数字化校园的总体架构如图 3—12 所示。

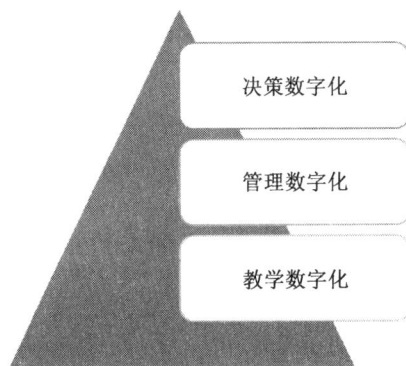

图 3—12 数字化校园总体架构

3.5.2 数字化校园的内容

自 20 世纪 70 年代学者提出"数字化校园"这个概念至今,随着技术的不断发展和师生需求的不断变化,"数字化校园"的内容不断得到丰富和发展,在后续的每个时代都融入了不同的元素。从我国的教育信息化发展历程来看,"数字化校园"在 20 世纪 90 年代中后期的建设内容主要包括敷设校园局域网并接入教育科研网,以及设计和开发校园主页、财务管理系统、人事管理系统等网站和关键业务系统;在 21 世纪前 10 年,主要是全面建设校园有线网络,实现有线网络接入点内全覆盖和学生宿舍接入互联网,以及建设教务系统、学工系统、资产管理系统等业务管理系统,部分高校还建设了超算中心;到了 21 世纪第二个10 年,"数字化校园"建设进入快速发展期,建设重点包括校园网全面万兆升级、无线网络全覆盖、IPv6、网络安全体系、教学资源管理平台、网络教学平台、智慧教室、超算中心等;自 2020 年以来,网络安全、5G 应用、云服务、一网通办、一网统管、数据中台、大数据分析、人工智能、数据安全等成为建设重点。这里需要强调的是,虽然各个时期的建设重点不同,但很多建设内容是横跨多个时期的,比如网络建设、信息系统建设、超算中心建设、网络安全体系构建等。

由于"数字化校园"概念的内涵和外延一直处于不断丰富和变化中,因此,到目前为止,还没有关于"数字化校园"概念的确切定义。就目前信息技术在校园信息化工作中的实际应用情况来看,可以将"数字化校园"分为基础设施层、应用层和决策层三个层级,每个层级中都包含着非常丰富的内容。

(1)基础设施层

信息化基础设施是保障信息化建设和信息化工作正常开展的基本条件。由于覆盖面广、系统复杂,因此,信息化基础设施涉及的硬件设备和相关软件系统数量众多,信息化基础设施建设具有规模大、投资高、专业性强等特点。信息化基础设施主要包括网络交换机、服务器、存储设备、网络线缆、网络安全与审计等设备,以及操作系统、认证系统、虚拟化管理平台、云服务平台等软件与系统。

①网络交换机。交换机(Switch)即"开关"的意思,是一种将电信号或光信号进行转发的网络设备。交换机可以将接入其中的任意两个网络节点的信号建立通路。按照工作位置划分,网络交换机可以分为局域网交换机和广域网交换机。校园网内多用局域网交换机用于连接各类终端设备,比如电脑、网络打印机等。近些年来,集数据交换和供电于一体的 POE(Power Over Ethernet)交换机得到广泛应用。POE 交换机在不改变现有的以太网布线基础架构的前提下,在为一些基于 IP 的终端设备传输数据的同时,还能为这些设备提供电能,比如无线接入点(Access Point,AP)、电子班牌、IP 电话机、网络摄像机等都

可以依靠 POE 交换机供电。

②服务器。服务器(Server)实质上是一种速度更快、负载更高、更加稳定的计算机,当然,价格也更贵。服务器为操作系统、数据库管理系统以及各种各样的程序提供计算和应用服务。服务器中的主板、内存、硬盘等零件都是经过特殊设计的,具有更强的 CPU 处理能力、更可靠的长时间运行能力、更强大的 I/O 数据吞吐能力以及更良好的扩展能力。服务器的分类方法有很多,按照外形,可分为机架式服务器、塔式服务器、刀片服务器和机柜式服务器;按照功能,可分为应用服务器、数据库服务器、Web 服务器、认证服务器、代理服务器、电子邮件服务器、文件服务器等。

③存储设备。这里主要指的是计算机外部存储设备,包括硬盘、磁带、光盘等,目前,硬盘是最主要的存储设备。硬盘又分为机械硬盘(Hard Disk Drive,HDD)和固态硬盘(Solid State Drive,SSD)。机械硬盘与固态硬盘的存储原理不同,I/O 速度比固态硬盘慢,但价格便宜。由于机械硬盘和固态硬盘各有优劣,因此,技术人员开发出了"固态混合驱动器"(Solid State Hybrid Drive,SSHD),将机械硬盘和固态硬盘结合到一起,把频繁访问的数据放在固态硬盘,不太频繁访问的数据放在机械硬盘,从而获得访问速度和成本之间的平衡。为了提高数据存储的可靠性、安全性和 I/O 速度,技术人员开发了独立冗余磁盘阵列(Redundant Arrays of Independent Disks,RAID)技术,将数据切割成多个数据块,分别存放在不同的硬盘上,通过增加数据在不同硬盘上的冗余来提高整个硬盘系统的性能。按照数据冗余量来分,有 RAID0、RAID1、RAID0+1、RAID2、RAID3、RAID4、RAID5、RAID6、RAID7、RAID10、RAID53、RAID5E、RAID5EE 等多种。一般来说,数据冗余越多,数据副本就越多,数据存储就越安全,数据的存储和读取速度就越快,但磁盘占用量也就越大,成本也就越高。

④网络安全设备。随着信息化程度的不断提高,教学、校园管理与服务等越来越依赖信息系统和网络,网络安全也愈发重要。保障网络安全,除了制定和落实各种网络安全规章制度以外,网络安全设备也必不可少。按照功能和用途划分,网络安全设备包括安全路由器(Secure Router)、防火墙(Firewall)、网闸(Gap)、安全认证系统(Safety Certification System)、密码机(Cryptographic Machine)、授权证书(Certificate Authority,CA)系统、公开密钥基础设施(Public Key Infrastructure,PKI)系统、入侵检测系统、网络安全预警系统、审计系统等。随着各行各业对网络安全重视程度的不断提高,以及《中华人民共和国网

络安全法》(2017)、《中华人民共和国个人信息保护法》(2021)等法律及各类规章制度的陆续出台,网络安全设备成为各类数据中心和网络系统的必备条件。根据设备工作方式的不同,有些网络安全设备可以与现有系统链路并联,有些则需要串联。需要强调的是,不论是并联还是串联的网络安全设备,其本身也是软硬件系统,也会发生故障,甚至会被攻击,因此,也会产生网络安全问题。

⑤操作系统。操作系统(Operating System,OS)是指按照用户操作指令,对计算机中的各种资源进行统一管理和调度的系统软件程序。操作系统主要实现进程管理、存储管理、设备管理、文件管理和作业管理等管理任务。按照终端类型,可以分为服务器操作系统、PC 操作系统、手机/平板电脑操作系统、嵌入式操作系统等;按照功能,可以分为实时操作系统、批处理系统、分时操作系统、网络操作系统等。

⑥虚拟化管理平台。不同的应用对服务器资源的需求不同,有的应用不需要一整台物理服务器的资源,有的应用则需要使用多台物理服务器的资源,因此,需要一种软件对服务器的计算、内存、存储等资源进行统一管理,形成能力"池"(Pool),然后根据实际应用的需要进行统一分配,这类软件被称为"虚拟化管理平台"。除了服务器资源可以被虚拟化之外,PC 资源、网络资源、存储资源等都可以被虚拟化。虚拟化虽然可以提高服务器资源的利用率,简化服务器管理,但也产生了一些安全问题:服务器在被虚拟化的过程中,原有的物理架构和安全架构被破坏,如果安装于某一虚拟机中的软件产生诸如数据泄露等安全问题,则会殃及其他虚拟机。因此,在其他条件相同的情况下,一般来说,虚拟服务器比物理服务器的安全性要低。

⑦云计算。云计算(Cloud Computing)就是通过互联网,将 IT 资源(计算、存储、网络带宽等)以服务的形式提供给用户,用户按需订购,根据实际使用量付费。云计算的出现,让用户摆脱了建设和维护数据中心所产生的大量人力、物力、财力和精力的投入,节约了信息化建设的总投入,让用户可以集中注意力于具体业务。按照云计算所提供的资源分类,云计算有三种类型:软件即服务(Software as a Service,SaaS)、平台即服务(Platform as a Service,PaaS)、基础设施即服务(Infrastructure as a Service,IaaS)。按照部署方式分类,云计算也有三种类型:公有云(Public Clouds)、私有云(Private Clouds)和混合云(Hybrid Cloud)。

⑧超融合架构。从 20 世纪 90 年代开始,网络规模呈爆炸式增长,三层基

础架构(3-tier Architecture)逐渐成为数据中心的主流架构。所谓三层基础架构，就是计算、存储和网络三层相互独立，可以在不影响其他层的情况下进行更新或更改。但随着业务数据量的不断增长，三层基础架构的弊端逐渐显露：网络通信存在瓶颈，系统无法进行无限扩展，而且，系统复杂，需要耗费太多资源和人力去管理。针对这些问题，科学家们设计开发了超融合架构(Hyper-Converged Infrastructure, HCI)。超融合架构是一种集成了存储设备及虚拟运算的信息基础架构(Trevor Pott, 2015)。在超融合架构环境中，同一厂商的服务器与存储等硬件单元，搭配虚拟化软件，被集成到一个机箱之中(David Davis & Scott Lowe, 2015)。因此，超融合架构不存在网络通信的瓶颈，支持无限灵活扩展，结构简单，总成本低。此外，超融合架构需要的机柜空间更少，且可以实现对所有资源的统一管理。超融合架构的出现，极大地提高了数据中心的运维效率。当然，超融合架构也有其局限性。例如，在很多应用场景下，只需要对其中的某一类资源(比如存储)进行扩容，但超融合架构却要求计算、内存和存储资源必须同时增加，造成资源浪费。

⑨物联网设备。物联网(Internet of Things, IoT)是一个由相互关联的计算设备、机械设备、数字终端、物体、动物或人组成的系统，这些设备具有唯一标识符(Unique Identifiers, UIDs)，并且能够通过网络传输数据，实现现实世界与人之间的交互。目前，物联网在智慧交通、智能安防、智慧能源、节能减排等领域都有广泛而成功的应用。随着物联网技术的成熟和普及，在智慧校园领域，也出现了很多物联网的成功应用，比如校园安全监控和教室内直播录播用的网络摄像头、空气质量传感器、光线传感器、电流感应器、水流传感器等。这些 IoT 设备对于校园安全、智慧教室和智慧楼宇管理、校园节能减排等工作的开展都发挥了重要的作用。

⑩多媒体教学设备。随着信息技术的发展，教学信息化已经从"电化教学"逐渐升级到"智慧教学"，出现了越来越多的教学设备。除了传统的投影机、幕布、教师电脑、中央控制器、话筒、功放、音箱等设备外，现代化的教室里还有网络摄像机、音视频合成设备、录播主机、网络交换机、大屏幕一体机、电子白板、电子黑板、IP 电话、电子班牌、各类传感器、存储设备、边缘计算节点等设备。

总之，校园信息化基础设施层涵盖了运行校园各类信息系统所必需的硬件设备和基础软件，是校园信息化得以开展的基本保证。由于信息化基础设施投资具有长期性和影响广泛性，因此，信息化基础设施的规划、设计和建设一定要确保科学性、合理性、强壮性、兼容性、可扩展性和经济性。

（2）应用层

应用层是架构在基础设施层上的各类软件。随着校园信息化的不断发展，不同时期的应用层包含不同的内容。就目前来看，应用层主要包括智慧校园三大基础平台、各类业务管理系统、数据交换平台、一网通办平台、数据中台、人工智能中台等。

①智慧校园三大基础平台。统一身份认证（Uniform Identity Authentication，UIA）、单点登录（Single Sign On，SSO）、信息门户（Information Portal）三大系统被称为智慧校园三大基础平台，也即任何校园信息化建设必须具备的三个基础性信息系统。统一身份认证系统是将校园内所有应用系统的认证全部集合到一个认证系统中，用户在该系统中输入用户名和密码并通过身份认证后，就可以实现在多个系统中的认证，从而获得各个系统相应的权限。现在的统一身份认证系统不仅支持账号密码登录，还支持人脸识别、手机动态验证码、扫二维码等多种认证方式。统一身份认证不仅方便管理和用户使用，而且提供了更高的安全性和更好的用户体验。单点登录是与统一身份认证配合使用的系统，用户本来登录各个系统时需要到不同的系统登录界面中进行操作，而单点登录系统接管了所有系统的登录操作，用户在所有业务系统中的登录行为都会跳转到单点登录界面，从而给用户更好的使用体验和更高的安全性。信息门户是将各业务系统中的信息和流程进行聚合，放到一个平台进行展示，从而方便用户的信息浏览和事务办理。

②各类业务管理系统。自 20 世纪 80 年代开始，就有高校开始基于学校既有技术力量开发财务管理系统、排课系统、人事管理系统等核心、关键的业务系统。但是，当时高校管理信息化尚处于建设初级阶段，这些系统都是定制开发，缺乏通用性，且没有成熟的市场环境，因此，建设零散，产品成熟度低。到了2000 年前后，随着软件工程的发展、计算机的普及和人们信息化意识的提高，高校的各个业务部门陆续提出信息系统建设需求，市场上也出现了比较成熟的、针对专业领域的业务管理系统。而且，软件复用性的提高、B/S 三层模式架构的出现、数据库技术和网络编程技术的发展都推动着高校业务管理系统的快速发展和迭代。在高校应用软件市场上，不仅有财务管理、教学管理、人事管理等核心业务信息管理系统，还有招生管理、就业管理、档案管理、校友会管理、工会管理、保卫业务管理、资产管理、后勤管理、站群管理等各类业务管理信息系统。

在每个细分市场,都有几家甚至十几家软件公司的产品可供选择。这些信息系统的建设和运行提高了学校的管理效率和服务质量,成为高校信息化建设过程中极其重要的一环。

③数据交换平台。由于学校在信息化建设初期缺乏总体规划,加之校内各项业务的信息化建设进度有快有慢,因此,各业务系统在不同年代建设。这些系统不仅技术标准不同,而且各系统之间缺乏统一的数据标准和数据共享机制,造成"信息孤岛"和"操作孤岛"林立,严重影响跨部门协作。为此,很多学校在业务系统建设完成后,纷纷建设数据交换平台,以期在校内的各部门之间实现数据共享。数据交换平台的建设看似技术问题,其实是管理问题:学校首先需要根据国家、教育部以及省市一级的教育主管部门的相关要求制定本校的数据规范,作为统一数据格式的标准;其次,需要制定专门的数据交换和数据管理办法,让全校范围的数据交换行为有法可依、有章可循,防止出现某些部门和个人为了部门或个人的利益而抵制数据交换的行为;最后,需要上线一套成熟可靠的数据交换平台,数据交换平台从其他业务系统获取数据后,需要先对数据进行规范化,然后再交换给其他系统使用。数据交换平台就像一条"数据高速公路",其他系统与数据交换平台的通信接口就像"匝道",所有系统与其他系统进行数据交换的时候,必须通过数据交换平台,而不能进行"点对点"的数据交换,这样才能保证数据的统一性和规范性。因为数据交换平台在工作过程中形成了规范化的数据,一些学校也借着建设数据交换平台的机会,建设全校基础数据的"共享库",包括教职工基础数据、学生基础数据、机构基础数据、固定资产基础数据等,方便各业务系统的取用。

④一网通办平台。2018 年,上海市政府在全市推行"一网通办",要求深化"互联网＋政务服务",深化数据汇集、互联、共享和应用,切实做到从"群众跑腿"到"数据跑路","全市通办、全网通办、只跑一次、一次办成"(新华网,2018)。此后,上海乃至全国的很多高校陆续开始本校的"一网通办"建设工作。"一网通办"包括流程建设和数据交互两个部分,缺一不可。有流程没数据,流程"跑"不起来,成为"无源之水";有数据没流程,数据"动"不起来,成为"无本之木"。流程靠数据"驱动",数据靠流程"沉淀"。目前,高校"一网通办"平台的底层一般采用工作流引擎和数据交换平台,前端被称为"网上办事大厅"。网上办事大厅汇集了学校各项事务的办理说明和流程入口,有些流程是基于工作流引擎的自建流程,有些流程则是其他业务系统中流程的链接,对于一些不方便网上办

理的流程,在流程导航中会提供办理事项的说明。为了方便师生使用"一网通办"平台,学校在建设时,都会同时建设 PC 端和移动端。有的学校用 APP 承载移动端,有的学校则用企业微信或微信服务号承载移动端。"一网通办"的实施,改进了各高校的管理服务质量,提高了师生的办事效率,也提升了学校的治理能力。

⑤"中台"类系统。除了上述几类平台外,随着教育信息化的发展,近几年来,一些高校陆续建设数据中台、业务中台、人工智能中台等系统。"中台"类系统主要是提供一种事先拆解或封装好的业务能力,这种能力可以快速满足前端的业务需求,从而大大缩短产品开发时间和业务上线时间,更好地满足多变的业务需求。例如,数据中台就是对底层数据进行汇集、清洗、关联、计算、封装后,生成多个面向不同应用的数据模型,当信息系统有数据需求的时候,可以快速从数据模型库中抽取所需模型,迅速实现业务功能。同样,人工智能中台也是构建与人工智能相关的算法库、模型库等,供前端业务随时调用。例如,一些学校针对校内不同业务部门、不同业务系统的多样化的人脸识别需求,已经在建设"人脸识别智能中台",该中台对全校各类系统的人脸识别算法和人脸库进行统一管理,既提高了人脸识别管理的效率,也提升了数据的安全性。

(3)决策层

信息技术用于教育领域的决策主要是指通过数据报表、大数据分析、人工智能分析等手段,辅助学校管理人员进行各种校务决策。由于缺乏强烈的驱动和明确的应用场景,目前,教育领域用于决策的应用总的来说还比较少,主要有报表系统、学科评估和学科数据分析系统、大数据分析系统等。

①报表系统。高校使用的报表系统来源于商业领域的商务智能(Business Intelligence,BI)系统,也称商业智能或商业智慧系统。1996 年,Gartner Group 首次提出商务智能的概念。商务智能的主要实现手段是对业务数据进行采集和汇总,并根据业务需求对数据进行计算、挖掘,通过报表、图形等形式进行展现,向管理者直观地呈现业务现状,从而辅助决策。报表系统能够按照学校的要求,对科研成果情况、人才梯队情况、学科发展情况、教学情况等数据进行多维度、全方位的展示,方便各级领导进行各类决策。

②学科评估和学科数据分析系统。对高校定期进行学科评估(China Discipline Ranking,CDR)是教育部考查学科是否合格的重要手段,也是确定对学科进行下阶段资源投入的重要依据。评估结束后,教育部还会公布评估结果,对

各高校进行排名,因此,各大高校都非常重视学科评估工作。但是,学科评估涉及人才培养的方方面面,不仅涉及的数据类型繁多,而且数据统计维度多样,需要大量的数据采集和统计工作。为了方便数据的采集和统计,更好地支撑本校学科评估和学科发展,有些高校开发了学科评估和学科数据分析系统。这些系统的建设,不仅可以减少学科评估工作量、提高数据准确性,而且可以为学校的学科发展提供非常重要的参考数据。

③大数据分析系统。学校所掌握的数据不仅包括结构化数据,还包括非结构化数据,比如各类日志、图片、音频、视频等。随着校园信息化的发展,此类数据越来越多,其数量已经远远超越了结构化数据。这些数据中蕴含着大量的有用信息,如何对这些数据进行采集、清洗、存储、计算和展示,成为摆在学校信息化管理部门面前的一道难题。目前,已经有部分高校着手对本校的校园大数据进行采集、管理和分析,并基于校园大数据开发了一些应用。例如,上海外国语大学在 2019 年底建成了"大数据决策支持系统",该系统实时采集学校各类硬件和软件系统的日志数据,并进行清洗、格式化和存储,每个月留存的数据量超过 5TB。在这些数据的基础上,学校开发了网络攻击预警、学生不在校提醒、消费异常提醒、图书借阅推荐、基于人工智能的到课率统计、学生多模态画像、教师多模态画像、设备画像等多个模型和应用,帮助学校相关部门提高了校园管理的效率。

第4章

智慧教学平台

　　智慧教学就是用不断发展的信息技术,整合教育资源,形成新的学习环境,让教师能够充分发挥教育才能,学生能够拥有个性化的学习体验,进而让所有人实现更好的发展(祝智庭,2012)。从技术角度来看,智慧教学是在教育领域(教育管理、教育教学和教育交互)运用现代信息技术实现校园信息采集、处理、存储和应用,可以扩展现实教育的时间和空间维度,通过创新的教育理念和教育手段,协助学生发现智慧、发展智慧,并建立一套数据化、智能化的现代教育系统(王育齐,2019)。

　　智慧教学离不开计算机硬件设施和软件系统的支持,智慧教学平台就是在互联网的基础上,提供全面教学服务的软件系统的总称。随着互联网技术、数据库技术与多媒体技术的迅猛发展以及移动设备的广泛使用,智慧教学平台成为实现智慧教学的一项重要工具。

4.1　智慧教学平台的发展历史与现状

　　从20世纪90年代开始,一些国家和机构开始认识到信息技术在教学资源管理和教学过程支持中的重要作用,对智慧教学平台的发展有乐观的预期,开始着手制订相关发展规划,并设计、开发和应用相关产品。

4.1.1　各国对教学平台的重视

为推动信息技术在教育领域的应用,提高教育水平,提升教学质量,1996年,在美国联邦政府的领导下,美国教育部教育技术办公室(Office of Educational Technology, U. S Department of Education)发布了美国的第一份《国家教育技术计划》(National Educational Technology Plan, NETP)。制订该计划的主要目的是帮助美国学生提升信息化素养,为迎接21世纪的竞争做好准备。该计划明确提出,每个教室都需要配备能连接互联网的计算机、优质的学习软件和接受过良好培训的教师(赵建华,2016)。同年,韩国也发布了第一份国家教育信息化的规划性文件"Master Plan Ⅰ",重点强调信息化基础设施建设和提升师生信息素养,要求不断提升本国教师和学生的信息素养以及在教育教学中利用信息技术的技能。在教育信息化的服务方面,韩国建立了覆盖全国的教育信息服务系统(Educational Information Network, EDUNET),给予全国师生为开展数字化学习所需要的网络及教育资源的支持(尉小荣,2016)。1997年,新加坡教育部也颁布了第一份国家基础教育信息化发展规划,主要内容包括加强信息化基础设施建设,为学生提供丰富的学习资源,在教学中大量运用信息技术等(徐顺,2012)。在同时期的中国,钱学森先生也提出了"大成智慧"的教学理念,他希望通过系统的科学视域以及现代科学技术来培养学生的高级智慧(钱学敏,2002)。

由于技术条件限制,20世纪90年代,很多国家在制订智慧教育发展规划时,教育领域的教学信息化主要还是依靠计算机与网络将传统的纸质资料变为电子资料,将教学的一些线下工作转变为线上工作。这虽然减少了不少重复劳动,减轻了教师负担,也提高了学生获取学习资料的便捷性和学习效率,但形式与内容单一,无法实现师生之间的互动教学、混合式教学、个性化教学等新需求,这些需求促使有些国家加快了对智慧教学平台的研发。智慧教学平台有很多不同的称谓,国外也常称其为学习管理系统(Learning Management System, LMS)、课程管理系统(Course Management System, CMS)、虚拟学习环境(Virtual Learning Environment, VLE)等,在中国,智慧教学平台也被称为教学资源管理平台、课程中心或E-learning系统等。

由于存在现实需求和经济利益,因此,从20世纪90年代开始,陆续出现多个智慧教学平台。其中,既有厂商自主开发的软件产品,也有开源平台。国际上比较著名的有 Blackboard、Saki、Moodle 等。智慧教学平台除了具备课程资源管理功能外，还具备在线论坛、在线讨论室、知识库等模块，同时，提供课程助教功能，帮助教师进行课程管理，并对学生的表现进行分析、评价和提醒。为了推进学习管理系统的标准化，1997 年，美国国防部赞助了一项叫做"高级分布式学习"（Advanced Distributed Learning，ADL）的研究计划，该研究计划的产出被称为"可共享内容对象参考模型"（Sharable Content Object Reference Model，SCORM），该模型确定了网络课程资源的创建、管理和使用的相关标准及规范。

4.1.2　"线上—线下"混合式教学

进入 21 世纪之后，混合式学习（B-learning）成为教育界的热点话题。混合式学习是将传统的课堂教学与网络学习（E-learning）结合起来，混合式学习既能够让教师引导并监督整个教学过程，还能够让学生成为真正的学习主体，让学生在学习过程中充分发挥主动性、积极性和创造性。混合式学习将本来相互独立的网络学习和课堂教学相互融合，是对形式单一的网络教学的超越与提升。

随着全球教育界混合式教学实践热潮的兴起，一批基于混合式教学理念的智慧教学平台随之迅速发展起来。2001 年，比利时鲁汶大学（Catholic University of Leuven）开发了 Claroline 教学资源管理平台；2002 年，澳大利亚马丁·多格玛斯（Martin Dougiamas）博士开发了 Moodle（Modular Object-Oriented Dynamic Learning Environment）教学资源管理平台；2004 年，美国印第安纳大学、密歇根大学、斯坦福大学和麻省理工学院联合开发了 Sakai 教学资源管理平台。这些都是开源教学资源管理平台，开放源代码供所有人免费使用。开源教学资源管理平台具有开放、可修改源码、灵活和可定制的特点，与闭源软件相比，具有经济性、开放性、共享性和民主性的优势（何增颖，2014）。

4.1.3　智慧地球与教育变革

2008 年，国际商用机器公司（International Business Machines Corporation，IBM）首席执行官萨缪尔·帕米沙诺（Samuel Palmisano）在其报告《智慧地球：下一代领导议程》（A Smarter Planet：The Next Leadership Agenda）中，首次提出了"智慧地球"（Smart Planet）的概念。他在报告中提出，"要将智能渗

透到整个世界的工作方式中,包括能够开发、制造、购买和出售有形商品的系统和流程,以及提供的各种各样服务。使之成为可能的原因是,地球上几乎所有东西都可以被感知化(Instrumented)、互联化(Interconnected)和智慧化(Intelligent)"(Palmisano,2008)。"智慧地球"这个概念表达了人们渴望运用先进的信息技术来构建这个新的世界运行模型的美好愿景。在"智慧地球"的总体设想下,衍生出很多新的概念,如智慧城市、智慧医疗、智慧交通和智慧教育等(祝智庭,2012)。虽然出于智慧地球的基础理论和建设框架还不够完善等原因,2018年,IBM宣布放弃智慧地球计划,但是,其理念已经深入人心。

IBM的研究人员认为,应用于智慧城市中的消费者信息技术(Consumer IT)、开放式平台(Open Platforms)以及云技术(Cloud Technology)在改变人们日常生活方式的同时,也蕴藏着转变未来教学模式的潜力。未来的智慧教育(Smart Education)和智慧校园(Smart Campus)的规划及建设要与智慧城市相衔接。未来智慧教育具有以下优势:加强学生的信息素养、提供个性化且多元化的学习路径、提升服务型经济的知识技能、整合全球教育资源以及加强教育在21世纪经济中的关键作用(Jim Rudd,2012)。

在智慧教育的背景下,智慧教学平台的研发重点就转移到了支持翻转式课堂(Flipped Classroom)的移动端应用程序。翻转式课堂是指调换课堂教学与课外学习的内容,学生在课前通过观看课程视频、阅读电子版资料等形式学习课程的相关知识。在课堂上,学生与教师进行探讨和交流,解决学习中遇到的困难。可以利用手机和iPad来进行翻转课堂模式教学的智慧教学平台有Nearpod和Showbie,以及谷歌开发的移动端应用谷歌教室(Google Classroom),它能够搭配谷歌云平台来支持老师教学资源的发布以及学生课下作业的提交。翻转式课堂的优势是,可以支持每个学生的个性化学习。澳大利亚新南威尔士大学(University of New South Wales)开发的自适应性教学平台"智慧麻雀"(Smart Sparrow)就是支持个性化学习的一个成功实践,该平台最大的特点就是自适应性,即在互动和反馈中不断修正课程设计,进而在学生行为的基础上生成新反馈,以此支持个性化的学习,提升教学效果。

4.1.4 我国在智慧教学领域的举措

我国是一个人口大国,各地区的经济发展很不均衡,优质教育资源主要集中在经济发达的东部地区;同时,我国也是一个教育大国,特别是新中国成立以来,不仅政府希望通过教育提高国民素质,而且社会民众也期望通过教育改变现状,获得更好的物质和文化生活。因此,在信息化和网络化时代,我国政府密切关注技术发展动向,适时起草、颁布相关政策,推动信息技术在教育领域的应用,推动国民教育由传统教育向"智慧教育"转变。2010 年,中国教育部印发了《国家中长期教育改革和发展规划纲要(2010—2020 年)》,明确提出"建立新型信息化教学观念,改进教学方法,进而帮助提高教学效果,同时应促进优质教育资源的开发应用,创新在线和传统合理混合的新型教学模式,利用信息技术手段来推动学习者的自主学习、协作学习"(教育部,2010)。

随着社会各行业信息化水平的不断提高,师生对标社会信息化的发展,不断向学校提出新的教育信息化诉求。为了指导新形势下教育信息化的发展,2018 年 4 月 13 日,教育部印发了《教育信息化 2.0 行动计划》(教技〔2018〕6 号),该文件中的"2.0"体现了该计划是教育信息化在新时期、新技术条件下的升级版本。《教育信息化 2.0 行动计划》是在大数据、人工智能等新一代信息技术迅猛发展的环境下对"互联网＋教育"的总体规划,目的在于不断提升师生的信息化素养,提高师生使用信息技术的能力,增强学生的创新能力,以信息化促进我国教育现代化,从而实现我国从教育大国向教育强国的转变。

从 2010 年至 2020 年的 10 年时间里,全球很多机构研发、改进了多种智慧教学平台。总体上看,智慧教学平台有以下几种类型:大规模在线课程,即慕课(Massive Open Online Courses,MOOC)、小规模在线课程(Small Private Online Course,SPOC)、移动端智慧教学平台以及应用 VR/AR 的教学软件。我国也有自主研发的智慧教学平台,其中比较成熟的产品有清华大学在线教育办公室主持开发的"雨课堂"、北京大学主持开发的"课堂派"、超星公司开发的"超星学习通"、网易公司开发的"网易云课堂"、中华人民共和国教育部指导开发的"国家智慧教育公共服务平台"等。由于我国智慧教学平台研发较晚,且正值移动应用兴起之时,因此,相比较国际主流智慧教学平台,我国的智慧教学平台对移动端的支持反而更好。但与国外智慧教学平台不同,国内智慧教学平台都是封闭系统。

当前,人工智能、大数据、云计算等新兴 IT 技术发展如火如荼,并在很多行业获得了成功的应用。在这一大环境的推动下,从事智慧教学研究的学者和从事智慧教学软硬件产品开发的技术人员也努力将这些新兴 IT 技术应用于智慧教学平台的研究和开发中,不仅在理论上不断提高智慧教学平台设计的科学性和合理性,而且在实践上不断提高平台的功能和易用性,提高平台的智慧化程度。2018年4月,中国教育部发布的《教育信息化2.0行动计划》指出,人工智能、大数据、区块链等技术迅猛发展,将深刻改变人才需求和教育形态,并提出要从国家层面发布教育创新战略,设计教育改革发展蓝图,积极探索新模式、新产品、新技术支持下的教育教学创新(教育部,2018)。智慧教学平台通过大数据相关技术,可以全面收集课堂中的所有信息数据,能够有效提升课堂效率。智慧教学平台覆盖和使用的范围越来越广,形式更为灵活,不少平台已经不再局限于电脑端,各种移动端的设备都能使用,这给老师和学生都提供了便利。而且,智慧教学平台使用部门已经从最初的大学、高校,渗透进了高中、初中甚至小学,一些智慧教学平台能够为不同年龄段的学生提供有针对性的服务。

随着信息化在各行业应用的不断深入,社会组织对信息化的依赖程度越来越高,将信息化仅仅作为管理和服务工具已经无法满足组织发展的需求,越来越多的组织感受到数字化转型(Digital Transformation)的必要性和迫切性。数字化转型是信息化的一种更高级阶段,是从本源上将数字化与业务紧密融合,做到数字原生(Digital Native)和数字孪生(Digital Twin)。2020年5月13日,国家发展和改革委员会发布了《数字化转型伙伴行动倡议》,提出政府与社会各界联合,共同推行普惠的"上云用数赋智"服务,扩大和提升数字化服务供给的范围和深度,打造数字化企业,构建数字化产业,培育数字化生态(发展改革委,2020)。

在各方力量的推动下,教育行业也在多方寻求全面数字化转型的方向、方式、方法和突破口。2022年2月,教育部发布《教育部2022年工作要点》,明确提出全面实施教育数字化战略,建设国家级的"智慧教育公共服务平台"。3月1日,"国家中小学智慧教育平台"正式上线试运行;3月28日,"国家智慧教育公共服务平台"正式发布,"国家职业教育智慧教育平台""国家高等教育智慧教育平台"两大平台同步上线。国家智慧教育公共服务平台显著丰富了优质数字教育资源供给渠道,创新了供给模式,有助于应对疫情防控、服务"双减"落地、赋能职业教育发展、创新高校教育改革、促进优质均衡,将引发教学内容、教学方式、教育模式、评价方式等一系列变革,推动教育不断演进,助力重塑更加以人为本、开放、平等、可持续的教育新生态(杨宗凯,2022)。

4.2　智慧教学平台的主要功能模块

依据现代的教学理论与教学需求,一款比较成熟的智慧教学平台一般具有以下四个功能模块:系统管理模块、课程管理模块、协作交流模块和评价反馈模块。这些功能模块是根据课程在教学环节的具体实施过程划分的。在使用智慧教学平台的过程中,教师和学生可使用这些功能模块来完成日常教授和学习的任务。

4.2.1　系统管理模块

系统管理模块主要执行教务管理和教学管理的任务。教务管理主要是指系统管理员可以管理教师的账号、导入学生的基本信息以及创建或删除课程等。系统管理员在这个模块中还可以对平台的页面和相关参数进行设置,并对其他功能模块进行编辑和修改。教师则可以利用系统管理模块完成一部分教学管理的任务,平台会向任课教师提供花名册,这为日常管理学生提供了便利,花名册中主要包含修读课程学生的姓名、学号、班级、专业等信息。另外,教师还可以编辑课程站点的权限并设置学生允许访问的范围,这些功能使得教师能够更好地管理课程和整个班级。

4.2.2　课程管理模块

课程管理模块主要是为了方便教师上传教学资源并对其进行管理,学生可以在该模块中获取课程相关资料和信息。该模块主要由课程公告、课程内容、日程表、作业与测验等几部分组成。

教师在每周的课程开始前,可通过智慧教学平台发布公告,这样学生就可以知道每周课程的教学安排与任务。课程内容中包含了课程大纲、教学课件与教学资料以及与课程相关的参考书目等,这些内容都是围绕课程展开的。教师可自由添加或编辑有关项目,学生日常学习主要集中在课程内容中的教学课件与教学资料。教学资料的形式比较灵活,教师可以上传图文版或者视频版的课程讲解内容,也可以引入一些其他优秀教学网站的链接,供同学们自主选择。在日常学习过程中,学生需要完成教师布置的作业与阶段性的测验,并按时上传。日程表的主要功能是供教师安排上课时间以及布置作业和测验的截止时间。日程表的视图模式可以按周、天、月、年进行设置,也可以按事件列表并指定日期显示的范围。学生可以按照日程表中的时间安排,制订合理的学习计划。

4.2.3 协作交流模块

协作交流模块为学生创建了一个协作学习的环境,学习者之间相互交流并实现资源共享,这个模块主要由小组学习、讨论区与聊天室三部分构成。

很多课程需要小组讨论学习,学生可以在平台上自由组成小组,一起完成教师布置的小组作业。为了记录每周的学习成果,小组成员可以将成果上传到课程的电子公告牌(Bulletin Board System,BBS)或博客(Blog)。另外,小组成员之间还可以进行文件共享,使教育资源得到最大化的利用。在普通的大学课堂中,由于走班制、合班上课和分班上课等原因,在课堂之外,教师与学生在时空上很难有交集,因此,教师和学生极其缺乏课后交流,不利于学生的学业进步和个人成长。这种情况在智慧学习平台中有望得到一定的改善:智慧教学平台提供了在线的"协作交流模块",由于是网络平台,突破了时间和地点的限制,因此,学生可以在讨论区或聊天室中随时发布自己在学习过程中遇到的问题,教师也可以在合适的时候作答。这样,教师和学生就可以在时空分离的情况下,针对学生遇到的各种问题进行解答和讨论,既提高了学生的学习效率,也使教师更加明确教学过程的难点与重点。讨论区和聊天室的功能基本相同,只是讨论区的主题是由教师设定的,讨论范围理论上只限于任课教师指定的话题。

4.2.4 评价反馈模块

智慧教学平台的授课效果如何? 是否达到了教学目标? 学生对于教学效果是否满意? ……这一系列问题的答案在教学评价与反馈模块中可以找到。评价反馈模块中的数据记录与分析功能可以对教学的具体实施起到导向和纠偏作用。将学生在学习过程中产生的海量数据进行分析,使得教育信息变为可量化的数字存在,通过真实数据发现教与学的关系,是目前智慧教学平台性能提升的重要革命(魏忠,2014)。

评价功能主要包括教师对学生的评价、学生自我评价和学生相互评价。通过这种全方位的多元评价,有助于发现学生在学习过程中存在的真实问题,从而指导和引导学生有针对性地改进,进而提升学生的学习效率,并反作用于教师,帮助教师提升教学技能和教学效果。有别于仅通过日常练习和期末考试成绩来评估学习效果的传统方法,智能教学平台在教学过程大数据的支持下,可以对学生参与程度和学习过程进行全方位、全过程的评价,更具客观性。对教师和学生进行评价的依据是平台所提供的多维度数据统计结果,这可以明显提升课程评价的客观性、公正性与及时性。

智慧教学平台能够记录并反馈的数据包括课程资源上传和使用数据、学生访问平台数据、教师使用平台数据、师生互动数据等。通过对这些数据的分析,教师能够对学生的学习意愿、学习行为和学习效果进行更加科学、精准的评价。进行测验之后,平台可以根据答题情况,对学生存在的学习短板给出诊断,根据学生的答案提供个性化的反馈内容,指出其知识结构中的不足之处。教师则可以利用平台的统计分析功能,对教学效果进行综合评估,更加全面地了解学生的学习需求和学习难点,对下一步的教学计划做出及时调整。

4.3　国际主流智慧教学平台

目前,国际上主流的智慧教学平台主要有以下三种:商业化平台、开源平台和自主开发平台。常用的商业化平台的代表是 Blackboard,该平台以课程为核心,可提供全方位的教学服务,但是学校需要付费才能使用。开源平台使用最广泛的是 Moodle 和 Sakai,平台开放源代码,使用者可根据实际的教学需求进行二次开发,添加新的功能,具有较大的实用性和灵活性。自主开发平台则是指部分有实力的高校或机构有一些个性化的需求,为了更好地管理课程资源和教学过程,自己组织力量开发网络教学平台。例如,“中国大学 MOOC”就是由高等教育出版社和网易公司联合设计、开发的在线教育平台,它承接教育部国家精品开放课程任务,可以提供各个学科领域的知名大学精品课程,并支持大规模的在线学习。

4.3.1　Blackboard

Blackboard 平台最初来自美国康奈尔大学(Cornell University)的一个研究项目。1997 年,Blackboard 公司成立,专门从事 Blackboard 平台开发。Blackboard 是一款专门用于辅助课堂教学并提供交流互动的网络教学平台,可以支持百万级的用户访问,目前服务于 100 多个国家的 2 万余个机构,并且拥有美国80%以上的高等教育市场份额(Blackboard,2021)。Blackboard平台于2003年正式进入中国,国内有很多知名高校采用该平台作为教学资源管理平台。

Blackboard平台的主要功能模块包括教学信息组织与管理、教学资源管理、测试考试管理、在线交流等模块。教师可根据课程内容和课堂活动安排制定教学方案,将课程内容、作业、测验、讨论或其他教学活动有选择地发布给学生。教师也可在平台上提供文本、PPT、音频或视频等类型的学习资源,学生学习可以不受时间和地点的限制。由于采用了同样的底层结构,因此,部署了Blackboard平台的各个学校可以在校际共享课程、传输数据,这让数字化学习资源的跨校共享成为可能。

Blackboard之所以能在全球被广泛接受,主要是由于其功能丰富、容易操作,具有个性化的教学功能和强大的后台监控功能。首先,Blackboard平台界面直观、工具易用,教师不需要学习任何程序设计语言就可以快速、便捷地创建和管理课程;而且,教师或助教可以根据课程特点和授课对象特点,对课程界面、板块和内容等进行个性化设计。其次,Blackboard平台提供开放的应用程序编程接口(Application Programming Interface,API),开发人员可以根据课程需要加入新的功能组件,也可以与其他系统进行对接。最后,Blackboard的后台数据统计和分析功能也比较出色,能够真实地反映课程资源使用情况、学生登录系统、教学资源情况、课程各板块内容访问情况等很多细节,这些统计功能帮助教师清晰地了解学生日常使用教学资源的情况。

全球排行前200名的大学中,有70%以上正在使用Blackboard,其中包括美国的哈佛大学、耶鲁大学、普林斯顿大学,英国的牛津大学、剑桥大学等世界级学府。我国的北京大学、中国人民大学、北京师范大学、上海外国语大学等众多一流高校也是Blackboard的用户。

4.3.2 Moodle

Moodle是2002年由澳大利亚教师马丁·多格玛斯博士依据社会建构主义理论(Social Constructivist Theory)开发的一套免费的开源课程内容管理系统(Content Management System,CMS)。通过网络并依托该平台,学生不仅可以进行自主学习,而且教师与学生还能摆脱时空限制,在Moodle平台中协商、探讨、合作解决学习问题,为协作学习提供了良好的虚拟环境。

Moodle 平台分为三个模块，分别是系统管理模块、教师管理模块和学生管理模块。图 4－1 为 Moodle 的系统结构图。

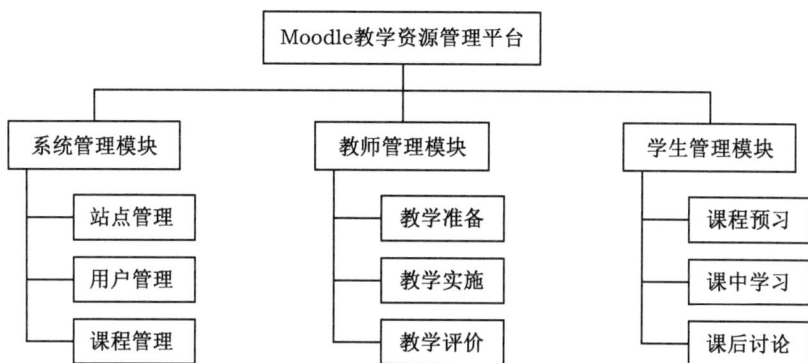

图 4－1　Moodle 的系统结构图

Moodle 平台的管理是通过"系统管理员"（Administrator，简写为"Admin"）和"一般管理员"这两个角色（Role）来实现的。系统管理员拥有整个平台的最高管理权限，他可添加或删除一般管理员、超级用户、教师和学生的账号，也可以对这些账号赋予不同的角色和权限。一般管理员的权限相对低得多，主要负责对教学平台的内容、风格、板块和课程用户进行管理和维护。

教师拥有对自己的课程进行管理的权限，教师可以开课，设定课程页面板块、内容和风格，上传各种格式和大小的学习资源（这些资源类型和大小也可以在后台管理页面中设置）；教师也可以在平台上布置作业、限定作业提交时间、收集作业并批改；对于一些需要讨论的知识点，教师可以在平台的讨论区专门设立一个板块或一个主题，与学生进行实时交互或通过留言的方式进行异步的在线讨论；系统也支持在线考试功能，教师事先在平台上录入试题，期末组织学生在线考试，客观题可以由系统自动批改完成，主观题还需要教师人工批改；教师还可以对课程进行备份或整体打包拷贝；教师可以在后台看到学生登录平台、查看和下载学习资源等情况，从而对学生的整体学习情况有更加全面的了解。

学生既可以在平台上查看、下载教师上传的各类教学资料，进行课前预习；也可以在平台上根据老师要求完成随堂测试或课后练习；在讨论区中，学生可以与老师或者与自己的同学自由讨论或留言，不断增强对知识点的理解。

Moodle平台的优势在于它的开源性以及易用性。Moodle遵循通用公共许可证(General public license,GPL)协议,这是一个开放源代码的自由软件。用户在不修改或删除原有许可协议的前提下,均可免费拷贝、使用和修改(李保华,2008)。Moodle平台支持"托拉拽"操作,非常简单和方便,教师不需要掌握任何程序设计语言就能创建和管理课程。Moodle平台在保证操作便捷的同时,具备了智慧教学平台所需要的全部功能,而且对于日常平台的安全性和稳定性也有保障。

使用Moodle平台的国外高校有英国的诺丁汉大学(The University of Nottingham)和格拉斯哥大学(University of Glasgow)以及美国加州大学伯克利分校(University of California,Berkeley)等。由于缺乏技术支持和生态环境,Moodle平台在我国高校的应用并不广泛,使用的高校也不多。2017年,上海外国语大学基于Moodle平台搭建了"E-learning多语种教学资源管理平台",支持学校的多语种教学(赵衍等,2018),并将BigBlueButton开源在线视频会议系统嵌入该平台,在平台上实现视频互动教学功能。

资料来源:赵衍,张文正,张志悦等.基于IPv6的多语种教学资源管理平台设计与实现[J].通信学报,2018,39(A01):13—21。

图4—2 上海外国语大学多语种教学资源管理平台

4.3.3　Sakai

2004 年,美国印地安纳大学、密歇根大学、斯坦福大学和麻省理工学院共同开发了 Sakai(Synchronized Architecture for Knowledge Acquisition Infrastructure)课程管理系统。Sakai 是一个开源的在线学习平台,功能强大,可应用于日常教学、科学研究和自主群体协作等活动。

Sakai 作为一款免费的开源教学平台,具有很好的开放性,能够方便地进行二次开发,使用者可以通过更改源码来实现自己所需的功能,也可以将其他开源功能模块插入平台,构建自己的教学资源管理站点。与同为开源教学平台的 Moodle 相比,Sakai 基于 Java 语言,所以具有一定的入门门槛和开发难度;但 Sakai 的优势在于,它具有更强的软件可重用性和稳定性(王咸伟,2013)。Sakai 的另一大特点则是协作性,Sakai 不仅仅局限于小范围的教学层面,由于它能根据环境的需求进行二次开发,所以使用范围更加广泛。目前,Sakai 不仅可以作为教学管理平台,为教师和学生提供虚拟教学环境和学习环境,还可以作为协作科研环境,为虚拟科研团队提供平台支持,促进知识共享和业务协作。由于在开发初期就充分考虑了国际通用性,因此,Sakai 支持大部分国际主流的数据标准,具有优秀的兼容性,经过简单的编程就可以与国际主流的数据库管理系统(Data Base Management System,DBMS)进行对接。

Sakai 平台能够提供符合现代在线学习形式所需要的绝大部分功能,共有四个核心管理模块,即课程资源管理、协作交流管理、学习评价管理和站点管理。四个模块将平台的功能进行非常明确的区分,减小平台管理粒度,从而能够实现更加灵活的授权,更有利于教师、助教、学生和系统维护人员使用和管理 Sakai 平台。Sakai 平台的管理模块与对应的具体功能如图 4-3 所示。

课程资源管理模块提供教学大纲和教学日历管理、课程资源管理、作业测试管理等功能,涵盖了教学正常开展所需的基本要件,教师可以在 Sakai 平台上公布教学计划的安排、完成教学资料的发布与管理、布置作业或课堂测试。

协作交流模块提供了通知和消息发布、聊天室创建与维护、在线论坛和站内信箱等功能。教师或助教可以在平台上发布与教学有关的通知消息;教师和学生可以就某个知识点创建聊天室,共同在线探讨;通过在线论坛,师生之间、学生之间可以即时交流或留言,对某个问题进行持续探究,且交流信息可以留存,作为知识库;站内信箱可以点对点发消息,保证交流的私密性。

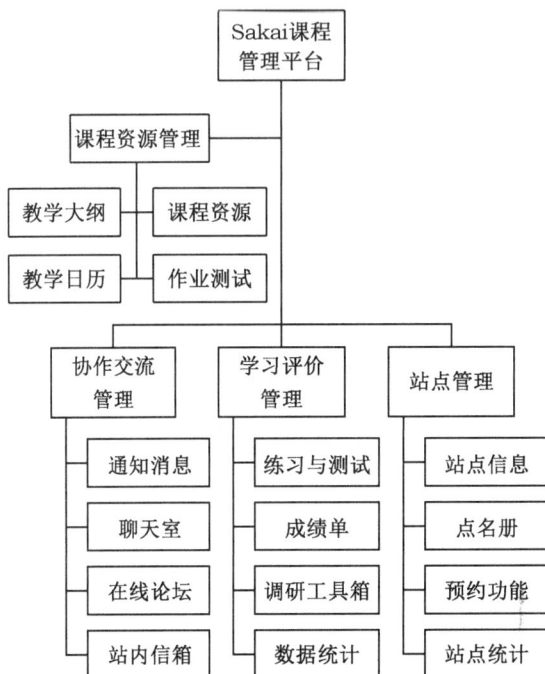

图4—3 Sakai平台的管理模块与具体功能

学习评价管理模块提供了练习与测试管理、成绩单管理、调研工具箱和数据统计等功能。Sakai在设计初期就考虑到利用平台中的数据进行更加科学的教学管理,因此,平台可以完整地记录用户在系统中的每一项活动。例如,学生的学习表现除了通过成绩单中的练习与测验成绩体现外,教师还可以通过平台记录的学生登录、点击、下载、观看等活动数据,分析学生的学习情况,及时调整教学方法和教学进度,并对每个学生进行更加科学、具体的评价。又如,平台中也记录了教师从事教学活动的所有行为数据,这些数据可以作为学校进行教师评价的重要参考。

站点管理主要包括站点信息管理、点名册、预约和站点统计等辅助性功能。除了这些主要的功能外,Sakai开源社区还汇集了很多扩展工具,比如在线视频会议、成绩单报表、挂科提醒等。Sakai在新版本迭代时,不仅会对现有版本进行升级,也会增加一些新的功能模块,不断完善平台功能。

在全球范围内,有数百所大学使用Sakai作为主要教学资源管理平台,比如密歇根大学、杜克大学(Duke University)、哥伦比亚大学(Columbia University)、名古屋大学(Nagoya University)等。我国的复旦大学、华东师范大学、天津大学、华中师范大学等也使用 Sakai 作为教学资源管理平台。

4.3.4　MOOC

大规模在线开放课程(MOOC)是"互联网＋教育"的产物,MOOC 通过互联网实现了课程的在线学习、在线互动、在线知识共享和在线考试,具有开放性、规模性、社会性等特点。

美国三大课程提供商 Coursera、Udacity、edX 成功推动了 MOOC 在全球范围内的快速推广和普及。2011 年,斯坦福大学计算机系教授安德鲁·吴(Andrew Ng)和达芙妮·科勒(Daphne Koller)创立了 Coursera,这是一家营利性的 MOOC 运营机构。Coursera 在公开发布时,平台上已经汇集了 500 余门课程,涵盖商务、人文、数学、医学、教育等学科。同年,斯坦福大学教授塞巴斯蒂安·特龙(Sebastian Thrun)、大卫·史蒂文斯(David Stevens)和迈克·索科尔斯基(Mike Sokolsky)创立了 Udacity,该平台属于垂直类 MOOC 平台,主要汇集科学技术领域的偏实践性课程。2012 年,麻省理工学院和哈佛大学联合创建 edX 非营利性质的 MOOC 平台,该平台采用开源软件架构,平台课程涉及的学科领域范围广泛,涵盖计算机科学、化学、公共健康、心理学、文化等。

2013 年起,在中国教育部的推动下,MOOC 平台在中国开始推广,国内的一些高校纷纷与国际主流 MOOC 平台建立合作关系。2013 年 5 月,清华大学与 edX 签约,成为 edX 的亚洲第一批高校合作伙伴。2013 年 7 月,上海交通大学和复旦大学与 Coursera 签约。除了与国外主流 MOOC 平台合作外,我国也开始建设自己的 MOOC 平台。2013 年 10 月,清华大学推出中国首个慕课平台——学堂在线(https://www.xuetangx.com),学堂在线也是教育部在线教育研究中心交流研究成果的平台。2014 年初,上海交通大学牵头建立了好大学在线(https://www.cnmooc.org),这是中国高水平大学慕课联盟的官方网站;同年 5 月,由网易云课堂与爱课程网合作推出的中国大学 MOOC(https://www.icourse163.org)正式上线,该平台是教育部的国家精品在线开放课程成果的重要展示平台。此后,智慧树平台、超星泛雅平台、慕课网等一系列 MOOC 平台相继上线。目前,我国已经形成多种营利性和非营利性 MOOC 平台共同发展的繁荣局面。

MOOC 作为智慧教学平台和智慧教学的一种形式,它与一般的网络教学平台或者移动端的智慧教学平台相似的是,MOOC 平台依托互联网突破传统课程时间与空间的限制,教师可以在平台上发布课程视频、布置课后作业与测验,学生可以自由选择时间学习课程,并且通过讨论区的交流,师生之间能够形成互动。而 MOOC 的不同之处与特殊性体现在以下两个方面:第一,MOOC 的开放性与规模性,MOOC 平台中的一门课程不是仅仅针对一所学校或者一个班级开展的,通过互联网可以分享给全世界的学生,学生们喜爱 Coursera、Udacity 和 edX 这三大平台的原因是,他们可以在这些平台上听到哈佛大学、斯坦福大学或者麻省理工学院等世界一流顶尖大学的教授所讲授的课程。正是由于 MOOC 的开放性,很多课程的学生规模非常庞大,突破了大学课堂中一个智慧教学平台对于一门课程所能承载的学生数量。第二,MOOC 平台是以课程为中心的,很多情况下不能满足学生的个性化学习需求,依托 MOOC 平台开展大规模网课教学,会忽略学生个性化的教育需求,因为课程设计者在设计课程时,主要以课程为中心,而不是围绕学生展开(高地,2014)。但是,对于一般课堂中应用的智慧教学平台,教师可以通过后台数据收集,获得学生阶段性的反馈,从而对教学方案和计划做出修订,尽可能依据学生的个性化差异做到因材施教。

4.3.5 Canvas

2011 年,美国 Instructure 公司开发了 Canvas 学习管理系统。作为新一代的智慧教学平台,它的出现改变了传统网络教学平台的发展方向。作为国际市场占有率极高的一款智慧教学平台,独特的云服务架构设计、简单便捷的教学工具整合功能以及强大的数据分析功能是它鲜明的特点。

Canvas 平台支持大量的教学工具应用,对互联网应用工具、社会化网络工具与多媒体应用工具进行深度的整合。师生可以轻松浏览 Canvas 平台中的工具库,根据自身的教学需要来嵌入使用。并且,Canvas 提供免费的移动端APP,教师和学生可以在自己的移动智能终端设备上随时随地使用 Canvas 学习管理系统。Canvas 平台的另一个特点就是数据分析功能,通过后台大数据的收集和分析,平台能为师生提供学习反馈信息和图形分析报告,这也为智能化教学和个性化学习创造了条件(黄德群,2013)。

Canvas 平台具备在线课程管理平台的基本功能,包括教学资源管理、师生在线交流、测评考核管理和系统管理四个模块。平台的 Canvas Studio 是新一代的在线视频播放平台,它将单向被动的视频课程转变为双向的讨论,允许师生通过视频和音频积极互动,从而在一定程度上减少了网络学习的低效率问题。Canvas 平台具有很好的兼容性,用户可以使用 MSIE、Chrome、Firefox 等浏览器来组织论坛、创建学习小组、进行在线测试等。另外,Canvas 平台拥有精准的量规和分级工具。平台自带的 SpeedGrader 可用来评定学生作业,并提供有意义的反馈。SpeedGrader 将评分准则和课程甚至培养项目级别的学习目标连接起来,自动将评分与成绩簿相关联。Canvas 平台还可以将学生、班级、学校之间的学习数据进行比较,提供精确的数据分析,使教师有针对性地控制和安排教学活动。

Canvas 平台因为其卓越的性能深受全球顶级高校的信任,包括美国的斯坦福大学(Stanford University)和西北大学(Northwestern University)、英国的伯克利大学(Berkeley College)和澳大利亚的悉尼大学(University of Sydney)等。我国的上海交通大学、上海财经大学等高校也在使用 Canvas 平台。

4.4　国内主流智慧教学平台

我国的智慧教学平台自主研发起步较晚,起初国内高校以引进国外的平台为主。21 世纪初期,Blackboard、Moodle、Sakai 等一批国际流行的智慧教学平台先后进入中国。2013 年起,MOOC 平台在我国发展起来,各大高校和互联网企业纷纷推出国内的 MOOC 平台,包括学堂在线、好大学在线、中国大学MOOC、智慧树等。随着移动设备的广泛使用,很多网络与科技企业研发了移动端的智慧教学平台,这些平台主要应用于课堂中的混合式学习以及翻转课堂的教学。在教育信息化 2.0 时代,我国智慧教学平台的研发重点已经转向人工智能、大数据、云计算与智慧校园这些领域,教师的教育理念和教学方式以及学生的学习方式将随着这些信息技术的运用产生新一轮的变革。

4.4.1　智慧树

智慧树是一个典型的 MOOC 平台,由上海卓越睿新数码科技有限公司投资创立,于 2009 年启动研发,2012 年 12 月正式上线运营。智慧树是全国大型的学分课程运营服务平台,它帮助高校之间实现跨校精品课程的共享和学分互认,并帮助学生完成跨校的选课修读。作为"中国东西部高校课程共享联盟"的服务运营商平台,智慧树平台累计开设联盟委托运营课程近 200 门,涵盖了全国超过 3 500 万名学生。①

智慧树的课程采用"线上—线下"混合式教学的方法,线上为教师提前录好的课程视频,学生能够自由选择学习的时间,很多课程会有线下的见面课,学生需要去指定的学校进行直播学习和小班讨论学习,这样可以把线上学习产生的问题带到教室,与同学和老师一起讨论(马金钟,2019)。智慧树将日常的学习进度作为成绩评定的一部分,包括参与课程论坛的讨论、分享学习的心得体会、完成单元测验等,这样可以督促学生认真完成课程的学习。在学期末,每位学生都需要完成期末考试,最终成绩合格者将获得学分以及课程修读证明。

智慧树的便捷之处在于它的一体化,它能提供从课程开发、课程管理、选课缴费、线上与线下学习到课程的修读证明与学分认证的全过程服务。而智慧树平台的特色就在于,它能够提供高校之间的学分认证,这是智慧教学平台赢得更多高校学习者的重要方式,对于优质课程的共享具有重大意义。为了提升日常学习的交互性与共享性,智慧树建立了各类以学生兴趣为导向的教学社区与社团,这使得学生可以轻松地获得课外的拓展资料,并提高学习的积极性。

4.4.2 雨课堂

雨课堂是学堂在线与清华大学在线教育办公室共同研发的一个智能教学平台,目前主要应用于高等教育领域,基于 PPT 和微信平台,所以非常便于教师和学生使用。除了实现传统在线教学平台的基本功能外,雨课堂还试图将大数据、云计算等前沿信息技术融入线上教学,为教学过程提供基于大数据分析的智能化支持。雨课堂的功能模块主要分为课程资源、课堂活动、管理用户和收集数据四部分。图 4—4 为雨课堂的功能模块。

雨课堂的主要特点就是实现了"课前—课上—课后"三者的有机联系。通过幻灯片同步的形式,课前分发预习材料,课中同学们可以进行弹幕式的讨论,老师则可以进行实时的课堂测验,并收集"不懂"反馈(王帅国,2017)。

雨课堂的理念创新点有两点:第一点是"双通道教学",即通过移动端设备

---

① 数据来源于智慧树官方网站,http://www.zhihuishu.com。

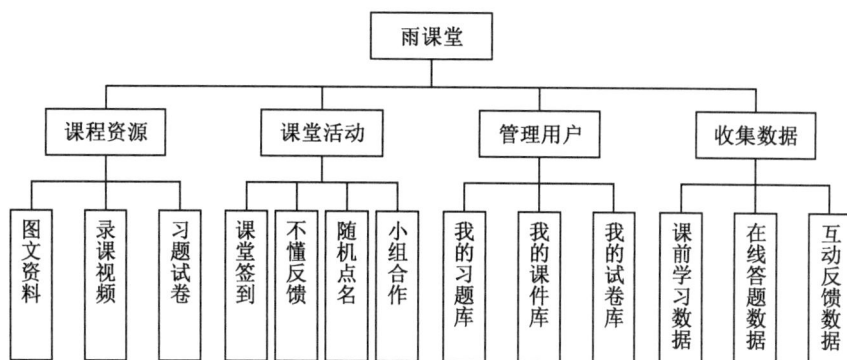

图 4—4 雨课堂的功能模块

和互联网,在教学过程中,建立同步和异步两条师生交流通道。同步教学就是指全体师生在同一时间共同参与并完成同一个教学行为,具有高度的一致性。而异步教学则更具灵活性,让学生能够个性化地完成学习任务。通过这个双通道教学模式,老师的授课可以更有效率,简单的问题可以让同学们独自讨论解决,重点与难点问题也能在课堂上一起同步讲解。第二点是通过大数据技术来进行教学数据的收集,由于雨课堂能够覆盖"课前—课上—课后"三个环节,所以能采集到翔实的教学行为数据。

4.4.3 国家智慧教育公共服务平台

为推进我国慕课的高质量发展,推动高质量网络课程的普及,解决各类学习者在网络学习过程中遇到的课程资源分散、数据不通、管理不规范等问题,2022 年 3 月 28 日,由中华人民共和国教育部指导、教育部教育技术与资源发展中心(中央电化教育馆)主办的"国家智慧教育公共服务平台"①(Smart Education of China)正式上线启动。该平台主要包括国家中小学智慧教育平台、国家职业教育智慧教育平台、国家高等教育智慧教育平台和国家 24365 大学生就业服务平台四个子平台。

其中,国家高等教育智慧教育平台是全球课程最多、门类最全的智慧教育平台,汇集了全国近 2 000 所高校的 2 万余门课程,覆盖 13 个学科 92 个专业。这些课程均由名师和著名学者参与设计并亲自讲授,其中不乏林毅夫、钟南山、

---

① 网址:https://www.smartedu.cn。

樊锦诗等院士的高质量课程。

国家智慧教育公共服务平台是一个为全国各类学习者提供高质量教学服务的国家级资源平台,该平台有利于缩小中国教育领域的"数字鸿沟",促进中国整个社会的教育公平,提升教育质量。此外,该平台还提供教学大数据的智能分析功能,为中央和地方教育行政管理部门和高校提供教学大数据的分析和研判。

第 5 章

智慧教室

著名教育家叶圣陶先生曾说过,"教育是农业,不是工业",教育是一个缓慢发展、缓慢变革的行业。因此,以计算机、互联网为代表的信息技术的发展虽然对人类社会产生了颠覆性的影响,但为教育领域带来的变革却是缓慢的,这也引发了著名的"乔布斯之问"(乔布斯,2011):"为什么计算机改变了几乎所有领域,却唯独对学校教育的影响小得令人吃惊?"但是,近十年来,信息技术对教育的影响开始逐渐凸显,教育教学信息化走上"快车道",其中,"智慧教室"(Smart Classroom)在我国如火如荼地进行建设就是一个例证。

教学是教育的核心,教室是学校实施教学活动的主要场所,课堂是教师传道、授业、解惑和师生交流的主要载体。在信息技术不断变革和重塑各行各业的今天,教室和课堂也在悄然地变化和进化。近些年来,随着云计算、大数据、物联网、人工智能等技术在产业界的成功应用和大规模推广,师生对教室的要求已不满足于上网、看投影、听声音等传统多媒体功能,大家期待最新的信息技术能够应用于教室,让教室变得更加"智慧",让信息技术能够全面支持课堂教学过程、教学管理以及教室管理。

其实早在 20 世纪 80 年代,就有国外学者提出了"智慧教室"的概念,但囿于技术、资金的限制和对建设绩效的争论,一直未得到大规模的推广和应用。2018 年,继四川大学大规模兴建智慧教室并获国家教学成果特等奖后,我国教育系统开始投入大量的资金研究、设计和建设智慧教室。自 2018 年以来,在教育部印发的各类文件中,也多次强调加强、加快智慧教室建设。例如,教育部在

2018 年 10 月 8 日印发的《教育部关于加快建设高水平本科教育全面提高人才培养能力的意见》(教高〔2018〕2 号)中,要求以学生发展为中心,通过教学改革促进学习革命,积极推广小班化教学、混合式教学、翻转课堂,大力推进智慧教室建设,构建线上与线下相结合的教学模式(教育部,2018)。

5.1 智慧教室发展历史

智慧教室属于"智慧教学环境"(Intelligent Tutoring Environment,ITE)的范畴,是近年来教育信息化领域的研究热点和建设重点,很多学者对智慧教室的相关理论问题和应用进行了广泛且深入的研究。由于概念较为广泛,因此,国外学者和外文期刊中对智慧教室尚没有统一定义,相关概念集中为"Smart Classroom""Intelligent Classroom"和"Classroom of the Future"等。对"智慧教室"的研究最早可以追溯到罗纳德·雷西尼奥(Rescigno,R. C.)提出的"Smart Classroom",这一时期对于智慧教室的定义主要是从设备的视角,认为智慧教室就是在传统教室中嵌入个人电脑、交互式光盘视频节目、闭路电视、VHS 程序、卫星链接、本地区域网络和电话调制解调器的教室(Rescigno,1988),与传统的"多媒体教室"并无太大差别。随后,一些学校对教室进行了智慧化改造,比如富兰克林(Franklin,1998)开发了芝加哥大学智能教学辅助系统,该系统运用摄像头和麦克风等传感器采集演讲者动作信息,并通过信息处理预判演讲者的意图以自动调整适应演讲者的后续动作,从而实现教师展示的高效性和学生接受信息的方便性,这一系统被称为"智慧教室"。富兰克林开发的这套智慧教室已经有了部分"智慧"的功能,具备了现代智慧教室的雏形。

进入 21 世纪后,智慧教室的相关研究和实践逐渐增多。例如,维纳尔等(Winer et al.,2001)在麦吉尔大学(McGill University)"智慧教室"项目的研究中,认为智慧教室的目的是通过基于计算机技术的硬件系统和软件系统提高教学质量,并设计了自主学习系统,学生通过访问该系统可以获取音频、视频和笔记,以便进行课后自主学习。石(Shi,2003)等认为,智慧教室是集合语音识别、计算机视觉和其他信息技术,提供真实教室体验的教学平台,而软件在协调整合不同模块硬件设施时起到关键作用,并专门为远程学习打造了相应的智慧教室。尹等(Yoon et al.,2003)认为,智慧教室可应用于小组合作学习,并为之设计了智慧教室方案,通过移动端个人电子助手随时监控学生的定位、声、光和动作,以便触发师生间的交流。

2008 年,美国的国际商用机器公司(IBM)提出"智慧地球"概念,认为传统的交通、医疗、零售、工业等行业在信息技术支持下需要逐渐转型,实现生产效率的提升、人员跨区域的交流和全球的互联互通。"智慧地球"概念的提出,代表着信息技术的应用更加广泛化和成熟化。"智慧地球"概念涵盖了人类社会的方方面面,教育作为人类社会的重要活动,对其进行智慧化具有重要的意义和广阔的发展空间(Palmisano,2008)。因此,"智慧教室"的概念中又陆续融入了在线教学平台、教室环境管控等内容。在"智慧地球"概念的引导和支持下,"智慧教室"的研究也呈现快速增长的趋势。这一阶段,部分学者对智慧教室的功能进行了新的探索,苏等(Suo et al.,2009)研究了智慧教室中远程教育的可拓展性和可伸缩性,在构建智慧教室应用程序的基础上试验了跨国跨文化远程教学互动,实现了开放网络下多种智能平台交融、平台内外的服务调用和移动用户端的轻松连接。这一时期,国外开始重视将智慧教室的理论研究与建设实践和产品开发相结合。

21 世纪初期,国内教学信息化领域的研究已经开始兴起,其中,"智能学习环境"或"智慧学习环境"是一个与智慧教室比较接近的研究方向。随着互联网走进教室,教室具备"网络学习环境"的特征,网络学习的课程设计和教学资源选择如果能契合学生的智能特长,将会促进学生全面发展(杨南昌,2003)。网络与多媒体教室的结合也称为"多媒体网络教室","多媒体网络教室"是传统教室向智慧教室过渡的重要一环,让学生能够摆脱传统教室的时空限制,并通过网络教育资源库共享教育资源(刘少华,2003)。此外,将各种信息技术应用于学习行为,形成"数字化学习"。与传统学习行为不同,数字化学习不仅支持以学习者为中心的学习,还支持师生间的教学互动,最终达到学习的自主化和灵活化(甘永成,2004)。当然,我国的这些早期研究并未突破多媒体教室和网络教室的局限,且基本停留于理论研究层面,极少经过实践检验。

5.2 智慧教室发展现状

进入 21 世纪后,随着信息技术的不断发展和人们信息素养的持续提高,对于智慧教室的研究走向深入。学者们对原有的智慧教室研究进行了继承、反思和修正,并在新理论和新技术的指导和支持下,提出了一些智慧教室研究的新方向。目前,对于智慧教室的理论研究主要体现在基本理论研究、设计研究、应用研究和评价研究四个方面(许亚峰,2015)。此外,智慧教室相关产品的设计和研发也是智慧教室应用研究的一个重要分支。

5.2.1 智慧教室理论研究现状

进入21世纪以后,随着教育信息化的深入发展,智慧教室的相关研究也得到了发展。近些年来,随着大数据、人工智能、物联网、云计算、虚拟现实等新兴IT技术的发展,这些技术在教育领域也逐渐取得应用和推广,"智慧教室"概念的内涵得到了进一步丰富,外延也得到了进一步扩展。相比较传统教室和传统多媒体教室,智慧教室有很多新的特点。杜利(Dooley,2010)在观察了一些"新型"教室后认为,设置了需要人工操作的单一技术工具的教室只是在传统教室的基础上进行功能扩展,本质上还是传统教室,并不能称为"智慧教室",真正的智慧教室必须能实现知识迁移和远程教学的教学目标,以及安全性、经济性、便于管理性等外在目标。在建设这种智慧教室的过程中,泛在计算、情境感知和沉浸体验技术的作用十分关键。李(Li,2015)认为,智能教室通常可理解为整合无线通信技术、个人信息设备、智能传感器和虚拟学习平台的高新技术教室。智慧教室强调的功能包括智能情景感知、远程学习、信息收集和纯正学习体验,并且能够为师生教学活动提供可变性和适应性。智慧教室具有影音呈现、信息交互等职能,安托纳(Antona,2011)将智慧教室的职能归纳为课堂影音捕捉、自动环境适配、课堂信息交互、辅助合作学习等。除此之外,智慧教室对学习者和施教者的活动具有促进意义,安托纳还认为智慧教室的建设导向是学生中心,即智慧教室需要满足和适应学习者个人的需求和学习风格。教室和教师在教学过程中起到辅助作用,为学生提供个性化学习方案,并极大地激发学生学习、求知、探索和创新的积极性。

近些年来,随着我国对教育质量愈发重视,我国教育信息化的重点从教育管理信息化转向教学信息化,对智慧教室的研究也逐渐丰富,其中一部分研究着重于智慧教室的概念整合和理论构建。聂风华和钟晓流(2013)等学者认为,由于"智慧教室"的内涵和外延一直处于发展中,因此,目前对于"智慧教室"并无统一、权威的定义。主流观点认为,"智慧教室"就是指为教学活动提供智慧应用服务的教室空间及其软硬件装备的总和,它是在物联网、云计算、大数据等新兴信息技术推动下的教室信息化建设的新形态。郭玉清(2012)认为,智慧教室是一种突破传统教室的增强型教室,智慧教室使学习可以随时随地完成,并提供了一种将硬件设备、云服务和物联网相结合的服务架构。然而,这几位学者对智慧教室的定义更多还是从教室功能的角度展开,"智慧教室"的本质还是教学,无论是智慧的硬件还是智慧的软件,最终目的都是提高教学效率和效果,因此,对"智慧教室"概念的定义还需更多地从教学角度展开。

因为智慧教室具有智慧性,所以智慧教室应该与传统教室有着显著区别。黄荣怀等(2012)认为,智慧教室的智慧性源于多个维度,智慧教室为智慧学习环境的创造和实现提供载体。与传统教室不同的是,智慧教室具有智慧性,这一智慧性主要体现在内容呈现(Showing)、环境管理(Manageable)、资源获取(Accessible)、实时互动(Real-time Interactive)和情境感知(Testing),这五个维度构成了智慧教室最重要的五个特征,也就是智慧教室的"SMART"概念模型。这一模型不仅分析了教学内容、教学资源、教学互动、教室布局和教学设备管理等问题,归纳总结了智慧教室的典型特征,还阐释了智慧教室设计中需要考虑的维度和应达到的要求,是中国在智慧教室研究领域较为完善的理论模型之一,对日后智慧教室的概念设计和产品设计具有重要的指导意义。

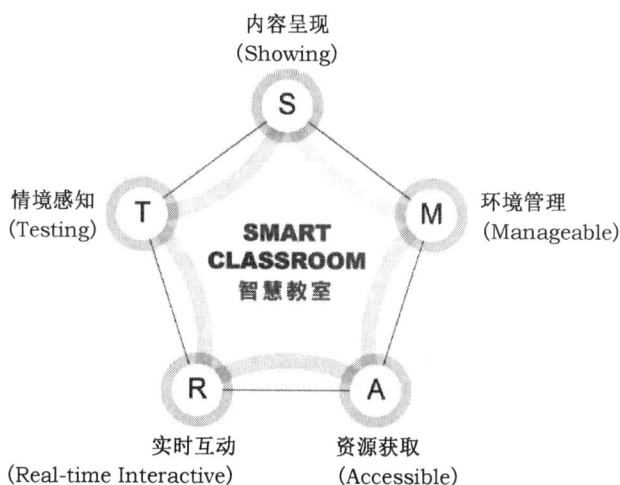

资料来源:黄荣怀,胡永斌,杨俊锋,肖广德. 智慧教室的概念及特征[J]. 开放教育研究,2012,18(2):22—27。

图 5—1　黄荣怀智慧教室"SMART"概念模型

在黄荣怀的"SMART"模型基础上,聂风华等(2013)又提出了智慧教室

"iSMART"系统模型,该模型将前人的五个维度拓展为六个系统,分别为基础设施(Infrastructure)、网络感知(Network Sensor)、可视管理(Visual Management)、增强现实(Augmented Reality)、实时记录(Real-time Recording)和泛在技术(Ubiquitous Technology)。这六个维度又分别有各自的子系统,各系统相辅相成地为学生和教师提供智能教学环境。

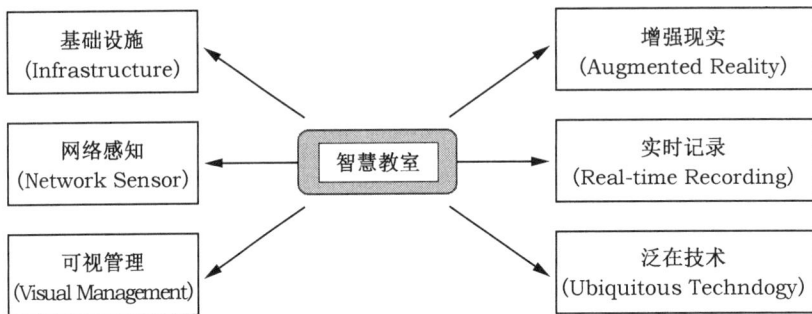

资料来源:聂风华,钟晓流,宋述强.智慧教室:概念特征、系统模型与建设案例[J].现代教育技术,2013,23(7):5-8.

图5-2 聂风华智慧教室"iSMART"系统模型

智慧教室的智慧特征形成和智慧系统建立离不开大数据技术、传感技术、富媒体技术等技术的支持,一些学者对智慧教室背后的支持性技术进行了研究。何克抗(2015)认为,在教育数据挖掘(Educational Data Mining,EDM)和学习分析(Learning Analytics,LA)等技术支持下,智慧教室的学习环境显示为记录学习过程、识别学习情景、连接学习社群和感知物理环境这四大典型特征,并能使教学过程的智能决策、智能实施和智能评价得以实现。也有学者将智慧课堂理解为"智能化课堂",认为智能化课堂主要是通过现代信息技术手段将课堂教育引入智能化发展阶段,智能化课堂的实现离不开大数据技术对海量课堂数据的挖掘和处理,并通过全过程学习评价和推送提供个性化学习服务,整个智慧课堂又因为云技术的支持得以实现打破时空限制的教学立体沟通交流(孙曙辉,2015)。当然,智慧教室也不离开传感器的支持,在传感技术、富媒体(Rich Media)技术等支持下建立起来的智慧教室,比传统多媒体教室拥有更先进的教室形态,它为教师和学生的决策提供更多信息资源,为学生的素质拓展提供更广阔的空间(祝智庭,2018)。

智慧课堂是传统课堂与信息技术结合的必然产物,智慧教室具有丰富的应用价值,为教学活动提供辅助。智慧课堂的应用价值主要集中于学习评价的动态实现、目标认知与教学设计优化、教学流程重组和教学方式变革。对于教师来说,智慧课堂实践的"准备""探究"和"行动"三个步骤必不可少(袁秀娟,2017)。对于学生来说,智慧课堂不仅能够加快、加深其对知识的理解,提高学习的效率和效果,更重要的是,在信息技术的帮助下,课堂教学更能培养和激发其创新、创造能力,提升其学习智慧和生命智慧。

在多种信息技术与课堂教学和教室管理越来越紧密结合的大趋势下,智慧教室的建设如火如荼。但是,目前智慧教室建设的重点仍然集中于智慧教室建设本身,而智慧教室的使用以及师生在智慧教室中的教学活动却没有得到应有的重视。针对这一现象,很多学者和教育界人士对我国智慧教室建设发展过程中存在的唯技术论的现象进行了批判,呼吁将智慧教室建设的思路回归到教学本身。赵衍(2019)批判了智慧教室建设过程中由厂商主导和设备堆砌的现象,呼吁高校的信息化管理部门和教学管理部门联手,将一线教师、教学管理人员和教室运维人员一并纳入智慧教室设计和建设团队,采用"并行工程"(Concurrent Engineering)的方法,设计、建设出真正符合师生教学需求的智慧教室。刘军(2017)总结了智慧课堂建设所存在的来自技术和资金方面的挑战,并综合提出现阶段智慧教室建设路径:课堂环境升级、课堂教学重建和学习历程优化。这些观点都为智慧教室的研究人员和建设者提供了新的设计和建设思路。

5.2.2　智慧教室设计应用研究现状

随着对智慧教室研究和建设实践的不断深入,新的智慧教室设计理念不断被提出,又不断被批判或改进,在实践中不断被证实或证伪,从而迎来新一轮的改进。通过这样不断迭代,智慧教室的概念和建设实践不断向前发展。目前,智慧教室设计主要由环境设计和功能设计两方面构成。

环境设计包含声、光、温、湿度等基础物理环境控制;功能设计包括教学模式、教学监督、教学互动等,许多学者的智慧教室设计便是从这一角度切入的。奇奥(Chiou,2015)将智慧教室分为教室环境、教师和学生三个组成部分:一是环境控制系统,旨在将教室的温度、湿度、光照和二氧化碳浓度控制在最适宜教学的状态;二是教学模式切换系统,旨在方便教师快速切换教学指令;三是学习行为监督系统,旨在提醒学生克服注意力不集中和不活跃等问题。陈卫东

(2011)等在结合国内外相关研究的基础上,针对智慧课堂所实现的课堂笔记自动化、课堂教学记录、学习协作、电气设备集成自动化功能和远程智能教学等功能,提出智慧教室的构建需要依靠分布式计算技术、交互电子白板技术和智能空间技术。之后,陈卫东(2012)等又从课堂环境和课堂"教与学"两方面对智慧课堂的设计和技术要求进行了完善。课堂环境设计包括声、光、温等教室的物理环境控制设计,也包括交互教学设备选配;"教与学"层面的设计主要指云学习支持系统,这一系统为教与学过程提供动态资源库和师生互动平台,也支持与教学过程相关人员的接入。智慧教室这两个层面设计的实现离不开物联网技术、多功能交互设备、人工智能技术、上下文感知计算技术、和谐交互技术等的支持。

智慧教室服务于教学活动,所以智慧教室的设计要与教学方法相结合才有生命力。目前,有些智慧教室的设计已经注意到了这个问题,将一些成熟的理论框架运用到智慧教室的环境设计、功能设计和教学过程支持。许亚锋等(2018)将 PST(Pedagogy-Space-Technology)框架引入教学空间设计,该框架强调教学法、空间和技术这三个因素的相互联系和制约。正因为教学法对教育空间和教育技术有指导作用,所以,未来教室的设计应当适应教学的时代背景和人才培养目标,教室设计的方向将倾向于交互合作学习和体验探究学习。并且,教学空间能够体现包容性、层次性、多样性等特征。除此之外,许亚锋还对教室的空间规划、物理环境和服务、陈设和智能技术的整合等层面进行具体分析,并提出了相应的设计要求。

智慧教室的应用设计除了从物理环境因素和教学活动导向切入,还可以从使用者心理因素角度切入。课堂环境包括物理和心理两方面,所以,课堂环境的设计应当秉承以学习者为中心的思想、以互动为核心的理念,将先进性、友好性、兼容性等九大原则纳入其中。最终课堂的呈现是以多屏学习展示环境、泛在网络支持环境、可移动开放环境和集中后台服务环境所构成的四位一体综合教学环境(叶新东等,2014)。有学者认为,智慧教室的设计重点也可以是教学展示;赵(Chao,2014)及其研究团队将动作传感器和三维立体成像技术相结合,为师生教学活动提供便利,方便学生理解平面图形难以解释的知识点。

由于智慧教室建设规模较大,一些学校动辄投入几百万元甚至几千万元建设几十间甚至几百间智慧教室,因此,也有学者从智慧教室的实现手段和建设成本角度对智慧教室的设计进行优化,力图用更少的建设成本实现更多、更具个性化的功能。赵衍(2019)认为,智慧教室的"智慧"主要体现在后端和软件上,而不是屏幕等硬件设备的叠加。他将点名签到、教学互动、课堂录制、教学管理等功能全部通过软件和云平台实现,需要时再进行封装和前端展现,这样既增强了系统的可扩展性和可复用性,又大幅度降低了系统建设成本和维护成本。

5.2.3　智慧教室评价研究现状

智慧教室一般投入不菲,在中国近几年的智慧教室建设中,单间建设成本少则二三十万元,多则上百万元,但对教学活动的支持效果如何? 智慧教室投资绩效如何? 这些都是建设投资方迫切想要知道的问题。因此,对智慧教室建设绩效进行科学的评价是智慧教室研究领域的另一个研究方向。

斯科菲尔德(Schofield,1994)在智慧教室建设的萌芽阶段,就已经尝试对教室中智慧设备和系统的使用效果进行评测。他通过定性分析认为,与单一教师教学相比,基于人工智能的计算机辅助教师的加入能够为学生提供额外资源,并增强学生隐私且减少互动尴尬。伊卡恩等(Ika et al.,2011)对以色列 6 所初高中智慧教室当中交互白板和通信软件等智能信息设备和软件的使用效果进行研究。研究结果显示,电子交互白板揭高了学生的积极性和教师的操作技能,但同时也会加重教师的操作压力。因此,伊卡恩认为,既要肯定智慧教室对教学交互的促进作用,也要注重对教师操作的前期培训和指导。这些评价基于实际教学活动,其结果更能体现出智慧教室对教学的影响。

对不同教学目标进行评价是提高教学质量的重要途径,其中情感、知识能力和过程方法三个方面构成了评价的基本结构(孔企平,2014)。在智慧教室的评价研究中,国内学者将教学评价体系引入其中。为了更好地满足信息化教学模式评价要求,范福兰等(2015)提出了 APT 教学模型,其中包括评价手段(Assessment)、教学方法(Pedagogy)和技术工具(Technology),在以智慧教室为载体的智慧课堂教学过程中,这三个方面都能在现代化信息技术和信息网络设备的支持下工作。范福兰(2015)指出,针对课前、课中和课后三个不同教学阶段,应当运用相应的评价方法,特别是对于课堂形成阶段的评价往往运用电子档案、课堂应答系统等信息化技术手段实现。张屹(2016)利用上述 APT 模型对智慧课堂中的数学教学行为和教学效果进行评价,发现移动智慧教学对比传统课堂在促进学生成绩提升方面的效果更明显。目前,国内对智慧教室的评价主要集中于对教学效果的评价,而且主要集中于义务教育阶段的课堂评价,缺少对智慧课堂建设硬件和软件等外在支持条件的评价,也缺乏高等教育阶段智慧教室应用效果评价的相关研究。

5.2.4 智慧教室产品开发现状

随着智慧教室研究的不断深入,与智慧教室相关的产品开发也逐渐繁荣起来。从产品形式上划分,智慧教室产品有硬件和软件两种:硬件产品主要包括智慧大屏、智慧中央控制器、摄像头、远程终端、录播设备、网关、物联网感应设备等;软件产品主要包括在线教学资源管理平台、网络直播平台、教学互动平台、资源库、教室集中管理控制平台等。从产品功能角度划分,智慧教室的产品开发主要集中在教学资源支持、教学过程互动、教学效果分析和教室环境管理四个领域。

(1)基于网络平台的教学资源支持。支持教学的网络资源平台有多种,功能也不尽相同,总的来看,可以分为开源平台和厂商封闭平台两种。开源平台以 Moodle、Canvas 等为代表,学校如果有技术实力的话,可以自己利用开源平台搭建教学资源管理平台;也有些公司依托开源平台,为用户提供平台部署、调优、数据和系统对接、二次开发等服务,公司收取一定的服务费用。厂商自主研发的平台则林林总总有很多,功能也不一而足,而且相对比较封闭,在系统对接、二次开发、长期运维等方面存在一定的不便和风险。

(2)基于各种系统的教学过程互动。在教学系统和网络的支持下,智慧教室有了网络互动教学功能,一些学者对此展开了研究。英国雷丁大学图利奥等(Tu'lio et al. ,2005)率先研究了课堂中学生的交互行为;美国亚利桑那州立大学的学者对平板电脑在课堂互动教学和小组合作学习的效果进行了研究。当前,虽然大部分智慧教学产品支持课堂互动教学,但实际使用效果还有待检验。

(3)基于过程数据的教学效果分析。各种教学平台上记录了学生登录、签到、点击、下载教学资源、课堂互动、练习、考试、录像和录音等海量的教学过程数据,这些数据忠实地记录了教师教学和学生学习的全过程,对这些数据的分析能够客观地再现教学效果。但是,由于教与学的过程是极其复杂、多变量参与互动的动态过程,需要收集哪些数据? 如何收集? 这些都是非常棘手的问题。而且,教学过程涉及太多变量,数学模型难以设计和构建。因此,目前这方面的定性研究较多,而定量研究成果非常稀少。

(4)基于物联网的智慧教室环境管理。智慧教室的环境管理不仅要实现对设备的统一管理,还要实现对教室环境的智能化管理。教室环境主要包括教学设备、照明、温度、湿度和空气质量等。现有的教室环境管理系统可以通过物联网设备对教室内的光照强度、温度、湿度、二氧化碳浓度、PM2.5 浓度等环境指标进行监测,并与相关控制器联动,实时、精确、智能地控制教室内的设备,智能化地调节和控制相关环境指标。基于物联网的教室环境管理提高了教学环境管理的精准度和人性化程度,提升了教学环境服务质量,同时减少了教室运维管理人员的工作量。但是,目前尚缺乏物联网在教室管控效果和绩效方面的定量研究。

5.3　国内外智慧教室建设情况

智慧教室在大、中、小学校园内的出现是教育信息化的发展进入新阶段的体现,美国等发达国家在智慧教室建设领域的探索比较早,为其他国家智慧教室的建设积累了一些前期经验和理念,相关框架和规范也为其他国家智慧教室建设提供了借鉴。我国虽然在智慧教室领域的研究和建设晚于一些西方国家,但从 2018 年开始,我国教育系统在总结国外建设经验的基础上,结合我国教育自身的特点,大力推进智慧教室建设。因此,从 2018 年开始,我国教育系统的智慧教室建设进入爆发式增长阶段,很多学校投入千万元甚至上亿元用于各种智慧教室建设项目,并在此过程中积累了大量的建设经验。

5.3.1　国外智慧教室建设情况

国外智慧教室的建设从智慧教室相关建设理论规范的发展和智慧教室建设实践两方面共同开展。智慧教室建设理论规范为智慧教室建设实践指明了方向,而智慧教室建设实践经验也加快了智慧教室建设相关理论的丰富和完善。

(1)国外智慧教室建设理论发展

教育领域在信息技术普及之前,师生面对面授课、板书教学等方式是被普遍接受的传统教室教学模式。信息技术的发展对原有的教育理念和教学模式产生了冲击,在一些西方国家,从 20 世纪 80 年代开始,基于信息技术的智慧教学理念和智慧教室建设思想开始出现。

　　智慧教学理念是对传统教学模式改革的思考,是对未来智慧教学的构想。美国学者普林斯基(Prensky,2005)指出,当代的学生是在新技术背景下出生和成长的一代人,传统的教育系统已经无法完全适应这一代人的教育需求。让学生倒退接受原来的教学模式既不合理也不现实,因此,教师需要改变教学方法和教学内容,将数字技术工具,比如计算机辅助设计(Computer Aided Design,CAD)等引入课堂教学。在联合国教科文组织实施的一项对韩国智慧教育的研究中,韩国学者认为智慧教育最大的特点就是教学活动的智慧化定制,而这一定制化的实现一定程度上依赖于教室形态的改变。韩国建设智慧教室的思路之一是电子教材的开发和线上课堂的建设,这种智慧教室模式具有自主性和适应性的特点,从2002年开始在韩国教育领域投入实践(UNESCO,2012)。

　　智慧教室建设规范包括对新型教室和教学模式的评价以及新型教室的建设规范。美国公共电视网(Public Broadcasting Service,PBS)曾对数字教室试点的教学效果进行评估。评估过程从技术经验、教学内容、课程规划和课堂实践四个方面展开,这四个方面涵盖课堂管理、学生技能、设备使用、可访问性、课堂合作和教师主导性等(Pasnik et al.,2003)。该评估的第一阶段注重教室硬件,第二阶段注重教学应用,为后续的智慧教室评估提供了很好的借鉴。美国洛杉矶社区学院(Los Angeles Community College District)为规范校园管理,对包括教室设备在内的校园内几乎所有设施制定了一整套的基础规范①,该规范从教室建设一般要求、基础设施、音视频设计注意事项、学习空间划分、教室管理、教师培训等方面都给出了参考规范,这一套规范对国外初期的智慧教室建设具有一定的指导意义。

　　(2)国外智慧教室建设实践

　　在国外学者开展智慧教室理论研究的同时,一些学校也开始进行智慧教室建设探索,主要集中在大学。比如加拿大麦吉尔大学、美国西北大学和英国埃塞克斯大学(University of Essex)等。

　　2001年,加拿大麦吉尔大学开展智慧教室建设项目,其中,硬件设备的安装是建设重点。这些硬件设备包括电子白板、投影仪、麦克风、摄像机等影音设备,以及扩音系统和灯光系统等物理环境设备。这些设备可由控制面板集中控制(Winer et al.,2002)。与传统教室相比,麦吉尔大学的智慧教室具有更加丰

---

　　① 洛杉矶社区学院官方网站:https://www.laccd.edu/Departments/Facilities/Pages/Standards_and_Guidelines.aspx。

富的影音呈现和更便捷的设备控制等功能。

美国西北大学智慧教室建设的重点则是教室的软件支持。除了麦克风、计算机、摄像头等基础硬件设备外,西北大学智慧教室还配备了教学活动所需的软件,这些软件支持包括网络视频支持软件以及 SPSS、SAS、MATLAB 等一系列与专业教学相关的计算机应用软件,为远程教学和计算机智慧教学提供便利。此外,西北大学还注重智慧教室操作人员的培训,使他们能够适应更新的教学设备,因为智慧教室的管理也是智慧教室建设项目中非常重要的一环。

英国埃塞克斯大学的智慧教室项目被称为 iClassroom,自 2011 年开始建设,建设目标是促进知识传播和实现沉浸式远程教学(Dooley et al.,2011)。在硬件设备上,除了常见的投影仪、交互白板、触摸显示屏、多人通话麦克风外,埃塞克斯大学的智慧教室还使用了皮肤电反应传感器、心率检测器和座位传感器等,以帮助教室使用者在教室环境中获得舒适的体验。这说明智慧教室建设除了考虑教室对学习活动的促进作用外,也开始注重教室参与者的身心体验。

智慧教室既能实现更高的教学目标、提升教学效果,又能提升用户体验。国外的智慧教室建设从硬件和软件两方面出发,将现代化信息技术与教学实践相结合,实现了教学内容多样化和远程教学,为国内的智慧教室建设提供了宝贵的经验。

5.3.2　国内智慧教室建设情况

21 世纪国与国之间的竞争是人才竞争,而人才竞争的关键是教育竞争,因此,中国政府将教育提升到国家战略高度来看待。为提高教育质量,特别是高等教育质量,中国政府多次发文,要求从管理、制度、技术等多方面提升教育水平和教育质量。而智慧教室是提升教育水平、提高教育质量的最重要场所和依托,因此,我国教育管理部门也格外重视智慧教室的建设。智慧教室在我国发展经历了以下三个阶段:

(1)萌芽阶段

2000—2010 年是萌芽阶段。2002 年,教育部发布了《教育信息化"十五"发展规划(纲要)》,指出:"目前全国已有 70% 左右高等院校建立了不同层次和规模的校园网,网络已连接到校内的主要办公楼、教学楼、实验楼、图书馆,建立了网络中心和多媒体教室,利用校园网开展了远程教学、数字图书馆、办公自动化、教学教务管理、后勤管理、网络课程和教学资源开发等应用项目"(教育部,

2002)。这显示出,中国在 2002 年已经有大部分学校具备基础网络条件,教室与信息技术的结合已经具备了技术基础。

这一时期,我国高校开始大规模建设多媒体教室。与传统教室相比,多媒体教室具有以下优点:教室内的多媒体系统与校园网络连接,教师在课堂教学中能及时调用互联网资源,这在一定程度上打破了传统教室教学资源边界(周纲等,2001);多媒体教室能够实现生动的影音效果,对教学内容的呈现更丰富多元且方便快捷。部分学校的多媒体教室功能不再是单一的影音放映和内容呈现,而是集控制、监控、广播和安防于一体的多功能教学环境(龚理专等,2010)。

在这一时期,虽然真正意义上的"智慧教室"还没有出现,但教室普遍实现了多媒体化和网络化,师生也逐渐习惯了将信息化设备和软件应用于教学,信息素养得到提高,这为后续的智慧教室建设奠定了良好的基础。

(2)初步发展阶段

2011—2015 年是初步发展阶段。2011 年,教育部颁布了《教育信息化十年发展规划(2011—2020 年)》,指出:"完善教育信息网络基础设施,加快中国教育和科研计算机网(CERNET)、中国教育卫星宽带传输网(CEBSat)升级换代,建立国家教育云服务模式,建立优质数字教育资源和共建共享环境"(教育部,2011)。这表明,网络化、云服务和资源共享成为未来十年教育信息化发展的目标。

在这一阶段,教育系统内的一些学校开始试验性地建设智慧教室。2012年,广东省广州市越秀区东山培正小学将原有的两间多媒体教室改造成为"云环境智慧教室"(朱婉平,2014)。2015 年,山东省烟台市珠玑小学在原有传统多媒体教室的基础上,运用云计算和物联网技术将多媒体教室教改造为智慧教室(李昕原,2015)。2015 年,岭南师范学院运用网真技术将实体教学空间和虚拟网络空间进行结合,实现远程智慧教学功能,打造"未来教育空间站"(张子石等,2015)。

这一时期,我国智慧教室建设虽然规模不大,且大多建立在对传统的多媒体教室的改造升级之上,具有很强的探索性质,但是,在建设思路上,我国并没有简单照搬外国的建设经验,而是根据中国的国情和教育发展的实际情况,建设符合我国教育实际需要的智慧教室。当然,由于理论、技术和资金的限制,这一时期的智慧教室功能并不全面。

（3）快速发展阶段

2016 年至今是快速发展阶段。2018 年,教育部印发了《教育信息化 2.0 行动计划》,要求:"大力推进智能教育,开展以学习者为中心的智能化教学支持环境建设,推动人工智能在教学、管理等方面的全流程应用"(教育部,2018)。智慧教室作为典型的智慧教学支持环境,是学校进行教学基础设施建设的主要内容。同年,教育部还印发了《2019 年教育信息化和网络安全工作要点》,要求:"中小学宽带接入率达到 97％以上、出口带宽达到 100Mbps 以上,并探索采用卫星通信等多种技术手段实现学校互联网全覆盖"(教育部,2018)。网络是智慧教室硬件设备和软件系统运行的基础,网络接入速度和质量都有了保障,中小学智慧教室建设就有了可靠的网络基础。

2020 年 9 月,国家标准化管理委员会发布了《信息技术(学习、教育和培训)智慧环境:智慧教室》国家标准。教育行业各协会也纷纷制定和发布与智慧教室相关的团体标准。例如,中国教育技术协会制定并发布《智慧教室建设技术要求》团体标准;北京市高等教育学会制定并发布《高等学校智慧教室建设技术要求》团体标准;等等。国内学者黄荣怀、陈卫东、许亚峰等人也相继提出了智慧教室建设标准及相关框架。这些标准和框架被广泛接受,并被实践者在智慧教室的设计和建设中进行融合,推动了智慧教室建设的规范性和科学性。

国内在这一时期进行智慧教室建设的主要案例有:2016 年,上海交通大学对 8 间传统教室进行改造,具体采用物联网、人脸识别和大数据等技术,实现了传统教室向真正意义上的智慧学习环境的转变;2019 年,北京语言大学基于黄荣怀(2012)提出智慧教室"SMART"模型设计并建设智慧教室(孙飞鹏等,2019)。

早在 2012 年,四川大学就启动了"智慧教学环境建设工程",先后投入 2 亿多元人民币全面推进"教室革命",以"互动、智能、开放、多样"为指导思想,打造"手机互动教室""远程互动教室""灵活多变研讨教室"等 7 种类型的智慧教室共计 400 多间。四川大学的智慧教室建设实践主要从空间环境设计和技术环境设计两方面进行。空间环境运用设计学和心理学理论,对教室的色彩、气味和容量进行改造,且将教室的布局重组以适应不同学习场景下学习者的需求;技术环境设计从细节出发,比如将教室控制界面简化,便于使用者操作,提供教学数据分析功能,满足互动教学的信息反馈需求(崔亚强等,2020)。2018 年 12月 27 日,四川大学依托其大规模智慧教室申报的"以课堂教学改革为突破口的一流本科教育川大实践"项目,获高等教育国家级教学成果奖特等奖。

上海外国语大学的智慧教室建设方案选择避开了"大而全"的传统模式,转向满足教学活动真正需求的"可定制"智慧教室模式(赵衍,2019)。在"可定制"思维的指导下,上海外国语大学智慧教室功能主要有点名签到、课程资源管理、课堂互动、在线答题考试、远程督导等,这些功能和具体课堂需求相匹配,避免了智慧教室功能冗余,提高了教室的使用效率。

这一时期的智慧教室建设情况相比前两个阶段有了新的特点:智慧教室在规划和设计初期便有了成熟的架构和建设思路,每个智慧教室的建设框架都有清晰的模块和系统区分;智慧教室建设的模式多变、种类多样、功能多元;智慧教室的设计更具人性化,更注重教室的整体设计,更适应教室使用者的实际需求。

我国智慧教室建设经历了萌芽阶段、初步发展阶段和快速发展阶段。在这一渐进过程中,智慧教室建设重点从单一多媒体系统搭建到注重教室功能多元智慧化,教室的智慧性得到不断提升。

5.3.3 智慧教室建设面临的困境

智慧教室是教育信息化和教育现代化的具体表现形式之一,是一种全新且仍处于快速发展中的事物。一方面,虽然智慧教室概念的出现只有 30 余年的时间,但目前已经进入快速发展期;另一方面,虽然智慧教室的建设如火如荼,但是,在智慧教室的建设过程中也出现了一些误区和困境,归纳起来主要有以下几点:

(1)重硬件、轻软件

根据《2018—2023 年中国智慧教室行业解决方案与投资规划分析报告》,2017 年中国智慧教室市场智能硬件出货量超过 82 万台,市场规模超过 4 千亿元人民币,2023 年整个智能硬件市场规模将超过 8 千亿元人民币。智慧教室的硬件需求和供给呈现强劲上升趋势,但是相比之下,智慧教室软件发展程度和势头较弱。一方面,厂商推出的软件产品较少;另一方面,学校在智慧教室改造或建设过程中存在重硬件、轻软件的取向。究其原因,主要有两个方面:一方面,硬件产品是按台数销售,软件则是按"套"或者"授权"销售,在卖出数量和价格上,硬件比软件更有优势,利润更高,且硬件更容易形成竞争的技术(参数)壁垒;另一方面,为显示建设成果,学校也更愿意多采购有形的硬件,而不是"无形"的软件。

（2）教育系统缺乏方案，厂商主导市场

近些年来，中国教育部发布了一系列鼓励教育信息化建设和智慧教学环境建设的文件，比如《教育信息化十年发展规划（2011—2020 年）》等。但是，由于缺乏明确的需求场景和专业的研究团队，学校的智慧教室建设团队成员一般也不是从事教学的专任教师，这就造成学校往往提不出明确的智慧教室功能需求。而各厂商已然发现智慧教室的巨大商机，为了抢占未来市场，急于推出多种智慧教室硬件设备和软件系统，这导致生产厂商成为智慧教室市场的主导者。厂商的逐利趋向造成市场上相关概念炒作横行、产品质量良莠不齐，学校被厂商牵着鼻子走，产品适用性差，这从长远来看很不利于市场的发展。

（3）智慧程度不足

智慧教室的智慧性体现在内容呈现、环境管理、资源获取、实时互动和情境感知五大方面（黄荣怀等，2012）。但是，现有的许多智慧教室的智慧性较为单一，智慧程度较弱。一些学校急功近利，将智慧教室的建设止步于多媒体教室建设（殷斌，2018），认为教学内容呈现环节的多媒体设备堆砌就等同于智慧教室建设。这些"智慧教室"事实上难以被称为真正的智慧教室。甚至很多智慧教室为了体现"智慧"，在自动灯光控制、自动窗帘开合、自动通风系统等方面大做文章，本末倒置。

（4）教学过程分析和效果评价缺乏

目前，智慧教室更注重教室多媒体设备更新、教室空间和环境改造、教学过程中的工具支持和教室的智能化管理，却忽略了教学过程数据分析和教学效果评价。这主要是由于目前智慧教室厂商缺乏科学有效的数据采集手段、数据分析方法和数据挖掘模型的支持。教学过程是一个极其复杂的互动过程，采集什么数据、如何采集数据、如何建模、如何分析……每个问题都是一个研究领域，每个领域都需要花费大量的力气去研究和探索，且当前任何一个领域的研究都非常不充分。

（5）产品兼容性差，整合困难

智慧教室是未来教室的发展方向之一，有广阔的市场前景，各类型软硬件厂商纷纷切入该市场，竭尽全力抢占市场，竞争异常激烈。在这种竞争环境下，各厂商之间鲜有合作，各自封闭自家产品，这必然会导致来自不同厂家的产品之间兼容性差，难以整合。对于使用智慧教室的学校来说，不同品牌产品不兼容的情况会缩小学校的设备选择范围,加大已购设备的整合难度,最终造成"锁定效应"。如果学校自己没有技术过硬的工程师或者合作厂商,就很难对这些设备进行有效整合,最后的结果就是学校被少数厂家"锁定"和"绑定"。

(6)使用率和使用效果不佳

虽然智慧课堂项目被越来越多的学校纳入办学基本条件改善的范围,并且有一些学校已经将智慧教室正式引入课堂教学,但是,智慧教室的使用率和使用效果并没有达到校方预想的水平。其中原因有很多,从客观角度来看,很多智慧教室产品生产厂家"闭门造车",未充分调研实际需求,也未充分考虑实际使用场景,造成产品易用性差、用户体验差;从主观角度来看,学生和教师习惯于传统的教学模式和教室格局,使用智慧教室将会在一定程度上改变甚至颠覆目前的教学方式、方法和内容,重新制作一整套适合智慧教学的教材将耗费大量的时间和精力,也需要一个比较漫长的过程。以上各种客观和主观原因的综合,造成目前对智慧教室建设使用"一头热"的现象:公司和学校管理者热情很高,但一线教师和学生却反应冷淡。从产品设计的人性化角度来看,好的智慧教室产品应该是"无形"的,即在不改变教师和学生现有的教学和学习模式的情况下,"默默地"帮助教师提高教学效率,帮助学生提升学习效果,使用起来应该是极其便捷的,不需要太多额外的甚至专门的培训。显然,目前的智慧教室产品还远远达不到这个要求。

5.4 智慧教室硬件支持

硬件设备是智慧教室各项智慧功能的载体,智慧教室的硬件支持可以大致分为三类:教室基础环境设备、支持师生交流的交互设备和信息采集设备、为智慧教室各项设施提供连接的网络设备。

5.4.1 教室基础环境设备

教室基础环境设备的选择目标是使教室环境符合教学特点,适宜学生身心健康发展,智慧教室硬件为安全舒适教学场所的建成奠定基础。为了实现这一目标,智慧教室基础环境需要兼顾声、光、温、湿度、空气质量和课桌椅的选择。

教室的听闻条件是教室设计需要考虑的因素之一,音量过大影响学生听力,音量过小或噪声过强影响听讲效率(李运江等,2008)。智慧教室的建设应当充分考虑教室声音条件,采用音量适中的音响设备并铺设吸音材料以减小噪声。

青少年近视的形成与多种因素有关,采光照明是其重要影响因素之一,过强和过弱的光线都会对视力造成损害(中国医学装备协会,2016)。智慧教室需要对教室光照强度进行控制,为此,需要用到的硬件设备包括照明灯、遮光帘和光线传感器。当光线强度不在正常区间内时,光照控制系统可自动调整照明灯亮度或提醒师生调整遮光帘。

根据国家标准《室内空气质量标准 GB/T18883－2002(20030301)》,室内温度的适宜区间为 16~28 摄氏度,相对湿度适宜区间在 30％~80％,并且应当保证空气无毒、无害且无异味。为了达到上述要求,智慧教室建设应当具有温度、湿度和空气质量传感器,并通过控制室内空调、通风设备和空气净化器调节温度、湿度和空气质量(卫生部,2002)。

青少年处于生长发育阶段,不良坐姿对身体具有危害。学生课桌椅必须符合人体工学的相关要求,帮助学生培养正确坐姿,矫正不正确坐姿。因此,智慧教室的课桌椅选择应当考虑舒适性和安全性。

表 5－1　　　　　　　　　　　　智慧教室基础环境硬件设备

环境因素	硬件设施
声音	音响,吸音材料等
光线	照明灯、遮光帘、光线传感器等
温度	空调、温度传感器等
湿度	加湿器、湿度传感器等
空气质量	空气净化器、通风设备等
其他	符合人体工学的课桌椅等

5.4.2　交互设备和信息采集设备

在教学过程中,师生交流的流畅性和便捷性至关重要,智慧教室中支持师生交互活动的硬件设备可分为面向学生的硬件设备和面向教师的硬件设备两类(叶新东等,2014)。

学生作为教学活动中知识的主要接受者,在传统课堂中的角色是相对被动的,且其课堂知识接受活动主要被限制在教室内部。智慧教室运用信息技术能够帮助解决以上问题。对于学生来说,其直接接触的课堂信息技术载体有多种选择：台式电脑、笔记本电脑、平板电脑、电子阅读器、移动智能手机等。其中，平板电脑和移动智能手机具有便携性和灵活性等特点，适宜多种学习场景。平板电脑的使用在智慧教室教学情境中最为普遍，其中，苹果公司的平板电脑（iPad）因其成熟的触摸交互技术和丰富的教育软件资源而在教育环境中被广为使用。在美国，iPad 教育项目在中小学大规模应用，虽然在影响视力、引起学生分心和经费投入过多等方面也遭人诟病，但 iPad 在方便移动教学、促进教学法改进和提高学生积极性方面的作用确实是显著的（郁晓华，2014）。我国很多学校使用大量的国产平板设备作为智慧教学终端，除了采用华为等知名品牌的平板电脑外，也有不少学校通过定制平板电脑并内置固定软件的方式来强化平板电脑的专用性和易用性。

与平板电脑相比，智能手机具有更强的便携性和即时互动性，智能手机在"互联网＋教育"中发挥了广泛作用，包括即时阅读、信息储存记录、搜索筛选信息和完成学习活动等（王竹立，2015）。智慧教室应当发挥这些移动设备在信息及时接收和反馈方面的作用，让智慧课堂打破教室物理边界，为学生提供流畅灵活且丰富多样的学习体验。此外，智能手机是"BYOD"（Bring Your Own De-vice，自带设备）最主要的设备支撑，BYOD 可以大幅度降低学校在硬件采购和维护方面的成本。

教师在教学过程中主要发挥导学、助学、促学和评学的作用（祝智庭等，2015），高效的教学活动能提高学生的学习效果。教学内容呈现的质量和方式在高效课堂构建中是需要重点把握的方面，传统教室中教师对内容的呈现单一化，主要是课本讲解和板书讲解，而搭载现代信息技术的智慧教室能够为教师进行多元化教学内容呈现提供技术支持。现代信息技术能够使课堂呈现多元化，多媒体等技术设备使文字、图像和声音有机整合，为学生创造生动立体的学习情境，降低认知门槛（王鉴，2015）。智慧教室中图文和影音形式的教学信息呈现的主要设备是交互式电子白板和投影仪。电子白板能实现静态和动态展示、书写、标注、释义、拖拽和隐匿等多种功能，对节省课堂时间、减少学生理解难度和激发学生学习兴趣有一定作用（吴筱萌，2011）。与交互式电子白板部分作用类似的硬件设备还有投影仪、触摸式液晶电视和无线手写板等。其中，触摸式液晶电视可以发挥书写标注等作用并支持多点展示，无线手写板则可与电脑白板和触摸式液晶电视相连接，实现远程书写操作（胡卫星，2011）。

除上述面向学生和面向教师的硬件设备之外，还有一些师生通用的基础硬件设备。智慧教室能够为学生提供课后复习的影音资源,也能够实现远程教学功能,因此,教室声音和影像采集的质量应达到清晰可辨的要求。智慧教室声音采集离不开话筒,话筒的使用不仅是教室音量调节功能实现的基础,更是师生声音采集储存的第一环节。为了方便老师和学生在教室里自由活动,教室除了配备固定话筒之外,还需配备无线麦克风。摄像头是采集教室影像信息的重要设备,应根据智慧教室的大小和学生数量配备摄像头。因为智慧教室支持小组讨论、动态演示等环节,所以摄像头应当能够动态跟踪师生的轨迹,自动跟踪摄像头是较为理想的影像采集设备。

表 5—2 智慧教室信息传递硬件设备

设备使用者	硬件设施
面向学生	台式电脑、笔记本电脑、平板电脑、电子阅读器、移动智能手机等
面向教师	交互式电子白板、触摸式液晶电视、无线手写板、投影仪等
师生通用	话筒、无线麦克风、自动跟踪摄像头等

5.4.3 网络设备

智慧教室的信息传递和设备互联互通的实现都离不开网络的支持,网络设备是网络便捷接入和持续稳定联通的基础。交换机(Switch)、路由器(Router)、服务器(Server)、光纤(Fibre Optical)、无线接入点(Access Point,AP)和无线控制器(Access Controller,AC)等是最常见、最基础的校园网络设备。有了完整的校园网络体系,接入智慧教室便可,为教室中的各种智慧硬件提供网络连接保障。

随着网络技术的成熟和建设成本的大幅度下降,很多学校的校园主干网达到了万兆,甚至实现了"千兆到桌面"。智慧教室中有大量的设备需要联网,常常需要 20 个以上的网络接口。传统的做法是将教室中所有设备接到教室里的交换机,然后该交换机再接到楼宇的汇聚交换机,进而连上校园网。近些年来,随着"光猫"(即光调制解调器)技术的成熟和光纤成本的大幅度下降,也有一些学校将"光猫"引入智慧教室建设,在智慧教室内部建设一个局域网,再通过光纤接入校园网。这样,教室内部设备之间的数据交换在局域网内部进行,速度更快、安全性也更好,而且,光纤占用空间少、布线简单、耗电量少、故障率低,便于日后维护。

5.5 智慧教室软件支持

硬件设备是智慧教室运行的物理基础,而软件系统为硬件设备的互联互通和流畅运行提供保障,缺少软件的支持,智慧教室无法实现真正的"智慧"。因此,软件是智慧教室必不可少的重要组成部分。甚至可以说,智慧教室的"智慧"主要是依靠软件来实现的。

从应用角度看,智慧教室的软件可以分为教学支持软件和教室管理软件两大类。教学支持软件包括教学资源管理平台、教学互动系统、视频教学平台、录播系统、教学资源库管理系统、教务支持系统以及其他教学支持应用软件;教室管理软件包括教室设备智能管理系统、录播管理系统、保修维修系统、存储管理系统等。

5.5.1 教学支持软件

教学支持软件是智慧教室中最重要的软件,是实现智慧教学功能的主要支撑和依托,体现了最新的人工智能技术、计算机视觉技术、人机交互技术、大数据分析技术等在智慧教学领域的应用。在这些技术的帮助下,智慧教室与传统多媒体教室有了显著的区别,让智慧教室的功能更加多样化、智慧化、人性化。

(1)教学应用软件

教学应用软件适用于多种类型的系统和终端设备,由于软件的使用不受地点限制,因此,师生在教室内外、校园内外等不同场所都可以使用教学应用软件作为教学辅助工具,实现智慧教室在地点上的延伸。教学应用软件一般包括课堂互动、作业布置与提交、成果展示、信息发布、资源下载、在线考试、在线讨论、百科词典等功能,方便师生随时随地参与教学活动。而且,这些平台一般都有后台监督功能,授课教师可以查看每个资源的使用情况和每个学生使用资源的情况,以便有针对性地修改教学策略和进度,或对学生进行个性化辅导。例如,教师发现某个教学视频在某个知识点处有大量的反复观看现象,这说明学生对这个知识点的掌握和理解还不够,下次上课时就可以对该知识点进行重点讲解。

(2)远程教学系统

在网络的支持下,远程教学打破了教学活动的物理位置局限,为教学提供了更广阔的空间,也为特殊时期(如发生大规模疫情)教学活动的实现提供了技术支持。远程教学系统一般具有虚拟班级、虚拟教研室、师生实时交互等功能,以实现学员信息管理、试题和课程资源动态分配等目标。由于需要实现校内外对接,如果校外访问量大,校园网出口可能成为瓶颈,因此,有些学校将远程教学系统部署在公有云服务器上,充分利用公有云的分布式存储和弹性伸缩技术,解决跨网访问和大规模并发访问问题。此外,有些远程教学系统还能与虚拟现实技术等结合,呈现丰富、生动、沉浸式的教学效果。

(3)智能录播系统

智能录播系统是一种将客观影像进行录制和播放的智能数字系统(宋建功等,2010)。目前,录播系统已经成为智慧教室的标配。按照录播影像存放地划分,智能录播分为本地录播和远程录播(云录播)两种类型。本地录播是将录播服务器放置于教室内,录播影像的压缩、编码和存储在教室内完成;远程录播是在网络环境下运用麦克风和摄像头等硬件设备采集影音信息,而编码存储与播放都在后端(远程服务器)完成(俞伟,2017)。

按照录播的质量要求,智能录播分为精品录播和常态化录播两种。精品录播主要是为了开发学校资源长期使用,因此,不仅对视频质量和声音质量要求高,而且需要多机位以便采集教师和学生不同角度的课程影像,且常常需要大量的后期剪辑。常态化录播一般多用于学生课后复习、教学督导、远程授课等功能,对视频和声音质量要求没有精品录播高,一般只采集 1~2 路视频信号后与麦克风声音信号进行合成,有的也直接在摄像头中内置麦克风。录播系统还具有后台监视、控制、自动按课表执行等多种功能,无须教师过多手动操作也能保证教学活动顺利进行。

智慧教室的录播功能为网络教学资源的创作奠定了基础,课程录制以后,教师可以观看录播,对教学进行改进;录播系统与教学资源管理系统对接后,录播影像可以自动链接到对应的课程板块,供学生课后复习;此外,利用录播系统传输的视频流,还可以实现远程教学督导功能。

(4)教务支持系统

教务系统是集学籍管理、选课管理、考试管理、成绩管理、信息发布等功能于一体的信息管理系统(宣华等,2002)。一般智慧教室系统本身并不带教务管理系统,原因有两个:一是教务管理系统规模庞大、业务逻辑复杂,建设难度和成本都很高;二是教务管理一般是高校最早一批实现信息化管理的业务,很多高校在建设智慧教室之前,早就建设并应用了教务管理系统,不会为了智慧教室的建设将原系统推倒重来。因此,智慧教室的教务支持功能一般都是通过与教务系统的对接完成的。系统对接后,在智慧教室管理系统中能够方便查询学生和教师的基本信息、课程信息、教室信息、排课信息,接收教学安排和教学通知。

5.5.2　教室管理系统

智慧教室的正常运行离不开科学、有序的管理。智慧教室中设备众多、系统复杂,仅依靠人工无法实现对如此众多设备的有效管理。因此,很多高校在建设智慧教室时就已经考虑到后续的管理和维护问题,并配套了管理系统。一般来说,与智慧教室配套的管理系统包括智慧教室设备集中管控系统、报修维修系统以及存储管理系统。

(1)设备集中智能管控系统

在同一所学校,智慧教室可能由于建设的批次不同、负责建设的主管部门不同、具体负责建设的厂商不同等原因,导致教室中的设备品牌、型号、技术规范等存在很大的差异,这就给设备的集中管控造成很大的困难。在繁多的智慧教室设备中,一般来说,投影仪、电动幕布、电脑、功放、IoT 设备等市场比较成熟,设备标准化程度和开放程度都比较高,业内有统一的通信标准,集中控制比较简单;而有些诸如中控、云桌面等设备,虽然也是采用业内的统一标准设计和生产,但由于厂商出于商业竞争或具体设计理念等原因考虑,不一定开放接口,或在具体技术细节上设定了一些限制,从而造成这些设备在对接统一控制系统时会存在一定的技术障碍。

教室设备集中智能管理系统能实现设备统一管理、软件统一升级、设备使用情况统计、设备故障查询和预警等多种功能,为智慧教室的正常、高效运行提供有力保障。通过将课表信息、教室预约使用信息等数据与智能管理系统同步,还可以实现教室门禁和多媒体设备定时开关、精准控制教室人员进出等功能。

(2)报修维修系统

智慧教室中的设备数量多、系统复杂,任何一台设备的运行出问题可能都会对整个教室的使用造成影响,进而对教学产生影响,甚至酿成教学事故。因此,对智慧教室的运维,一方面,要做好预防性检修,将问题消灭在萌芽阶段;另一方面,要让使用者在发现问题时有便捷的渠道和手段及时报修,运维人员可以及时解决问题。很多学校的教室配备了 IP 电话,教室使用者可以与后台运维人员实时通话,及时反映情况;也有学校在教室安装了内线电话,其作用与 IP 电话类似;还有学校开发了网络报修系统,教室使用者用手机对问题设备拍照或拍摄视频并进行简单描述后上传系统,运维人员在后台可以及时诊断情况和处置问题。

(3)存储管理系统

智慧教室的教学活动会产生海量的多模态数据,包括各种设备记录的日志数据、课堂录播系统存储的音视频数据、各种软件生成的业务数据、教师和学生上传的教学资料等。数据存储系统应该在保证数据安全性的前提下保证数据访问速度和数据的互通共享。

智慧教室的数据存储主要有三种技术路线:第一种是将数据存在教室里的本地服务器上,这种服务器一般集成了视频压缩、音视频编码和数据存储等功能;第二种是数据在智慧教室里的设备上进行一定的处理后,通过校园网络实时传输到校内服务器或校外云服务器;第三种是将前面两个方案结合,将数据先在智慧教室内部的服务器上进行处理和存储,在网络闲时再上传到校内或云服务器,这种方法可以减少网络使用高峰时的网络负载。在云环境下,智慧教室内部的服务器承担“边缘云”的功能,提供本地的计算和存储能力,这样,既可以减少数据中心的计算和存储压力,也可以有效缓解校园网忙时的负载。

5.5.3　智慧教室软件的支撑技术

上述智慧教室软件系统,无论是教学支持系统还是教室管理系统,都是应用层面的功能。在这些功能的下一层,有相同或相似的支撑技术,主要有人工智能技术、计算机视觉技术、人机交互技术等。

(1)人工智能技术

人工智能(AI)是计算机模拟人类智能的跨领域学科,涉及计算机科学、信息控制论、语言学和心理学等多个领域。教育与人工智能相结合形成了教育人工智能(Educational Artificial Intelligent,EAI),教育人工智能技术所追求的目标是提供个性化智能工具,打造自适应教学环境和动态学习系统。教育人工智能致力于教学模型、领域知识模型和学习者模型的构建。教学模型包含教学方法,领域知识模型构建了学科专业体系,学习者模型则根据学习者自身学习特

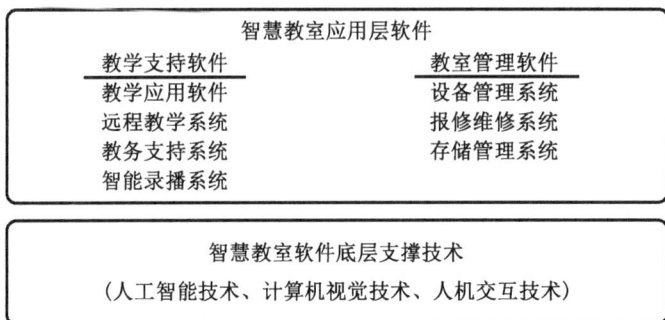

图 5—3 智慧教室软件支持

点和学习情绪判断最佳人机互动模式（闫志明，2017）。三个模型相辅相成，为学习活动提供动态辅助系统。

　　教育人工智能领域的研究又可细分为知识表示、自然语言处理、机器学习、虚拟现实等几个不同方向。知识表示在知识库构建、专业知识取得和高效推理方面发挥作用（周伟祝等，2012）。知识表示学习技术可以在低维空间中高效计算实体和关系的语义联系，有效解决数据稀疏问题，使知识获取、融合和推理的性能得到显著提升（刘知远，2016）。自然语言处理的基本内涵是运用计算机分析人类自然语言和文字，对语言和文本进行词法研究、句法研究、语义分析、文本分类聚类、信息抽取与文本挖掘等工作（李生，2013）。自然语言处理技术将计算机与人类语言相连接，为计算机学习分析人类语言提供技术支持。机器学习是计算机通过不断处理类似信息而逐渐掌握规律，能做出智能判断和预测的过程，这一过程一般具有从未知到已知过渡的特点（郭亚宁等，2010）。

　　机器学习的主要功能包括：自动学习模仿人类学习过程；人机自然语言接口研究；根据推理自行决策规划；开发发现新事物程序（Simon，1983）。深度学习是机器学习发展到一定阶段的细分研究方向之一，深度学习通过归纳分析底层特征提炼出高层表示，以此挖掘数据特征（孙志军等，2012）。上述技术是智慧教室系统应用的基础，对智慧教室发展方向的拓展延伸具有重要意义。

　　依靠机器学习和自然语言技术等人工智能技术，教育领域出现了诸多相关应用，目前使用较为广泛的人工智能教育应用有智能导师系统、自动评测系统、教育游戏和教育机器人等（梁迎丽，2018）。这些应用的发展呈现出智能化、个性化和多元化的趋势。

（2）计算机视觉技术

计算机视觉（Computer Vision,CV）的核心是通过视觉传感器和计算机程序模拟人眼和大脑所具有的图像采集、处理和呈现功能。高水准的计算机视觉通过数学建模，能达到诸多具体可与人类视觉相媲美的功能；通过不同角度的影像资料自动构建三维立体场景和物体精准运动轨迹；自动捕捉和实时跟踪场景中某一特定目标；基于五官发型等信息实现人脸识别（许志杰,2012）。

在实际教学场景当中，计算机视觉技术的应用场景较为广泛，特别是三维成像技术可以帮助显示复杂的数学、地理模型，也可以运用于影像测量。例如，高裴裴（2020）将计算机视觉技术引入课堂，设计了三级梯度实验教学内容，让学生在生动直观的实验过程中感知计算机视觉技术的核心并进行技术与实践相结合的尝试；张帆（2015）基于计算机视觉技术设计了课堂考勤系统，该系统运用数字图像和人脸检测进行学生出勤管理。有些智慧教室安装了巡课系统，不间断地对学生表情、动作进行抓拍和分析，对学生的专注度、参与度等进行分析，但准确性不高，实际效果尚待检验。上海外国语大学利用教室摄像头的RTSP视频流抽帧，利用训练好的"头肩识别"模型对照片进行人数统计，再同步教务系统数据，对课堂到课率进行统计，为教学管理部门提供到课率数据（赵衍,2021）。总之，计算机视觉技术在教育领域的应用和发展为教育信息可视化和教学人员管理提供了新型高效工具，是智慧教室智慧化特征的表现形式之一。

（3）人机交互技术

交互是计算机除了计算通信之外的一个重要功能，人机交互（Human-Computer Interaction,HCI）是智慧教室重要的底层技术之一。人机交互研究的核心对象是计算机和人类在信息输入和输出双向过程中的交流和互动，良好的交互能够提升使用者的参与程度和工作/学习效率。随着人机交互技术的发展与创新，人机交互不再局限于人和计算机的二元范畴，而是通过人机关系实现了人与信息空间、人与物理空间的动态交互（袁静,2016）。集合了人机交互硬件和技术的空间被称为智能空间（Smart Space）（董士海,2004）。

智慧教室是一个典型的拥有人机交互特性的智能空间。在这一空间内，各种信息被集中展示在固定和移动电子屏幕上，学生和教师能够随时获取信息并给出指令调取相应资源，实现人与计算机的交互。在智慧教室的建设中，平板电脑或其他手持终端是最常用的教学交互系统载体。也有一些方案采用智慧大屏(一体机)用于分组讨论和"师—生"交互、"生—生"交互。由于智慧大屏采购成本较高,因此,有些学校也采用桌面一体机或普通 PC 用于教学交互。除此之外,智慧教室内的人员还可通过交互界面了解教室硬件设备的使用情况,并对空调、照明灯等设备进行控制,通过计算机实现人员与物理环境之间的智能交互。

5.6 智慧教室产品

智慧教室的功能离不开软硬件产品的支持。智慧教室产品制造商有些是从传统的中控设备、音响设备、投影仪、摄像头、录播设备等厂商转型而来,他们依托原有的技术和市场优势,在产品上增加了物联网和智能控制模块,对产品进行智能化改造和升级;有些是从计算机和网络设备厂商转型而来,他们针对智慧教室的特殊需要,设计、开发智慧教室专用设备,比如专用教师机、智慧大屏一体机、数据处理和存储一体机、教室专用网关等;还有些是原生的智慧教室厂商,这些厂商看准了智慧教室的巨大市场,投入巨资研发相关软硬件产品。这些厂商虽然可能在技术积累和研发实力方面比不上前两种厂商,但一般都从某个细分市场入手,在细分领域具有很强的创新能力和产品力。

在智慧教室产品市场上,有的企业强调业务专精,只做自己最擅长的部分产品;有的企业追求产品线大而全,设计全套解决方案,做所有产品,自成闭环;也有的企业不做产品,只做系统集成和运维服务。从功能角度划分,智慧教室的软硬件产品可以细分为智能中控产品、教室物联网产品、智能互动教学产品以及整体解决方案等几类。

5.6.1 智能中控产品

智能中控产品是智慧教室不可或缺的硬件组成部分。它集计算机控制、影音设备控制于一体,还可以将空调、窗帘、幕布、灯光、新风系统等设备的控制也纳入其中,是现代化多媒体智慧教学环境的集中控制设备。在智能中控产品的支持下,智慧教室可以实现资源共享、影音传输和设备监控等功能,并实现教室中所有设备的集中控制、自动控制和智能控制。

快思聪(Crestron)是全美最大的教室及会议室智能中央控制系统生产厂商,其智能中控系统和相关配件在美国乃至全球市场上占据较大份额。快思聪的智能中控拥有 12 种型号的控制模块和 13 种型号的控制系统,涵盖电源、影音信号和传感器信号的控制。快思聪的产品原本主要应用于会议室的设备控制,但随着智慧教室建设的兴起,快思聪的中控产品也广泛应用于智慧教室的中控,并且,目前大部分型号的产品已实现全网络化传输,可以通过局域网、广域网或互联网对几乎所有的视音频设备进行控制、监视和访问。

爱思创(Extron)也是一家美属大型视音频信号处理、分配和控制集成产品生产企业。爱思创的产品包括 IP Link 控制处理器和 IP Link Pro 控制处理器以及一系列控制器相关配件,允许显示器、切换器、信号源设备、屏幕控制系统和照明系统联网到一起,通过控制系统进行集中式管理和操作。

国内智能中控产品厂商众多,但规模都不大,比较知名的有锐捷、凌极、衡南智能等。与国外厂商注重产品标准化不同,国内厂商更注重服务和定制化,可以根据用户需求对产品进行灵活的配置和二次开发,部分厂家的产品还能实现与国外厂商产品的对接和统一纳管,这为智慧教室的建设方提供了更多的选择。

5.6.2　教室物联网产品

教室是 个人员密集场所,教室基础条件的好坏对教师教学质量和学生学习质量都有很大的影响。教室的基础环境条件包括声音、光照、温度、湿度、空气质量(二氧化碳和 PM2.5 含量)等。智慧教室的智慧性体现之一就是依托物联网(Internet of Things,IoT)技术对教室基础环境进行探测,并通过算法和模型,依据前端设备采集到的数据,对设备进行智能化、自动化的控制。

通过智慧教室的物联网设备,可以对教室内部的电脑、话筒、投影机、摄像头、投影幕、音响、电子班牌、门禁、空调、灯光、窗帘等进行智能控制,实现设备自动开关、灯光自动调节、设备拿离报警、窗帘自动开合等功能。基于物联网的教室设备自动控制可以减少教师控制设备的工作量,腾出更多的时间专注于教学。

物联网信息传递有两层:物联网传感器到边缘计算服务器、边缘计算服务器到数据中心。其中,边缘计算服务器到数据中心的数据传输通过互联网。而物联网传感器到边缘计算服务器的数据传输方式有多种,包括依托电信运营商的窄带物联网(Narrow Band Internet of Things,NB-IoT)技术和 5G 技术、远距离无线电 LoRa(Long Range Radio)技术、蓝牙(Bluetooth)技术、红外(Infrared)技术、紫蜂(Zigbee)技术、WiFi 技术等。

(1)NB 和 5G

电信运营商提供的窄带物联网(NB-IoT)技术和 5G 技术依托运营商既有的无线通信网络,具有强壮性好、初期投入低、维护成本低等优点,但是,从长期来看,如果智慧教室全面实现物联网管理、大量采购通信模块的话,总成本并不占优;而且,由于采用的是运营商网络,学校比较难以获得智慧教室的有关数据;再者,由于设备和数据传输都依托运营商,产生"锁定效应",线路通信费和设备维护费可能没有太多议价的余地。目前,窄带物联网正逐渐被 5G 网络所取代。

(2)LoRa

LoRa 是 Semtech 公司开发的一种低功耗、远距离传输的无线局域网技术标准。由于物联网设备需要 24 小时不间断运行,且传输距离较长,这就需要一种既能实现长距离传输又低功耗的解决方案。但是,传统无线传输技术的功耗与传输距离是一对矛盾:低功耗传输距离近,如果要实现远距离传输,则需要高功耗。LoRa 技术提供了在同样功耗的条件下,比其他无线技术传播距离更远的解决方案,实现了低功耗和远距离传输的统一。由于 LoRa 需要自建网络,初期建设成本和后续维护成本都比较高,而且,智慧教室区域范围有限,不需要远距离传输,因此,LoRa 并不太适合智慧教室这种应用场景。

(3)蓝牙

蓝牙技术是一种主要用于无线数据传输和语音通信的开放式的全球规范。蓝牙技术适用于近距离无线传输,功耗和成本都比较低。蓝牙的有效传输距离在 10 米左右,加强信号后最长可达 100 米,可以实现全双工通信,功耗低。随着技术的不断成熟,蓝牙芯片在安全性、传输准确性和高效性等方面不断改善,价格也不断降低,目前在智慧教室的物联网设备中得到广泛应用。例如,光感、烟感、空气检测等物联网设备一般都是通过蓝牙传输数据。

(4)红外

红外技术是红外线技术的简称,红外线是一种电磁波,波长范围为 760nm～1mm。早在 1974 年,人们就发现了红外传输技术,在蓝牙技术发明之前,红外传输技术得到了普遍的应用,比如手机与计算机之间的数据传输、红外线鼠标、红外线键盘、红外线无线话筒等。红外传输技术具有功耗低、成本低等优点,但传输距离有限(10 米左右),信号只能直线发送,对障碍物的穿透性差,且无法对传输的数据进行加密,也无法控制信息传输的进度,因此,逐渐被蓝牙技术所替代。不过,在一些特殊情况下,比如控制空调开关、无线话筒等,还是使用红外技术居多。

(5)紫蜂

紫蜂技术又称 ZigBee 技术,是一种短距离、低速度的双向无线网络传输技术,使用 2.4GHz 频段,底层采用 IEEE 802.15.4 标准,具有低功耗、低成本、低复杂度、高安全性等优点,支持大量网上节点和多种网络拓扑。但是,ZigBee 传输速度低,这决定了它并不适合大数据量、快速传输的应用。紫蜂技术目前在智慧教室中使用很少。

(6)WiFi

WiFi 技术是一种"无线相容性认证"技术,通过无线电波进行网络连接,目前被广泛应用于家庭、酒店、学校等场所的无线上网。随着最新的 802.11 ax 标准的发布,新的 WiFi 标准名称被定义为 WiFi6,同时工作在 2.4GHz 和 5GHz两个频段,所以,基于 WiFi6 标准的设备都是兼容双频的。WiFi 技术具有带宽大、传输速度快、覆盖范围广(有效范围 100 米以上)、功耗低等优点。目前,很多高校实现了 WiFi 的全覆盖,每间教室中都安装了无线接入点(Access Point,AP),这些无线接入点既可以作为支持课堂在线互动讨论的局域网联网设备,也可以作为教室物联网设备的网关,实现"一机多用"。

5.6.3　智能互动教学产品

在教学过程中,有效的"师—生互动"和"生—生互动"能够激发学生的学习兴趣,加强学生对知识点的理解,因此,"互动教学"功能成为智慧教室产品中的一个亮点。在手持智能终端和网络的支持下,互动教学产品不仅能够实现教室内师生的教学互动,还可以实现教室内与教室外师生的教学互动;不仅可以实现在线同步的教学互动,还可以实现离线异步的教学互动。总之,在信息技术的支持下,教学互动产品能够让传统教学互动摆脱时间和地域限制,互动效率更高、效果更好。智能互动教学产品的出现,不仅为智慧教学环境的扩展提供了更多可能,也为教学模式改革提供了新的思路和技术支持。

智慧教学互动产品能对课前、课中和课后各环节进行信息技术赋能,系统功能包括课前教师备课(提前准备互动内容)、学生预习、课堂测验、测验结果统计、教师讲评、师生互动交流、课后作业等。智能互动教学终端一般支持小组智慧大屏、Pad、智能手机以及电脑,大部分智能互动产品支持自带设备(Bring Your Own Device,BYOD)。

在无线接入方式上,早期的智慧互动教学产品的数据通信一般通过在教室里安装的无线接入点实现,基于这个无线接入点组成教室内部的局域网络,师生通过这个无线接入点进行数据交互。由于是局域网,因此,速度快、安全性好。但是,这个无线接入点无法接入互联网。教室内的师生要想上互联网,必须另外安装无线接入点。有些厂商通过产品改进,解决了用于互动教学的无线接入点的联网问题,既能在教室内形成局域网,又可以连上互联网,但依然存在该无线接入点与学校其他无线接入点的产品和标准不同的问题,造成上网认证非常复杂,影响师生用户体验和学校网络的统一管理,也存在网络安全隐患。

以上的问题都是教学互动功能太过依赖硬件造成的。后来的一些互动教学产品进行了改进,将教学互动的分组、展示、交流等功能全部通过软件来实现,将软件安装在校内服务器上,只要师生连上校园网,就可以便捷地使用这些功能,同时不影响访问互联网。随着云计算的发展,最新的教学互动产品将所有功能用软件实现,并部署在云端,只要终端连上互联网,通过账号密码登录(或扫描二维码登录),即可使用相关功能。

在互动功能的终端软件载体上,有些产品是通过移动端 APP 实现的,APP 的优点在于功能强大,但维护成本高,且安装麻烦,用户体验不好;还有些产品是通过微信服务号实现的,只要通过微信扫码,就可以进入相关的班级并获得操作权限;另外,有些产品是基于 HTML5 的自适应技术开发的 Web 应用实现的,完全摆脱 APP 和微信端的限制,理论上在任何终端上都可以通过浏览器访问,但浏览器的兼容性问题一直是困扰应用服务开发者的难题,即没有一种 Web 应用能够在所有浏览器和浏览器的所有版本上都正常显示和流畅运行。

在智慧教学环境下,一个典型的教学互动过程如下:

在课前,教师通过电脑端编辑 PPT 课件、教师语音指令和其他影音学习资源,并将相关资料推送至学生的智能终端(智能手机或平板电脑),学生收到资料后可及时查看,进行预习,教师可以在管理后台随时查看学生的预习情况,并根据反馈的信息决定课堂上需要重点讲解的知识点。

在课中,教师开启广播模式后,每一页幻灯片都会及时发送到学生的智能终端,并且,每一页幻灯片下方设有"不懂"按钮和评论功能,如果学生对该幻灯片所述内容的讲授不理解的话,可以按下该按钮或发表评论,信息将会实时汇总并反馈给教师,教师便可根据这些信息改变教学节奏和各知识点的讲解时长。

在课堂教学中,教师在需要时,可发送选择题、判断题或投票等到学生端,学生在规定时限内随堂作答,答题结果和统计信息可实时反馈给教师和学生,让教师了解学生对知识点的掌握程度,也让学生知晓自己答案的正误和全班的答题情况。此外,弹幕也是智慧教学互动系统经常设置的一项功能,课堂弹幕不仅能够让学生对教师的教学情况进行实时反馈,而且能够增加课堂的互动性和学生的参与度,提升课堂趣味性,活跃课堂氛围,拉近师生之间的距离。

在课后,教学互动系统可以对课堂上的各种互动数据进行统计和分析,找到学生的知识薄弱点和答题情况不理想的学生,帮助教师在课后和今后的课上有针对性地进行讲解和个别辅导。

在高速带宽和图形处理技术的支持下,网络教室的通话质量、实时交互能力、用户体验都得到了极大的提升。比如思科(Cisco)公司的"网真"(TelePresence)技术,通过网络和先进的视频压缩算法,实现实时、顺畅、面对面的交流体验,提高课堂的真实性和互动性。网真系统可以分享课程内容、录制高质量的教学视频;嵌入语音翻译和转化引擎后,还可以实现实时翻译和语音转文字等功能,为师生带来身临其境的课堂体验。

资料来源:思科公司官方网站,https://www.cisco.com。

图 5—4　思科网真视频系统

5.6.4　整体解决方案

智慧教室系统由大量的硬件和软件组成,少数有实力的厂商自主研发、生产智慧教室所有或大部分的软硬件产品,提供整体解决方案,形成自己产品的闭环,以提高产品竞争力,获取更多的利润。而对于一些并不具备很强技术条件和智慧教室建设经验的学校来讲,选择整体解决方案省心、安全。

但是,任何厂商,无论其规模有多大、实力有多强,各方面的技术能力总是有强弱之分的,在分工高度细化和高度专业化的信息技术领域更是如此。对于智慧教室这种涉及多种硬件和软件的复杂系统来说,一个厂家要想将所有产品都做好还是很难的。例如,一些传统的硬件厂商,软件是其短板;就算是软件厂商,其对教育软件的理解也不一定到位;而软件厂商如果涉足硬件市场,面临的困难可能就更大了。总之,术业有专攻,一家公司不可能在智慧教室的各类软硬件产品上都做得很出彩。因此,大部分做整体解决方案的厂商选择"自研+贴牌"的模式,即只研发和生产自己最擅长的产品、最核心的产品或利润最高的产品;对于自己不擅长的产品、技术门槛太高的产品、非核心产品或利润低的产品,则采取外包贴牌的方式生产,但对贴牌产品制定了详细的技术要求,以使其与自研产品形成有机整体。

5.7　智慧教室的管理

智慧教室是一个由硬件、软件和人组成的复杂系统,智慧教室的正常、高效运转依赖科学、合理的运维管理。虽然各种技术为智慧教室的功能实现提供了基本保障,但智慧教室的有效使用和高效运行还需要依靠科学、有效的管理制度、管理手段和管理工具。

5.7.1　智慧教室管理内容

智慧教室的管理活动包括各种软硬件系统维护,以保证教室设备和软件的有序运行。具体包括:对设备进行日常维护,进行预防性检修,排查可能存在的安全隐患和故障,及早发现并解决;对软件系统进行定期和不定期排查,打补丁、安装和更新软件、修改配置等;在设备和软件出现故障后,及时修复;对使用人进行操作培训,使其能够正确使用系统,发挥智慧教室的最大效能。在物联网、大数据、人工智能、云计算等技术的支持下,可以实现更加便捷、高效、精准的智慧教室管理。

(1)设备管理

智慧教室日常管理最主要的一项任务就是设备管理,设备管理包括设备基本信息管理、设备运行管理、设备维修管理等。设备基本信息管理是指通过对接资产管理系统,获取设备的编号、名称、序列号、品牌、规格、型号、购置日期等基本信息,摸清设备"底数"。设备运行管理包括设备状态记录、统计分析、用户管理等,智慧教室管理系统可以实时监测并记录设备的开关情况、运行状态、运行时间、运行频率、设备性能、设备功耗等,并对这些数据进行统计分析,为管理者提供设备使用率、损耗率、完好率、故障率等信息,方便管理者进行预防性检修和更换。设备维修管理是指在设备发生故障后,详细记录设备发生的故障类型、时间、表现、解决方案及结果等信息,必要时将这些信息纳入知识库,供后续维护和维修人员查阅。

(2)日程管理

智慧教室的主要功能是上课,但也经常安排各类讲座,或者让师生在非上课时间段使用等,因此,需要对智慧教室的使用日程安排进行管理。智慧教室日程管理系统通过对接课表数据库,将课表信息写入日程管理系统;在排课时间以外的空闲时间,通过教室预约系统,师生可以预约教室,系统记录下预约人的姓名、工号、预约时间等信息;在预约时间内,预约人可以刷校园卡进教室;教室当日的预约信息显示在教室门口的电子班牌上,师生也可以在 PC、Pad 或手机上查看。日程管理系统可以生成日报、周包、月报、学期报告等统计报告,对教室使用频率、时长等信息进行统计。

(3)故障维修管理

故障维修管理是智慧教室管理的重要环节。故障维修管理对于已经发生的故障设备和软件进行实时报警,方便管理维修人员快速作出反应。故障管理一般是通过"工单系统"来进行闭环管理的。首先,由报修人提交报修工单,或者由系统自动触发生成工单,接单人收到工单后进行排查,并将问题原因、解决方案和结果录入系统,系统再通过微信、短信、电话等方式收集报修人的维修结果的反馈,系统将维修记录存入知识库供他人查询,自此,完成了一个维修的闭环。当然,也有工单系统对接人员数据库、设备台账数据库等数据,形成更加完善、功能更加强大的工单系统。图 5-5 为上海外国语大学信息化设备报修闭环管理系统示意图,其中包含了智慧教室的设备报修。

除了紧急故障管理之外,智慧教室管理的另一个重要目的是及时发现并排除故障隐患。智慧教室设备管理系统平时检测并记录各台设备的损耗情况和维修情况,通过程序自动分析,发现临近故障状态的设备,并向管理人员发出风

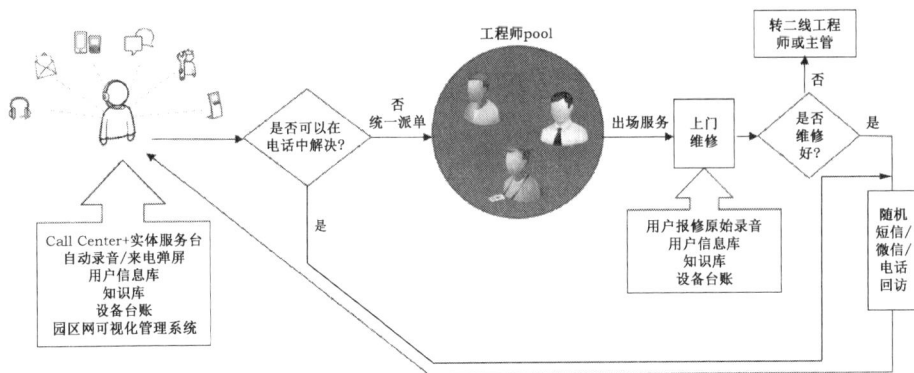

图5—5 上海外国语大学信息化设备报修闭环管理系统

险预警,管理人员发现预警后及时进行维修保养或更换设备,防止突发故障影响教学活动的正常进行。

5.7.2 智慧教室管理方法

智慧教室管理的主要目的是通过规范、专业、立体和协同化的管理手段,实现智慧教室的正常、高效运行,充分发挥智慧教室的功能和效能。

(1)制定详细规范的智慧教室管理规定

智慧教室规范化管理的首要任务是制定完善的智慧教室管理规范。教室管理方可参照国内外类似管理办法(比如洛杉矶社区学院制定的教室管理规范),并结合学校的实际情况制定智慧教室管理规范。规范力求科学、合理、尊重事实。当然,制定规范只是第一步,更重要的是对规范的执行,需要督促所有智慧教室的使用人员和管理人员严格遵守规范要求,按照制度和流程进行使用和管理,以确保智慧教室管理的规范性。

(2)建设高素质的慧教室管理人员队伍

智慧教室包含大量的高科技硬件设备和软件系统,对智慧教室的管理不同于传统教室,也对教室管理人员提出了更高的要求。智慧教室管理人员不仅需要过硬的专业素养,需要了解、掌握甚至精通计算机硬件、软件、网络、通信等多种数字化技术,还需要具备一定的沟通技能和表达能力,能够耐心地培训教师使用设备,对师生各种有关教室的使用问题也能作出耐心、专业、清楚的解答。

(3)建立智慧教室协同管理机制

智慧教室的管理除了设备管理外,还包括桌椅、环境、安全等管理,因此,需要建立包含教室管理部、设施维修部门、物业部门和保卫部门等多方协同的管理机制,定期或不定期地对智慧教室管理中出现的问题进行协调和解决,保证智慧教室的健康运行。

5.7.3 智慧教室管理工具

智慧教室管理离不开智慧教室管理工具的使用,这些管理工具包括综合管理平台和安全管理工具等。

(1)综合管理平台

智慧教室综合管理平台综合运用云计算、物联网、大数据分析等技术,对智慧教室的各类设备进行集中管理,具体功能包括设备远程控制、设备运行情况监控、教室使用情况管理和数据统计分析等。设备远程控制和设备运行情况监控能实时查看教室设备开关机情况和运行健康状态,并能进行设备异常情况报警,方便管理员及时查看和处理;教室使用情况管理将教室管理与教务系统和教室预约系统相连接,实时查看、定期统计教室的使用情况,提高教室的利用率;数据统计分析以图表的形式对设备使用情况、健康状况和教室情况进行统计汇总,为教室管理的相关决策提供数据支持。综合管理平台实现了对智慧教室设备和智慧教室日常教学活动秩序的有效管理,是智慧教室管理的重要工具。

(2)安全管理工具

安全管理是智慧教室管理的一项重要内容,智慧教室安全涉及场地安全、消防安全、网络安全等内容。在信息技术的帮助下,智慧教室的安全管理也更加智能化。人脸识别门禁、设备拿离报警系统、IP 对讲机等设备是基本安全管理设备。人脸识别门禁系统能够精准识别和记录智慧教室进出者,将无关人员排除在教室之外,保证师生和设备安全;设备拿离报警系统在教室设备被移出教室之外时会自动发出警报声,防止设备偷盗行为和无意间将设备带出行为的发生;IP 对讲机方便智慧教室内部人员及时呼叫管理安保人员,在紧急情况出现时能够帮助信息快速传递。这些设备不仅能够保护智慧教室设备的安全,还能够保护智慧教室使用者的人身安全,是智慧教室管理的不可或缺的工具。

5.7.4 智慧教室管理存在的问题

自 2018 年以来,我国教育领域大规模兴建智慧教室,由于管理意识不足、权责划分不清、经费落实不到位等问题,"重建设,轻维护"的问题广泛存在。有些智慧教室建成之后,由于教师不会使用相关设备,智慧教室根本没有发挥"智慧"的功能,还是被当作一般多媒体教室使用;有些智慧教室建成之后,由于疏于管理和不当使用,设备损坏得不到及时维修、设备被盗等问题时有发生,造成智慧教室功能不全,严重影响正常使用;也有些学校的智慧教室管理涉及教务、电教、网络、信息化、后勤、资产、物业、保卫等多个部门,由于缺乏统一的协调机制,各部门责权不清,出了问题互相推诿,造成教室管理混乱、效率低下。

(1)智慧教室管理制度粗放

一些学校的智慧教室管理没有成文的制度规范,全凭个人经验和口头通知;还有些学校虽然设立了管理规范条例,但是条例内容不够细化或不具操作性,难以涵盖所有现实中遇到的各种问题,也无法真正解决问题。在管理制度缺失或者过于粗放的情况下,智慧教室管理人员面对教室日常管理和紧急情况时,往往只能凭借个人经验甚至个人喜好给出主观判断,严重损坏智慧教室管理的规范性、科学性和严肃性。

(2)智慧教室管理人员专业素质有待提高

智慧教室的大规模建设形成了智慧教室专业管理人才的缺口。传统教室或者传统多媒体教室对教室管理人员的专业要求并不高,但是智慧教室涉及大数据、物联网和云计算等技术,并且教室内部设有更多的数字化设备、影音设备和软件系统,对教室管理人员的专业技能要求更全面、专业素养要求更高。但是,目前的智慧教室管理人员大多还依然是传统教室管理人员,他们的知识结构和技术深度远远达不到智慧教室的管理要求。

(3)智慧教室管理缺乏协同

智慧教室是智慧校园的一部分,智慧教室管理涉及学校多个部门。一般情况下,智慧教室的建设由学校教育技术部门负责,智慧教室的网络由学校网络中心负责,智慧教室的软件安装在学校信息办(或网络中心)运维的服务器上,智慧教室的使用由教务处负责,智慧教室的桌椅更换和维修由国有资产管理部门和物业公司负责,智慧教室的土建维修由基建处负责,智慧教室的场所安全由保卫处负责。因此,一间小小的教室,涉及学校多个部门的相互协同。如果没有一个协调机制(比如多部门组成的教室管理协调小组),智慧教室就很难管理好。在现实中,很多学校缺乏这样的管理协调机制,造成一些问题经常性地反复出现,严重影响智慧教室的使用,引发师生的不满。

(4)智慧教室管理缺乏预防性和预见性

教学活动是学校的生产性活动,智慧教室是学校的生产环境,在教学过程中遇到任何设备问题,都会影响课堂教学的正常开展,也会影响教师的情绪。智慧教室设备众多,设备之间的耦合性强,任何设备出问题都有可能"牵一发而动全身",因此,对智慧教室设备进行预防性检修就显得尤为重要。但目前在智慧教室的管理中,"重维修、轻检修"的情况普遍存在:往往是当教室设备出现故障后才去维修,而发现故障的时间节点往往又是刚开始授课时;等到维修人员赶到并排除故障后,往往已经浪费了数分钟甚至数十分钟宝贵的上课时间,严重影响了教学。因此,要加强智慧教室设备的预防检修,防患于未然。

5.8 按需定制的智慧教室建设方案

很多智慧教室厂商是按照做产品的思路来设计"大而全"的标准化智慧教室系统。但是,不同大学、不同专业、不同老师需要的是个性化的智慧教室。上海外国语大学依据运营管理领域"大规模定制"(Mass Customization,MC)的思想,设计了一种既能够进行大规模部署,又能够按照个性化需要进行功能自由组合和封装的智慧教室系统,将智慧教室各项功能的标准化、规模化与用户需求的个性化进行了完美结合。

5.8.1 智慧教室需要按需定制

在工业化时代,生产以规模求效益,即生产规模越大,产品边际成本越低,产品价格越低,从而越有竞争力。但是,随着社会的发展,消费者不仅追求便宜,还追求产品的个性化,个性化带来的必然结果是产品种类多、产量低、成本高,这与工业化大生产的逻辑是相悖的。厂商为了在"大规模"和"个性化"之间求得平衡,就发明了"大规模定制"(Mass Customization,MC)(Start Davis,1987)。"大规模定制"也称为"按需定制",其核心是产品品种的多样化和定制化增加,但成本不增加;其范畴是个性化定制产品和服务的大规模生产;其最大优点是提供战略优势和经济价值(B. Joseph Pine Ⅱ,1993)。大规模定制用到的主要技术包括标准化(Standardization)、模块化(Modularization)、成组技术(Group Technology,GT)等。

反观当前教育市场的智慧教室产品,基本上还是遵循工业化大生产时代的产品思维,普遍存在自成一体的封闭性,并追求产品功能的"大而全"等问题。这些产品将课前预习、签到、课堂管理、课程资源管理、教学过程支持与管理、课后复习以及各类评价管理等功能集中于一个封闭系统中。其原因主要有以下两点:

(1)工业产品价值定律使然。厂商从产品开发、系统部署、后期维护以及商务等方面考虑,倾向于独立设计、开发一整套封闭的智慧教室产品,全面覆盖资源管理、课堂管理和环境管理等功能,以节约成本,增强竞争力。

(2)高校管理机制。智慧教室涉及高校各类资源的整合,在客观上需要"云网端"资源的有机融合。但是,目前,我国大部分高校的网络管理、教学资源管理、应用软件开发和管理、教室管理等职能分散在不同的二级部门,而智慧教室建设则一般由一个部门承担。由于缺乏有效的校级协调,承建部门限于自身的资源调动能力,并从管理便利的角度考虑,往往倾向于建立一套相对独立的智慧教室系统。

这种"大而全"的智慧教室产品并不符合高校的真实需求。由于各高校的管理模式不同,不同类型专业的教学内在要求和规律也不尽相同,因此,不同学校和不同专业对智慧教室的需求是不同的。例如,在很多工科课程里,对基于BYOD的平板互动教学需求很少,但是,外语小语种的初级课程就非常需要在平板上一笔一划地书写模拟。又如,对于本科生教学,由于课程设计主要是帮助学生建构规范的知识体系,因此,课堂上很少需要临时查找网络资源作为学习和研讨数据。但是,在研究生教学中,由于启发、研讨是主要教学方式,常常需要临时查找网络资源或者专业数据库作为课程资料,所以本科教学和研究生教学对于及时、准确获取网络和数据库资源的需求是不同的。即使是同一门课程,由于教师的喜好不同,对于课堂功能的辅助要求也是不同的。例如,有的老师喜欢当场点名,以此来更加深入地认识和了解学生;但有的老师则倾向于把更多的时间用于授课,因此更喜欢采用刷卡点名、二维码签到甚至无感知点名。

综上,目前的智慧教室产品片面追求"大而全",造成功能冗余和解耦困难。但是,大学智慧教室客观上并不需要千篇一律、千人一面的系统,而是需要按需配置、能够进行个性化定制的系统。事实上,为每一所学校、每一个专业、每一门课程甚至每一位老师从头开发并定制一套系统在经济上又是不可行的。如何在教室建设成本和个性化需求之间求得平衡,是智慧教室设计者和开发者都必须认真考虑的问题。

5.8.2 云网端融合实现智慧教室按需定制

智慧教室建设涵盖了"课前—课中—课后""课内—课外"等过程和相关资源的管理,涉及备课、预习、点名签到、课程资源管理、网盘管理、远程督导、录播、在线考试、互动教学、课程评教、设备管理与管控、能源控制、环境监测等各类"云网端"资源和功能。现有的智慧教室建设方案,这些功能模块呈"块状"汇聚于智慧教室系统之中,模块之间的关联过于紧密,解耦困难,造成系统建设成本高,上线后功能冗余,操作复杂,无法满足不同课程和不同教师的个性化需求。现有智慧教室系统架构如图 5—6 所示。

图 5—6 现有智慧教室系统架构示意图

借用"大规模定制"的相关理论,对智慧教室各功能项进行"模块化"处理,将每个功能项做成独立的系统,这些系统通过统一身份认证和标准数据接口进行逻辑关联。按照用户的需要,抽取不同的系统进行组合并封装,形成功能各异却又遵循同样标准的个性化智慧教室系统。这样,智慧教室的设计就满足了"大规模生产"(各功能模块成为独立系统,可以无限复用)和"个性化定制"(按照用户需求进行功能抽取和封装)的双重需求。系统功能和架构如图 5—7 所示。

5.8.3 上海外国语大学建设方案

上海外国语大学的校园网络、信息系统、数据库、教室设备管理等业务均划归信息技术中心统一管理,这就为"云网端"融合的智慧教室建设提供了管理可行性和技术可行性。经过探索,上海外国语大学将统一身份认证系统、企业微信、在线学习系统、课堂互动教学系统、物联网管控系统等若干系统既分别建设

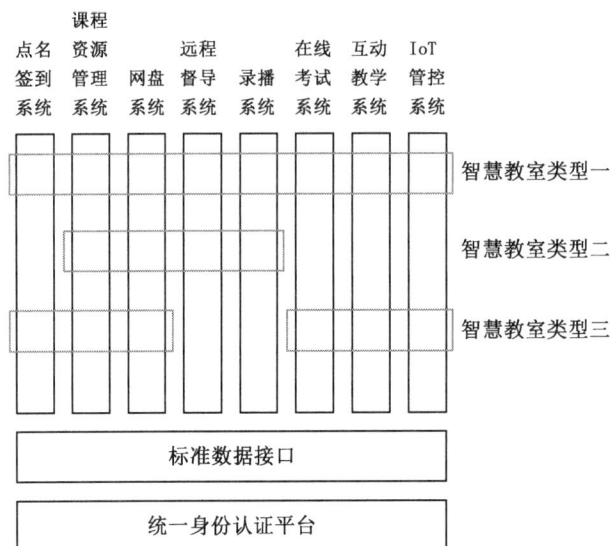

图 5—7 "大规模定制"化的智慧教室系统架构

又有机整合,建成了既可以进行功能复用又可以按照用户要求进行定制的智慧教室系统。

(1)点名签到系统。在上海外国语大学企业微信中开发点名签到系统,将课表信息和学生信息进行同步,开发应用程序安装在多媒体教室内的教师机上,教师点击桌面上的点名程序,系统弹出二维码,教师通过微信企业号(事先已进行身份绑定)扫描二维码后,出现签到二维码并显示在教室投影仪幕布上。在企业微信中,学生可以查看自己的签到情况,教师可以查看自己课程的签到统计信息,并对未签到成功学生进行补签。教研组长、院长、教务处工作人员以及分管教学副校长等不同角色人员均可在企业微信中查看统计信息,系统支持签到报表生成和导出。

(2)E-learning 课程资源管理平台。采用 Moodle 开源平台部署,实现丰富的课程资源管理功能,并能辅助学生预习和复习,也提供各类系统报表和学业预警功能。

(3)轻量级在线视频互动教学系统。部署了开源的 BigBlueButton 在线视频互动会议/教学系统,并可以将 E-learning 课程资源管理平台的资源无缝对接到在线视频互动教学系统中,教学视频可以自动录制,并自动关联到对应课程。

(4)在线考试系统。部署并优化了 Moodle 中的在线考试系统,可以在课中和课后随时组织在线考试,并得到实时的考试结果统计信息。

(5)网盘系统。采用爱数网盘系统,便于存储大文件,文件通过超级链接的形式与课程资源管理平台进行整合,在校内网上可以达到每秒 100MB 以上的传输速度。

(6)远程督导系统。采用科达远程督导平台,课程视频通过 H5 的形式嵌入课程督导、评教系统,方便教学督导在远程对课程进行评价。

(7)课程录播系统。课程录播的影像数据存在流媒体服务器中,通过超级链接的方式,自动嵌入教学资源管理平台中本课程对应的模块,便于学生课后复习。

(8)视频资源库。将学校既有的"影像上外"资源库平台中的视频资源,通过超级链接、页面嵌入等方式,在其他平台中进行引用,与相关课程资源进行有机关联,方便快速调用。

(9)课堂互动教学系统。采用卓智课堂互动教学平台,通过开放数据接口,将 E-learning 课程资源管理平台的资源与课堂互动教学平台打通,在课堂上通过教学平板电脑和学生 BYOD 设备进行教学互动。

(10)教室网络中控系统。教室内多媒体设备通过 Extron 网络中控进行统一管理,可以灵活配置管理策略,并实现远程的网络化管控。

(11)物联网管控。教室内所有物联网(IoT)设备通过 RS-485 协议接入中控,通过中控将信息输入教室环控系统进行设备的统一管控。物联网设备和其他设备(比如二氧化碳监测设备和新风系统)之间的联动通过人工设定的阈值进行自动控制。

此外,还有作业辅助批改系统、论文查重系统等小系统,在此不一一列举。

由于学校已经建立了一套完善的统一身份认证体系,且在各系统进行开发和二次开发的时候,也都遵循严格统一的数据接口标准,因此,这些系统之间既相互独立,又能够非常便利地进行紧密关联。通过对各系统进行选择和封装,可以灵活建立针对性强、功能强大的个性化智慧教室。

例如,英语精读课程,除需要签到功能外,在课堂上常需要对重点词句进行勾划和讲解,也会布置大量的课后作业,因此,将签到系统、电子白板、平板互动教学、E-learning 系统以及作业辅助批改系统进行封装,建立"英语精读智慧教室",满足英语精读课程的教学需求。

又如,采用大班教学的通识课,由于人数多,互动教学几乎不可能,但有布置课后作业(主要是客观题)的需求;由于上课人数多,冬天和夏天封闭门窗后,教室空气质量差,需要空气质量检测和新风系统;教室空间大,在自习学生少的时候,可以对灯光进行自动的分区控制。因此,将签到系统、空气质量检测系统、在线考试系统等进行封装,建立"通识课智慧教室",满足大类通识课教学要求。

此外,分别针对语音训练课、案例教学课、研究生小班讨论课等课程设计个性化智慧教室,这些教室功能强大但不冗余,还可以根据教师需求进行灵活的修改,在规模与个性化之间取得了平衡。

通过对智慧教室进行"大规模定制",不仅满足了不同专业、不同任课教师对智慧教室的不同定义和需求,而且节约了大量的系统开发和建设成本。与同规模的智慧教室建设成本相比较,本方案节约了60%以上的费用。

但是,本方案在提升个性化定制能力的同时,增加了系统设计的复杂性和维护的复杂度。由于各系统由不同的开发人员开发和部署,实现系统之间的数据通信和资源共享是一项有挑战性的工作。同时,由于不同的系统之间存在大量的数据交换,对各系统的稳定性和实时性也提出了更高的要求。

第6章

人工智能在智慧教学中的应用

  2016 年,谷歌公司研发的一款经过深度学习模型训练的围棋机器人阿尔法狗(AlphaGo)战胜了世界围棋冠军、九段棋王李世石,标志着人工智能(AI)在一些细分领域的能力已经超越人类,在世界范围内掀起了一股人工智能热潮。由于人工智能不仅具有诱人的商业前景,而且对个人生活、组织运作、社会治理乃至整个人类发展具有颠覆性的影响,因此,近些年来,世界各国都在积极布局人工智能产业,抢占人工智能研究和应用高地,掀起新的一轮"人工智能竞赛"。2016 年,美国白宫连续发布《为人工智能的未来做好准备》(Preparing for the Future of Artificial Intelligence)、《国家人工智能研发战略规划》(The National Artificial Intelligence Research and Development Strategic Plan)和《人工智能、自动化与经济》(Artificial Intelligence, Automation, and the Economy)三份报告,将发展人工智能提升到国家战略高度,为美国社会拥抱人工智能机遇、应对人工智能挑战、推动人工智能持续发展指明方向和路径;2016 年,英国也发布了《机器人和人工智能》(Robots and Artificial Intelligence)的报告,阐释英国对人工智能应用前景的理解和应对方法;2017—2021 年,日本政府先后发布《人工智能技术战略》《人工智能战略 2019》《人工智能战略 2021》三份政府文件,制定了人工智能产业化路线图,为人工智能的未来发展进行战略规划;2017 年 7 月,我国国务院印发《新一代人工智能发展规划》,将开展人工智能的相关研究和应用正式提升到国家战略层面;2021 年,美国又发布了《2021 年美国创新和竞争法案》,更是将人工智能作为美国应对挑战的关键性领域予以重点关注。总之,人工智能在全球范围内已经获得高度关注,各主要国家竞相将发展人工智能技术置于国家战略高度,充分发动各方力量,极力推动人工智能技术在社会生产生活中的应用。

6.1　人工智能应用于智慧教学的背景

在教育领域,人工智能也得到了高度关注。一方面,人工智能的发展离不开教育的支持,需要整个教育体系为人工智能产业输送大量的人工智能人才和技术;另一方面,同其他行业一样,教育行业也期待利用人工智能变革传统的教育教学模式,提升教学效率,提高教育质量。

因此,世界各主要国家在推动人工智能全面应用的同时,也都特别强调人工智能在教育领域的应用。2016 年 10 月,在美国白宫发布的《为人工智能的未来做好准备》和《国家人工智能研发战略规划》两份报告中都特别提到了"教育人工智能"(Educational Artificial Intelligence),认为教育人工智能的关键技术体现于知识的表示方法、机器学习与深度学习、自然语言处理、智能代理、情感计算等,其应用与发展趋势集中在智能导师与助手、智能测评、学习伙伴、数据挖掘与学习分析等领域。2019 年 8 月,中国与联合国教科文组织在北京举办了"国际人工智能与教育大会",在会上发布了《北京共识——人工智能与教育》,表达了全人类社会对人工智能时代教育发展的共同愿景,并为利用人工智能技术实现 2030 年教育议程提供指导和建议。

我国是一个有着悠久文明史的大国,有尊师重教的历史传统。但由于历史和现实原因,我国的教育资源分布极其不均衡,存在严重的地域和城乡差距;此外,人口众多,师资、校舍等资源紧张,造成生均教学资源不足,严重影响教育质量。因此,在此轮人工智能发展浪潮中,我国期望通过人工智能的应用,提升教育教学质量、减少教育的地域和城乡差距、增进教育公平。2017 年 12 月,中国工业和信息化部印发《促进新一代人工智能产业发展三年行动计划(2018—2020 年)》,明确提出加快人工智能人才的培养。2018 年 4 月,教育部发布《高等学校人工智能创新行动计划》,引导高等学校瞄准世界科技前沿,不断提高人工智能领域科技创新、人才培养和国际合作交流等能力,为我国新一代人工智能发展提供战略支撑(教育部,2018);同年,教育部将人工智能课程纳入高中新课标,提高中学生的人工智能素养。2018 年 4 月,在教育部发布的《教育信息化

2.0 行动计划》中,多次提到要让人工智能在提高教学质量、提升教育教学管理
水平等方面发挥重要作用。2019 年 11 月,教育部发布《关于教育系统学习贯彻
党的十九届四中全会精神的通知》,要求发挥网络教育和人工智能优势,创新教
育和学习方式,提高教育质量。

　　总之,在教育领域,人工智能可以在一定程度上弥补优质教育资源的稀缺,
缩小教育的地域和城乡差距,提高教育资源投入的产出绩效,对实施更高质量
和更加公平的国民教育具有重要意义,也是实施智慧教学和实现教育数字化转
型的重要抓手。人工智能在教育中的应用主要体现在"教"与"学"两个方面。

6.1.1　教

　　人工智能技术的发展极大地推进了教育教学的信息化、智能化、现代化,同
时也对传统教学模式和教师提出了挑战。人工智能技术的应用促进了传统教
学模式的变革,也推动了教师进行教学方式的改进和创新。人工智能不仅可以
替代教师完成批改作业、课堂点名、回答学生问题等大量的重复劳动,节约老师
宝贵的工作时间,而且可以帮助老师提升课堂教学效率和质量,实现因材施教
的个性化教学。不仅如此,人工智能作为一种全新的技术,还能颠覆传统的教
学模式,实现远程教学、混合式教学、虚拟现实教学、形成性评价等传统教学难
以做到或者根本做不到的教学方式和方法。

　　(1)个性化教学

　　在传统教室中,教师面对所有的学生讲授同样的内容,所有学生被作为一
个整体来对待,教师在教学过程中无法顾及学生的个体差异。在班级学生人数
少的时候,教师尚且可以通过个别提问、布置不同的作业等方式适当照顾一些
独特个体(比如特别后进或特别优秀、在某学科特别突出的学生等)。但由于教
学资源——特别是优质教育资源——的稀缺,我国教育系统的班级规模一般都
比较大,中小学一个班 50 人很常见,在大学里,一两百人合班上课更是常态。
如此规模的班级,教师不仅没有机会进行个别关注,甚至连点名的时间都没有。
因此,现实条件的限制使得现有的教学方式根本无法照顾到每一个人的学习能
力和学习进度。中国自古就有"因材施教"的说法,但是由于现实条件的限制,
这种"流水线"式的教育显然无法满足个性化教学的需求。

　　但在人工智能的帮助下,这种情况有望得到改善。基于大数据的人工智能
助教能够收集学生的学习过程数据,对其学习行为和学习效果进行深度分析,

为每个学生建立个人画像和专属的学习模型,以及专门的教学计划和培养方案,并对其学习过程进行监督、提醒、辅助、督导等,从而实现因材施教的个性化教学目标。

目前,已经有学者在从事这方面的研究和探索。例如,朱(Zhu,2008)设计了一种基于人工智能的个性化教学系统(Individualized System of Instruction, ISI),该系统是基于 Web 的诊断测试评估和反馈自适应学习系统,旨在通过信息技术和内容集成进行教学,收集学习者的学习数据,对学习者的学习能力和学习效果进行分析、评估和反馈;刘(Liu,2010)在分析了使用多智能体技术开发网络教学系统个性化学习模型的基础上,提出一种基于多智能体的网络教学个性化学习模型的三层结构,实现网络教学的个性化。但到目前为止,这些研究都还尚处于理论探索和实验阶段,离正式应用还有一定的距离。

(2)教学方式变革

传统教学方式单一,课堂以教师为中心,内容以教师讲授为主,这种教学模式是一种"满堂灌"和"填鸭式"的方法,课堂以学生单向接收信息为主,缺乏互动和启发,学生的各类感官系统没有被完全调动,无法激发学生的创造性,导致教学效果不理想。尽管从 20 世纪末开始,很多学校已经应用多媒体设备进行课堂教学,但这些多媒体系统仅仅起到教学辅助作用,只对原有教学信息的载体和呈现方式进行改变和加强,课堂教学的本质并没有发生变化。

人工智能可以帮助教师摆脱烦琐的重复性劳动,极大地解放教师,教师有更多的时间用于教学研究、教学设计以及与学生的互动交流。人工智能助教可以帮助老师布置作业、批改作业、给学生发通知,甚至可以和学生进行对话交流,回答学生提出的问题。如果遇到无法回答的问题,再由教师人工作答,人工智能助教则收集对这些问题的回答并添加到课程知识库中,从而变得越来越"聪明"。目前,已经有很多学校将人工智能助教应用于教学辅助,并取得了良好的效果。

人工智能支持虚拟现实(Virtual Reality,VR)在教学中的落地。通过虚拟现实技术,可以在课堂或实验室中呈现"实际"的教学场景,不仅可以增加教学的情景感和趣味性,而且对于一些高成本、有一定的危险性和一些难以实现的教学场景具有非常重要的意义。例如,在一些化学和物理实验、生物解剖实验、电路实验等实验场景中,有些实验材料价值高(如单片机),稍有不慎就会造成损坏,有些实验材料属于一次性用品(如生物解剖用到的生物体、化学实验用到的试剂),消耗大,在虚拟现实技术的帮助下,可以真实模拟实验场景,学生可以在虚拟环境下多次练习,有把握后再进行实际操作,从而有效降低实验成本;高温高压环境中的焊接教学、高压输电线维修教学等是具有高度危险性的教学科目,稍有不慎就会造成人身伤害,甚至危及生命,虚拟现实环境不仅可以提供逼真的教学实验场景,还可以避免不必要的伤害;外语教学中经常进行"模拟联合国"辩论、旅游景点现场翻译等实训教学,在现实中,不可能经常性地将不同国家的代表组织在一起进行练习,也不可能把学生带到世界各地的景点实地练习,而虚拟现实技术可以模拟出教学所需要的各种环境和角色,让学生身临其境地进行语言训练。

随着网络基础设施的不断改善和各类视频教学软件的不断完善,网络课堂逐渐为大众所接受,特别是自 2020 年新冠疫情暴发以来,网络课堂更是成为全球很多国家学生上课的主要方式。人工智能与网络课堂结合,可以加强对授课教师的教学辅助,增强网络课堂的趣味性,加强对学生学习情况的监督。有些网络课程平台提供智能翻译、智能课堂笔记、智能助教等工具,方便教师授课管理和学生的学习;有些网络课程平台提供人脸识别和防开小差功能,在课程进行过程中,随机截取摄像头照片进行人脸识别,验证是否为学生本人在上课,也会随机在屏幕上出题要求学生作答,学生完成答案后方可继续听课,从而防止学生开小差;还有些网络课程平台提供悄悄话、递小纸条、设定同桌等功能,模拟线下班级的上课场景,增加课堂的互动性和趣味性。

近些年来,人工智能技术与教学的融合引发了传统课堂和教室的深刻变革,这种变革集中体现在智慧教室(Smart Classroom)的设计和应用上。智慧教室除了集中各种新型的教学设施、设备和软件外,还特别加强了教室的智能化管理。在物联网设备、大数据技术、人工智能技术的帮助下,教室管理也越来越智能化。

(3)教学智能化评价

教学质量和教学效果评价一直是教育学领域的一个难点。传统教学评价基于听课记录、学生问卷、学生考试成绩等少量静态数据,评价内容片面、评价标准主观、评价方式单一,无法真实体现教师的教学水平和教学质量,饱受一线教师诟病。随着大数据和人工智能技术在教育领域的深度应用,教学评价所需的数据、方法和技术比起传统教学评价有了质的变化,通过真实的、基于过程的数据对教学进行更客观公正的评价成为可能。

目前,已经有很多有关教学智能化评价的研究。王等(Wang et al.,2011)采用机器学习中的关联规则挖掘算法探索各教学环节评价结果与评价系统整体结果之间的关联规则,完善教学评估体系的构建;罗伯特·阿博特(Robert G. Abbott,2006)基于专家系统搭建了学生自动评估模型,该模型使用机器学习技术进行构建,通过将学生的行为与专家系统进行比较来对学生进行评分;詹妮弗·施罗德(Jennifer L. Schroeder,2014)开发了基于人工智能的学生学习评估工具 AISLE(Artificial Intelligence-based Student Learning Evaluation),通过人工智能技术,评估学生对特定领域知识的理解与应用,通过分析此工具生成的图形曲线,评估学生对知识的理解程度;熊慧君等(2019)基于深度自编码器和二次协同过滤设计了个性化试题推荐方法,以实现高效学习的有效途径,帮助学生从"题海战术"中解脱出来,对实现适应性教学、促进教育公平具有重要意义。结论表明,通过对比实验验证提出的推荐方法的推荐结果相对于传统试题推荐更具个性化和准确性。

6.1.2 学

学习的过程是一个外部知识内化的过程,在这个过程中,学生是主体。决定学生学习效果的因素有很多,除了学生自身的学习意愿、智商水平、兴趣高低和努力程度外,还有外界提供的信息数量、信息质量、监督与激励机制等。在学生学习过程中引入人工智能,不仅可以改进和增加学习的外部条件,而且可以激发学生内心的学习意愿和兴趣。内、外部因素共同作用,提升学生的学习效率和效果。在学习效率得到提升后,学生可以留出更多的时间从事社会实践、体育、社交等活动,促进健康成长和全面发展。

(1)个性化学习

传统教育环境下,由于资源的限制,一个班级中所有的学生必须听同样的课、完成同样的作业、保持一致的课程进度。这样一种教学方式,由于要照顾到大部分学生的接受能力,因此,教学内容、教学难度和教学进度是按学生水平的"平均值"制定的,往往最适合中等水平的学生,这样就会造成先进的学生"吃不饱"、落后的学生又"跟不上"的局面,而且无法照顾到在某方面有特长的学生。这对于学生个人来讲是一种极大的遗憾,对于整个社会来讲也是一种人才的浪费。而人工智能程序则可以自动分析每个学生的学习能力、学习兴趣和学习状况,并根据其特点量身定制学习计划,自动布置专属作业,从而实现学生的个性化学习,使得每个学生都能得到合适自己的学习内容和学习进度,最大化其学习效果。

(2)智能监督与激励

人的精力都是有限的,同时,人也都是有惰性的,特别是对于还未成年的中小学生或者年纪尚轻的大学生来说,在学习过程中顾此失彼、倦怠放松都是常有的情况。传统上,往往是靠家长和老师,花费大量的时间和精力来帮助学生培养良好的学习习惯。在人工智能环境下,这类监督和激励工作可以部分让计算机承担:通过计算机程序,对学生的学习行为进行分析,智能监督、提醒其应该完成的学习任务;当学生完成得比较出色或有明显进步时,系统还可以通过累加积分、送虚拟礼品等方式对学生进行奖励激励,进一步刺激学生的学习意愿。

(3)利用碎片时间学习

当今社会,信息量大、节奏快,人们的时间越来越碎片化,客观上要求学习行为也要适应时间碎片化的环境。要利用碎片化时间学习,首先就要将知识碎片化。目前,已经有人工智能产品可以将教学视频、教材、音频等按照知识点自动切割为若干短视频、短文本和短音频,这些不同类型的媒体资料可以在知识图谱的支持下,形成碎片化却又有机统一的多模态知识架构。学习者可以利用碎片时间从知识库中获取所需的资料进行学习,虽然这些知识点在表现形态上看似非常零散,但它们在逻辑上是相互关联的。因此,利用碎片时间学习看似无法"深入",但其实依然可以实现系统化的学习。

(4)学习方式多样和多元化

在人工智能的帮助下,教育的方式方法将与传统教育有极大的不同,自主学习、在线学习、定制化学习、碎片化学习、监督提醒学习等方式将在相当大程度上提升学生的学习意愿,促进学习效率,提高学习效果。基于人工智能的"虚拟教师"不再是令学生望而生畏的长者,而是一台 24 小时工作、随时可以请教、孜孜不倦又极富耐心的机器人,学习者有任何问题都可以随时提问。而且,在虚拟现实、计算机视觉等技术的支持下,学习将变得像打游戏一样更加有趣,"寓教于乐""游戏化学习"将不再是梦想。

6.1.3　我国在教育领域应用人工智能的优势

在世界大国的人工智能应用竞赛中,中国发力较早,目前也走在前列。与世界上的其他国家相比较,中国在教育领域应用人工智能技术有很多独特的优势。

(1)政府高度重视

由于我国在全球第一次和第二次工业革命中没能抓住机遇,在近代落后于西方国家,因此,我国政府特别重视以信息技术为代表的"第三次工业革命",期望通过加大在相关领域的投入缩小与发达国家的差距,甚至实现"弯道超车"。在人工智能时代来临之际,国务院、工业和信息化部、教育部等部门先后印发了《新一代人工智能发展规划》(2017)、《促进新一代人工智能产业发展三年行动计划(2018—2020年)》(2017)和《高等学校人工智能创新行动计划》(2018)等文件,站在国家战略高度,提出了我国人工智能及教育人工智能的发展目标、路径和具体行动计划。

(2)教育样本资源丰富

目前,人工智能的主要实现手段是机器学习,而机器学习需要大量的样本。一般来说,样本量越大,机器越"智能"。据统计,我国目前在校大学生总数超过4 000万,在校中小学生超过2亿,如此庞大的学生规模为机器学习提供了丰富的潜在样本资源。而且,我国互联网覆盖率高,学生上网用户数量庞大,很多学校、教师、学生已习惯了利用互联网进行课程教学、作业布置、作业修改、在线教学沟通等工作,这为人工智能提供了丰富的现实样本资源。

(3)中国在人工智能领域的先发优势

由于政府的重视和社会资本的大量投入,我国在人工智能应用领域已经处于国际领先地位,波士顿咨询公司(Boston Consulting Group,BCG)认为中国已成为应用人工智能技术最积极的国家。据统计,我国有几百所高校开设大数据、人工智能及相关专业,为社会源源不断输送相关人才。此外,我国超级计算机技术也领先世界,能提供巨大的算力支持,这也是人工智能发展的重要支撑条件。

(4)经济实力支撑

人工智能产业的发展,不仅需要大量的人才,而且需要包括高性能计算(High Performance Computing,HPC)服务器在内的各类硬件支持,这些都需要大量的经费投入,这也是人工智能只在经济实力过硬的国家才能得到发展的重要原因。中国经过四十余年的改革开放,整个社会经济得到飞速发展,经济规模已位居世界第二。由于存在大量的潜在经济效益和社会效益,因此,中国政府和各类企业近些年来在人工智能领域进行了大规模的投资,中国的人工智能产业在短时间内获得爆发式发展。截至 2022 年 11 月,中国人工智能核心产业规模超过 4 000 亿元,企业数量超过 3 000 家,人工智能专利申请量占全球一半以上(澎湃新闻,2022)。因此,经济实力的支撑也是人工智能在中国能够获得快速发展的一个非常重要的原因。

6.2　人工智能推动智慧教学发展

教育是一个非常古老的行业,在人类社会几千年的发展过程中,"书本＋黑板"是教学的主要形式,长期以来几乎没有任何变化。自 20 世纪中叶开始,幻灯机、投影仪、录音机、计算机等开始陆续应用于课堂教学,教学设备发生了很大的变化,但是,这些改变仅限于教学信息载体和展示方式的变化,教学内容和教学方式没有任何变化。随着人工智能时代的到来,计算机不仅可以替代教师大量的简单重复劳动,而且可以辅助课堂管理,帮助学生提高学习效率,提升教学智能化程度,推动智慧教学发展,变革甚至颠覆现有的教学模式和学习范式。

6.2.1　重构学习范式

1970 年,美国哲学家托马斯·塞缪尔·库恩(Thomas Samuel Kuhn)在其著作《科学革命的结构》(*The Structure of Scientific Revolutions*)一书中,最早提出"范式"(Paradigm)的概念。"Paradigm"源自希腊语"Paradeig-ma",意指"模范"或"模型",是在一个行业或领域中行事的主流套路,包括 Philosophy(理念)和 Methods(方法)两个部分。所谓学习范式(Learning Paradigm),通俗地说,就是学习者为了形成面向未来的心智结构,可以采纳的、易于推广的、行之有效的系列学习行为的总和,既包含学习行为的共同属性,又认同学习行为的特殊属性,并以特定的学习模式、具体的学习样式等表现出来(沈书生,2018)。

人工智能技术的出现,对传统的学习范式产生了颠覆性的影响。传统的学习就是一间教室、一本书、一支笔,学生的学习过程极少有其他工具的辅助,影响学习效果好坏的因素除了教师的教学水平外,几乎完全依赖于学生的自主摸索和努力。在人工智能时代,虽然学生依然是学习的主体,但是,技术可以在一定程度上帮助学生提升学习资源的质量和可得性、少走弯路、提升学习趣味性、提高学习效率、减少不必要的精力投入,形成一种更高效、更人性化的学习新范式。

(1)在线学习

网络将课堂在空间和时间两个维度上进行无限延伸。通过互联网,学生可以摆脱地域和气候条件的限制,在世界上任何一个有网络连接的地方与老师和同学连线上课。在线课堂系统可以模拟各种线下课堂中的上课场景,比如教师提问、学生举手回答问题、课堂测试、同桌互说悄悄话、递小纸条、课堂演示等,有些模拟场景甚至比课堂中的真实场景更有趣味性。通过网络,学生还可以在任何地点、任何时间连上网课系统,观看系统中事先存储的网络视频课程,而不必拘泥于特定的上课时间和特定的地点。学生还可以在课程论坛中与老师和同学实时讨论问题,也可以在课程留言板中提问,等待老师或其他同学有空的时候再回答,而不必要求大家同时在线。这种时空分离的学习方式比传统的面对面教学具有更低的成本、更高的效率和更好的效果。

(2)翻转课堂

教师的角色是"传道、授业、解惑",在很多情况下,"传道"和"授业"的内容都是标准化知识,可以通过学生自习实现;而"解惑"则是引导性、启发性工作,需要学生和老师面对面地交流。在传统教学范式下,这三项工作都是在课堂上完成的。如果能够将"传道"和"授业"两项工作前置,课堂上主要是教师进行"解惑",则可以大大提升学生的学习效率和效果。基于此认识,一种全新的教学范式——"翻转课堂"(Flipped Classroom 或 Inverted Classroom)——在近些年来得到很多学校和教师的青睐。在"翻转课堂"教学范式下,教师借助网络和其他信息技术手段,事先设计一套完整的教学任务,并录制好教学视频,提供学习资源,让学生在课前完成课程内容的学习;此后,学生带着问题走进课堂,教师通过解答学生的问题,让学生加深对知识的理解,并启发学生思考和创新,从而达到更好的学习效果。

(3)教学辅助

当前的人工智能发展水平还处于"弱人工智能"阶段,即人工智能只能用于解决特定的问题。在传统的教学工作中,教师花费了大量的时间来给学生布置作业、批改作业、统计成绩、进行试卷分析、重复回答学生提出的相似的问题。这些工作属于简单重复劳动,价值含量低且浪费大量的时间。而这些工作,却是人工智能的"强项"。计算机视觉、OCR 识别、自然语言处理、语音识别与转换、语义分析、机器翻译等这些人工智能的典型应用都可以用于教学辅助当中,帮助教师完成低价值的重复性劳动,让教师腾出更多的时间从事教学研究和与学生的互动。例如,微软亚洲研究院与培生集团在 2018 年共同推出的人工智能英语学习软件"朗文小英",将培生原版的英语课程与语音识别、自然语言处理、机器学习等人工智能技术进行融合,为学生提供有针对性的英语学习辅助,并将学生的英语学习表现及时反馈给教师,从而帮助提高英语教学的效率和效果(樊畅,2018)。

(4)场景搭建

在人工智能技术的支持下,虚拟现实(Virtual Reality,VR)、增强现实(Augmented Reality,AR)等技术可以实现更加逼真、更有代入感的教学场景。例如,现在有些学校使用的智能抠像技术,在摄影棚或教室中搭建环境,背景为大尺寸的绿幕或蓝幕,当学生在幕布前表演时,人工智能程序会根据剧本的需要,给"演员"配上各种不同的背景,让观看者感受到非常逼真的身临其境的效果,从而增强学生的体验感、提高教学的趣味性、加深对知识的理解与记忆。中国的很多高校,比如清华大学外语学院、上海外国语大学、华东师范大学外语学院等都搭建了外语虚拟现实教室(实验室),利用虚拟现实技术,模拟外语交流和沟通的各种场景,训练学生的外语口语交流和跨文化交际能力,增强外语教学的带入感和沉浸感,让学生获得了更佳的学习体验。

图 6—1　清华大学虚拟仿真语言实验室

微软开发的 HoloLens 混合现实(Mix Reality,MR)设备可以将现实环境与虚拟场景进行深度融合,结合微软"小娜"和人工智能技术提供智能化的语音引导和体感交互,给人以身临其境的体验感(Noor,2016)。该设备也可以应用于教学,让更多知识以可视化的方式进行更加直观的呈现,学生可以通过多种感官来体验和学习,加深理解、增加思考、拓展思路、激发创新。

6.2.2 解放教师

目前的人工智能技术还处于"弱人工智能"(Weak AI)阶段,虽然无法实现真正的推理(Reasoning)和解决问题(Problem Solving),却可以在一些特定领域替代人类的机械性重复劳动。批改作业、智能试题、批改试卷、纠正发音等工作就是教师的机械性重复劳动,人工智能在这个领域大有作为。通过综合应用数据库技术、OCR 光学识别技术、模式识别技术、标签智能匹配技术等新技术,可以将大量的出题和批改工作交给人工智能程序完成,把教师从烦琐的重复劳动中解放出来,让教师有更多的时间从事教学研究、师生互动等更有价值含量的工作。

此外,对于教师而言,备课也是一项十分重要但耗时耗精力的工作,因为备课情况直接影响到上课质量,因此,教师都极其重视,不敢掉以轻心。传统的备课模式是教师从海量的互联网信息中选择自己需要的信息,然后再进行各种处理和拼装,耗费教师大量的时间和精力。基于人工智能技术的"备课机器人"在网络爬虫和知识图谱的帮助下,可以协助教师在相关学科的知识库和互联网中更加快速、准确地搜索到所需的高质量资源,并能对资料进行自动或半自动处理,快速形成高质量的电子教案,大大缓解教师的备课压力,提高教案质量。

教师答疑是日常教学中的重要一环,现在的课程教学班一般都有网络社区、论坛或微信群、QQ 群、钉钉群等,方便师生进行与课程有关的信息交流。在这些平台中,教师常常需要回答大量的学生提问,而很多问题在课程教学大纲、PPT、教案中都有,且每届学生的问题大同小异。教师花费大量的时间用于回答一些有现成答案或重复的问题,浪费了宝贵的时间和精力。基于人工智能的课程助手可以帮助教师完成此项工作。通过对课程教学大纲、PPT、教案和历史提问及答案的收集和加工,形成课程 Q&A 知识库,通过自然语言处理技术,将学生的提问进行语义分析(如果是语音提问,还要先将语音转化为文字),在知识库中寻找最接近的答案。这个课程助手可以孜孜不倦地 7×24 小时全天候工作,而且,它还有一个优点:可以根据每次回答问题的准确与否,不断改进答案,使自己变得越来越智能。

佐治亚理工学院计算机科学教授艾休克·戈尔(Ashok Goel)就成功地使用人工智能机器人作为其课程助教。由于戈尔开设的网络课程很受学生的欢迎,因此,他和他的教学团队每学期要在网上回复 1 万多个学生提问,工作极其繁重。戈尔在 IBM 的"沃森"聊天机器人的技术基础之上,开发了一款名为吉尔·沃森(Jill Watson)的聊天机器人,吉尔·沃森"阅读"了之前历届学生的提问和教学团队的解答,形成课程 Q&A 知识库,并开发了人工智能程序分析学生的提问,计算针对该问题的最佳答案。在网络课程中,吉尔·沃森作为助教工作,回答学生的各种提问。由于吉尔·沃森在回答学生提问时非常"聪明",因此一个学期下来,学生们甚至根本没有注意到课程的助教竟然是一台机器人。

人工智能将教师从大量的机械性重复劳动中"解放"出来后,教师可以腾出手来做一些更有价值、机器无法替代的工作。比如从事教学研究,让课程质量更高,让教学过程更科学;教师可以更多地关注于学生的成长和身心健康,引导学生树立正确的世界观、人生观和价值观;教师可以有更多的时间了解学生内心的想法和感受,给学生做心理辅导,缓解学生情绪和压力;教师可以有更多的时间激发学生的学习动力,培养学生的创新、创造和解决问题的能力等。

6.2.3 转变教师角色

人工智能对教师的传统工作既起到赋能作用,又起到部分替代作用,并催生了新的教学范式。人工智能比人脑具有更大的知识容量和更快的计算速度,在某些知识领域甚至超越人脑,因此,可以辅助教师完成一些低技术含量的教学工作,但是,仍有大量的高技术含量,特别是涉及人文关怀、启发创新类的工作,人工智能还无法胜任。因此,在人工智能的赋能下,教师摆脱了一些烦琐、低价值含量的重复性劳动,有更多的时间从事教学研究、学生指导、与学生交流、帮助学生进行价值观塑造等高价值含量的工作。在新的教学范式下,人工智能与教师"分工合作",各自从事自己擅长的工作。与传统教学相比,智慧教学中的教师角色发生了三种主要转变:首先,教师由"全才"变为"专才";其次,教师由"教学者"变为"辅导者";最后,教师由"教练"变为"导师"(张优良,2019)。

在传统教学范式下,教师是"全能"的,要独立完成授课资料采集、教案撰写、课件制作、授课、布置并批改作业、答疑、统计和分析成绩甚至装订试卷等整个授课周期内的所有工作。在人工智能的帮助下，一方面，教师可以从烦琐的事务性教学工作中解放出来，有更多的时间和精力专心于教学本身，从而变得更加专业；另一方面，互联网技术和人工智能技术增加了优质教学资源的供给，促进了教学在更大范围内的分工，教师可以根据自己的优势和特点，投入更多的时间和精力打造自己的优势课程，成为某课程的专家。

在人工智能时代，互联网上存在海量的教学资源，学生可以按照教师的指导获取教学资源进行学习，也可以自己在网上查找需要的教学资料，因此，教学工作中的"授业"部分完全可以由互联网和人工智能替代，教师则专心于"解惑"，针对每个学生的特点"因材施教"。而且，人工智能环境下，有大量的智能硬件和人工智能软件应用于教学，这些软硬件能够在很大程度上帮助学生进行学习和训练，给学生更加具象和丰富的学习体验，这种体验比教师口授的效果要好得多。因此，教师的角色要从"授人以鱼"转向"授人以渔"，要从一个知识的传授者转变为一个学习的辅导者和思想的启发者。

传统教育模式下，由于时间精力所限，教师的精力和时间仅够完成知识教学，即"教书"的工作。但是，学校教育是全方位的，不仅是知识的传授，还包括人生观、价值观、世界观的塑造以及行为规范等各个方面的"育人"工作，从人的一生发展来看，"育人"比"教书"更重要。在人工智能时代，教师不仅可以从烦琐重复的低价值含量工作中解放出来，有更多的时间从事"育人"工作，而且，在大数据分析和人工智能技术的帮助下，教师可以对学生的思想动态和"三观"有更加及时、深入的了解，也可以通过各种信息化手段与学生即时、充分沟通，对学生进行积极、正向的引导，真正成为学生成长过程中的"导师"。学生导师的作用是经过实践检验的。例如，美国蓝图学校（Big Picture Learning School）为每个学生分配一名导师，导师与学生建立了比师生关系更加密切的私人关系，导师保持与学生的密切沟通，为学生提供学业、社交、处理与父母的关系等各个方面的指导，成为学生的坚实后盾（Michael，2018）。

6.2.4　辅助课堂管理

课堂管理是教学中一项十分重要的内容，点名签到、提问、课堂秩序维持等对于授课效果有很大的影响。在传统课程教学中，教师除了教授知识外，还需要花费时间和精力进行课堂管理，挤压本身就比较紧张的上课时间。在人工智能技术的辅助下，教师可以进行更加高效的课堂管理，减少用于课堂管理的时间和精力。目前,图像识别、机器翻译、语音识别、OCR识别、人机互动、个性化推荐、智能提醒、智能预警等人工智能手段在课堂管理中获得了不少成功的应用。在人脸识别技术的帮助下,教师可以快速完成课堂点名;在自动翻译技术的帮助下,不同母语国家的学生可以同听一堂课;在OCR识别和图像处理技术的帮助下,教师的课堂板书可以被自动保存并被识别为文字,供学生下载学习;在智能题库的帮助下,人工智能系统可以给学生自动出题并自动阅卷、统计测验情况,成为教师有力的课堂助手。

现在,还有一些针对课堂语音、课堂视频资料的研究。有的研究采集课堂上的师生对话,运用自然语言处理技术,将语音转化为文本,并对文本进行分析,以判断学生对知识的掌握程度;也有的研究利用教室里安装的巡课摄像头,不断对教室上课场景进行扫描,采集课堂图像,还可以跟踪学生的头部和眼球的运动,分析面部表情,利用诸如"抬头率""面部表情愉悦度""眨眼频率"等指标来评估学生的注意力集中情况和课堂参与度。但是,目前这些研究还仅仅处于探索阶段,远未达到能够投入使用的水平。

6.2.5 重构师生关系

在教育中,人工智能既是教师的"好帮手",也是教师的"掘墓人",这样的一种关系也在重构着人工智能时代的师生关系。人工智能环境下的师生关系与传统的师生关系有明显差异,这种差异主要体现在教学关系、情感关系、伦理关系、社会关系四个层面(梁娜,2020)。

(1)教学关系

传统环境下,由于社会总体信息量的限制,师生之间的信息是不对称的,在教学关系中,体现为教师掌握更多的信息,是主导者,学生是被动的接受者。但是,在人工智能时代,由于信息量的膨胀和智能搜索引擎的帮助,教师能获得的信息,学生一样可以获得,甚至在某些细分知识领域,学生可能比老师了解得更加深入。在这种情况下,师生关系就不仅是教与学的关系,而是互相讨论、互相启发,从静态的"师教生学"转换到动态的"共生互学"(吴康宁,2003)。正是因为有了这些工具的支撑,翻转课堂、碎片化学习、自主学习等新型学习方式得以更好地开展;并且由于学生有了大量的前期知识准备,课堂教学将更多以讨论、互动、启发等方式进行,教学关系发生了质的改变。

(2)情感关系

如前所述,因为人工智能将教师从低价值重复劳动中解放出来,因此,教师除了教授知识外,有更多的时间与学生交流谈心,关注其身心成长和情感需求,激励、引导学生树立正确的世界观、人生观和价值观,促进学生的全面发展。由于增加了沟通和交流,增进了相互之间的了解,师生之间的情感关系将会比之前更融洽,也更加有利于学生的健康发展。

(3)伦理关系

现在的大学生是数字原住民,他们在网络环境下长大,由于网络信息的开放性和共享性,师生伦理关系中"以师为重"的观念被逐渐削弱,"立德树人"成为新的关注点(余娟,2018)。因此,在新环境下,教师对学生不再是一种"权威",很多时候更像朋友;老师在学生的心中不仅是令人敬重的长者,也是可以讨论问题、沟通思想、交流感情的友人。随着人工智能的发展,机器有进一步替代教师的趋势,这样,师生之间的伦理关系将进一步受到影响。一方面,人工智能机器解放教师的重复劳动,让教师有更多时间与学生交流;另一方面,人工智能机器也会替代教师的教学工作,减少师生间的交流时间。当人工智能足够强大、无所不知的时候,学生可能会花更多的时间在与机器的交流上,特别是一些敏感话题,学生可能会更愿意与机器进行交流。从而,教师与学生之间的情感交流也可能会进一步减少。

(4)社会关系

以上三种关系的转变,造成了人工智能环境下"教师"和"学生"这两个社会群体之间关系的改变。人工智能在教育领域应用得越多,"教师"和"学生"之间的情感交流和互动可能就越多,双方之间的地位就越趋于平等。而且,"师生关系"也不一定局限于人类社会,人工智能机器与人之间也会产生"师生关系","师生关系"的概念将会被重新定义。

6.2.6 增强教学趣味性

传统教学大多是枯燥的"填鸭式"教学,在智慧课堂中,人工智能程序驱动的"声光电"组合大大增强了课堂的趣味性和真实感,给学生印象深刻的感官体验,提升学生学习的积极性和对知识的理解。在智慧课堂中,不仅配备了传统的讲台、黑(白)板、计算机、投影机,还配备了网络摄像头、智慧大屏一体机、教学互动设备、资源库、课堂智能助手等智能化软硬件设施;不仅教学内容得到极大丰富,学生的学习兴趣也得到大幅提高。例如,内置人工智能程序的学生辅导机器人可以极大地提高教学的趣味性,无论是在课内还是在课外,学生都可以向人工智能机器人进行提问和交流。与向教师提问不同,学生可以向人工智能机器人提任何问题,也不会担心被嘲笑或暴露隐私,学生从而会变得更加好问和勇于探索。人工智能机器人和教师之间形成互补,能够显著提升教学效果,更好地完成教学任务(李德毅,2016)。

6.3　人工智能在智慧教学中的具体应用

研究人员在 20 世纪 80 年代就开始了教育领域的人工智能探索。30 多年来,随着理论研究的逐步深入和成熟,人工智能在智慧教学中的应用也越来越多。有些应用,比如表情分析、专注度分析等,尚处于探索阶段;还有些应用已经非常成熟,并得到广泛应用,比如人脸识别签到、板书自动识别、课程助教、到课率统计等。综合来看,目前人工智能在智慧教学中的应用主要有教学智能辅助、智能测评、学习者建模、智能导学、虚拟现实技术、一体化教学平台等。

6.3.1　教学智能辅助

人工智能应用于教学是一项涉及计算机科学、神经科学、心理学、教育学、行为科学等多学科综合的研究领域。自从人类发明计算机以来,人们就开始探索将其应用于教学辅助,并产生了计算机辅助教学(Computer Aided Instruction,CAI)和计算机辅助训练(Computer Based Training,CBT)两个方向的教学辅助系统。但迄今为止,还没有一套真正能够应用于实践、覆盖整个教学过程、成熟的教学智能辅助系统。但在某些具体的应用上,人工智能已经可以接近或达到甚至超越人的能力,对教学过程进行智能化辅助。

现在的人工智能程序已经可以模仿人类的部分行为,比如智能问答、智能提醒、自动翻译、自动记录(音频、视频、文字)等。因此,人工智能可以扮演教师和助教的部分角色,在课前、课中和课后辅助教师教学和学生学习。

智能问答系统是人工智能的典型应用。早期的智能问答系统基于规则,仅可以应付简单的、高度结构化的问题,一旦问题规模变大、变复杂,基于规则的程序就无法胜任,因此,20 世纪 90 年代开发的很多基于规则的专家系统最后被证明功能非常有限,有些甚至是失败的。而基于机器学习的专家系统通过对海量的语料不断地进行机器学习训练,系统迭代(Iteration)速度非常快,越来越

"聪明"。而且,这类系统还可以在上线后继续利用实际语料持续学习,不断更新知识库,保持与人一样的学习能力。智能问答系统在课程答疑、课程资源导航等智能教学领域都有成功应用。

传统教学环境下,教师通过课堂提问、课后作业、小测验等方式来观察学生的学习行为、进度和学习效果,并及时提醒可能存在偷懒、后进等情况的学生。在人工智能的支持下,通过对学生的学习行为大数据的分析,可以及时发现学生长期不登录系统、不查看课程资料、不及时提交作业、对教师布置的课程学习资料阅读时间过短、观看课程教学视频不认真等问题,并通过电子邮件、站内信或者手机短信等方式对学生进行及时提醒,及早发现并纠正学生学习中存在的问题。

传统教学环境下,学生花费大量的时间做课堂笔记,虽然这种记录行为本身也是一种加强记忆的知识强化,但依然浪费了学生宝贵的课堂听课时间。在人工智能技术的支持下,不仅可以将教师记录在教室黑板或智慧白板上的文字进行存储,还可以将其进行智能识别,转化为文字,并与课程PPT、课堂录像及其他参考资料等内容进行有机结合,共同形成课程多模态知识图谱,有助于学生加深对课程内容的理解。

智慧教学离不开高质量资源库的支持。资源库中除了包含课程课件、课程视频、辅助阅读材料等课程资料外,还包括课堂测试题、考试题、课程知识图谱、元知识等内容。课程资源库中的内容既可以由权威机构(比如出版社、专业公司等)提供,也支持教师或助教自主添加资源。资源库既可以存放在学校自有的本地服务器中,也可以利用账号密码或IP地址限定等方法,通过云服务的方式提供(通常是资源库版权方出于知识产权保护的原因)。

猿辅导公司推出的智能助学平台"小猿搜题"[①]就是智慧辅助教学的典型应用,该应用是面向中小学家长和教师的作业检查辅导工具,"小猿搜题"的背后是海量题库,全面覆盖小学、初中和高中各个学段。"小猿搜题"集成了文本区域检测、字符识别、自然语言处理、搜索引擎等多项先进技术。其基本运行机制是:通过图像检测定位到文本区域,对文本区域进行光学字符识别,将识别到的字符经过自然语言处理后再定位到海量题库,最后返回题目答案与解析。具有类似功能平台的还有百度公司推出的"作业帮"[②]。

---

① "小猿搜题"网址:https://www.yuansouti.com。
② "作业帮"网址:https://zyb.zybang.com。

教学智能辅助系统成为教师教学和学生学习的有力助手。在人工智能的帮助下,教师可以大幅度减少简单重复劳动,重点关注课程改进和学生交流,提高课程质量和教学效果;学生可以获得个性化的教学帮助,重点关注知识的薄弱环节并有针对性地进行改进,不断提高学习效率和学习效果。教学智能辅助系统改变了传统的教学模式、提升了教学的效率、提高了学生的学习主动性,有助于学生学习潜力的开发和创新能力的培养,是教学领域一个质的飞跃。

6.3.2 智能测评

在大数据和人工智能的帮助下,可以实现教学效果的智能测评,智能测评的功能是通过智能测评系统来实现的。智能测评系统就是利用大数据及人工智能等技术,通过智能测评模型,分析教学过程大数据,进行精准、高效的教学过程和教学效果的评价。智能测评系统主要包括两大部分:智能题库系统和考试阅卷系统。

智能题库系统提供了丰富的题库资源,这些资源按照学科、年级、知识点、难易程度等维度被打上多个标签,以便于题库的管理和智能推送。海量的题库像一个大"水池",在需要的时候,通过一定的算法,从题库中抽取相关资料并进行组合、编排,形成试卷,支持各类考试应用。智能题库中海量的习题来自各个渠道,既有从出版社购买的习题集,也有从网上自动采集的习题,还有教师通过手动添加的方式录入的习题。当习题进入题库后,有专门的程序以自动或人工的方式对其进行标注,以利于将习题进行不同维度的分类。对习题的标注要基于一套统一、规范化的标签库,否则会严重影响习题库的管理和智能应用。由于题库中的习题都被进行了详细的标注,因此,系统可以在教师设定知识点、难度等关键指标后,快速地自动生成测试卷,极大地缓解教师的出题压力。杨婕等(2019)构建了基于知识点的中医学学术型硕士研究生入学考试智能组卷系统,并应用于中医学学术型硕士研究生入学考试。经过对试卷的分析,证明考试结果可靠、成绩分布合理、难度把握适中,从而达到选拔考生的目的。

系统也可以根据学生的动态画像,为每个学生匹配最合适的习题,生成个性化的测试题,供学生自测时使用;学生提交试卷后,系统可以快速地进行批改,并将结果及时反馈给学生,甚至可以指出其错误的地方是哪个知识点的欠缺,从而指导学生有针对性地进行改进。

学生对知识点的掌握是通过各种形式的考试进行检验的,传统教学模式下,教师花费大量的时间批改学生试卷、统计考试结果。考试阅卷系统在人工智能程序的帮助下,不仅能够快速自动批改学生试卷、节约教师的大量时间,还能采集并分析测验数据,自动统计学生学习的整体情况和每个学生的个体情况,为教师进行教学改进和学生的学习改进提供有针对性的指导意见。传统的自动阅卷系统在客观题的批改上具有无可比拟的优势,但对主观题的批改准确率一直不高。在人工智能技术的帮助下,通过机器学习、自然语言处理等技术,可以大幅度提高主观题的批改质量。例如,对于论述题,通过智能分词、主题抽取等方式,对学生的答案进行语义分析,实现自动或半自动批阅;又如,对于翻译题,通过人工智能程序,可以自动找出其中的语法错误、单词拼写错误、搭配失当等问题,并实现自动算分。此外,人工智能程序还能找出疑似雷同卷,并发现考试作弊行为等。

智能测评系统为教师实施教学效果检查提供了有力的手段,实现了智能出题、智能批改和测试结果的智能分析等功能,减轻了教师的出卷、阅卷和统计测试情况的负担,降低了测试的实施成本,并让学生能更清楚地了解自己对知识点的掌握情况,提高教学和学习的个性化程度,提高教师教学效率,提升学生学习效果,对智慧教学的实现具有十分重要的意义。

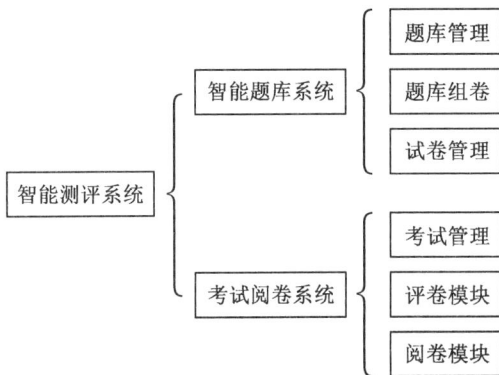

图6—2 智能测评系统结构示意图

魏思等(2006)基于人工智能语音识别技术,设计了一套普通话水平测试电子化系统。经实验证明,该机器可以代替人工进行普通话水平测试前三项(读100个单音节字词、读50个双音节词语、朗读400字短文)的评分工作;贾积有等(2023)综合采用大数据挖掘、自然语言处理、多通道人机交互等人工智能技术,设计了一个基于网络的学生智能评测和辅导系统,并以初中数学的勾股定理知识点为例,通过编程建立了一个数学智能测评和辅导系统 MIATS,该系统能够给每个学生提供内容和时间都不同的个性化测试与辅导,其对学生的评测结果等同于所有学生内容和时间都完全一样的传统测试方法的结果,对学生的辅导效果也比较显著。

6.3.3　学习者建模和智能导学

智慧教学系统实施的精准化、个性化的推送,离不开学习者建模和智能导学。学习者建模是综合运用学生基本信息等静态数据和上课过程中的动态数据对学习者建立个人档案,也称为学习者画像,具体是通过给学习者打标签实现的。而智能导学则是通过将学习者模型与知识库进行动态比对,为学习者智能化地推荐学习资料。

建模即建立模型,是人们为了更清晰、准确地理解世界,对事物做出的某种抽象,是通过“去粗取精,去伪存真”后对事物的一种接近事实的书面描述。建模是进行科学研究的重要手段,凡是通过模型描述客观对象的因果关系或关联关系的过程都属于建模。

建模有两种文化:一种是数据建模文化(Data Modeling Culture),另一种是算法建模文化(Algorithmic Modeling Culture)。统计学家的任务是选择一个基本的模型,可以反映自然界这种真实的数据对应关系(Breiman,2001)。建模的价值在于探讨群体和个体的适应性,而个性化学习的核心是一个不断演进的学习者模型,也称为学习者档案(Learner Profile)。学习者建模是创建和维护学习者模型的过程,学习者模型负责对学生当前知识状态模型的开发和维护,旨在对学习者的误解和次优表现做出假设,以便教师能够指出并建议修正(余明华等,2017)。

借助先进的物联网感知技术、视频监控、智能录播、网络课堂、在线学习平台、教学互动系统等技术,教师和教学管理者可以从多个来源收集多种类型的学习者数据。更广泛的学习者建模数据来源还可以包括与教育资源的互动、社交计量指标、心态、过去表现、学习媒介或类型偏好、毅力或坚持、管理数据、人口统计信息、时间历史、情绪状态、社交网络、课堂秩序等,数据的来源跨度甚至涵盖从人口普查数据(Census Data)到数字化学习数据(E-learning Data),再到生物测量数据(Biometric Data)(Roy Pea et al.,2014)。

在人工智能的帮助下,各类与教学相关的数字化系统可以智能化地识别和记录学习者的学习行为和生理数据。这些数据不仅包括学习者的点击、查看、下载等数据,还包括学习者的语音、视频、表情、呼吸、心跳,甚至眼球转动、脑电波等数据,通过对这些数据的综合分析、计算来研究学习者的学习投入情况。德国不来梅大学(Universität Bremen)使用课堂管理救援移动工具(MTT)——数字笔纸技术(Digital Pen and Paper Technology,DPPT)——记录学生出勤及评分信息,将这些信息通过互联网发送到服务器进行计算和分析,并通过网络界面 MTT Web 进行查询(Broer Jan,2010)。

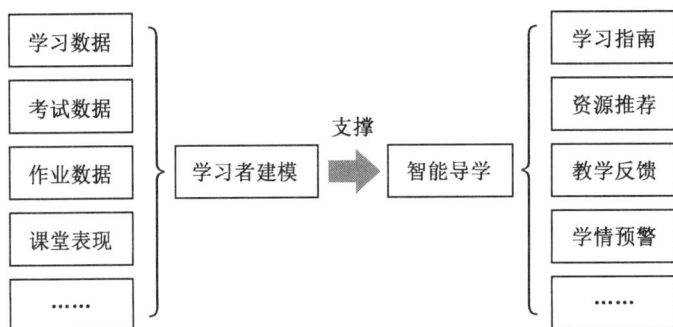

图6-3 学习者建模和智能导学的关系结构图

通过将学习者画像与资源库进行对接,在学习者的整个学习过程中,人工智能系统可以对学习者进行智能导学。例如,通过对学习者的习题、测验以及课堂互动等情况进行综合评估,发现学习者在学习中的薄弱点,智能地为学习者提供改进建议和针对性的习题,帮助学生查漏补缺。当学习者开始学习新课程时,人工智能系统可以通过知识图谱,自动将新知识点与学习者已掌握的知识点建立关联,帮助学习者更加深入地理解新知识,同时有利于巩固旧知识。

一些基于人工智能技术的精准学习资源推荐系统已经研发成功并投入使用。例如,陈等(Chen et al.,2010)基于情境学习理论创建了个性化情境感知泛在学习系统(Personalized Context-aware Ubiquitous Learning System,PCULS),支持有效情境英语词汇学习。该学习系统能根据反向神经网络及 WLAN 定位技术检测到的学习者位置、时间、个人英语词汇能力和闲暇时间这四个情境参数来推荐合适的英语词汇,支持校园环境下的基于移动终端和 PDA(Personal Digital Assistant)设备的跨时空学习,真正实现在合适的时间、合适的地点推送合适的内容的无缝泛在个性化学习。

6.3.4　虚拟现实技术

虚拟现实(Virtual Reality,VR)也称为虚拟环境,是利用计算及多媒体仿真技术为参与者提供视觉、听觉、触觉等直观感受,并支持人机交互的人工虚拟世界。虚拟现实技术综合了计算机科学、计算机视觉、图像处理、模式识别等多学科领域技术,将计算机处理的数字化信息转化为人类可以感知的多维信息,给人类提供一种身临其境的沉浸式体验。

1965 年,美国"计算机图形学之父"伊万·萨瑟兰(Ivan Sutherland)在国际信息处理联合会(International Federation for Information Processing,IFIP)年会上发表了题为《终极的显示》(The Ultimate Display)的论文。他提出,可以把显示屏作为"观看虚拟世界的窗口",首次提出了虚拟现实的概念。但囿于技术的限制,虚拟现实技术在过去几十年里一直发展缓慢。近些年来,随着计算机计算能力的增强、网络传输速度的加快以及显示技术等其他周边技术的不断发展,虚拟现实技术进入快速发展期。自 2013 年 Facebook 斥资 20 亿美元收购虚拟现实设备制造商 Oculus VR 开始,陆续有虚拟现实产品落地,虚拟现实产业初现规模。

因为虚拟现实技术可以在虚拟环境中提供"真实"的体验,因此,在教育教学中有着广阔的应用前景。虚拟现实技术不仅可以帮助教师给学生营造一个身临其境的教学场景、帮助学生增加对知识的理解、加快其对相关操作技能的掌握,还可以为学生的自主学习营造一个沉浸式的互动体验环境,让学生在与机器的互动过程中深化理论知识,提高操作技能。虚拟现实技术在教育中的应用主要有虚拟课堂(实验室)和虚拟校园。

虚拟课堂(实验室)是在教室或实验室中,用虚拟化的设备,在数字化平台上再现现实世界中的物体和操作。虚拟现实课堂(实验室)可以用来代替一些在现实世界中有危险、有难度、高成本或无法实现的场景或操作,让学生身临其境地体验实际场景。例如,在学习原子核聚变时,不可能真的制造一场核聚变,但虚拟现实可以生动再现核聚变的过程;在学习高温高压焊接时,学生在真正的高温高压环境中有极大的危险,但在虚拟现实环境中则可以安心学习;在学习模拟联合国辩论时,虚拟现实技术可以让学生身临其境地感受到在联合国大会会场开会的场景;在学习发动机结构时,学生很难通过对物理发动机的观察了解发动机的内部结构,但在虚拟现实技术的帮助下,学生可以从各个剖面和各个功能模块详细了解发动机的结构和功能;在学习化学课程时,一些化学试剂既危险又贵重,用虚拟现实的方法既提高了试验安全性,又降低了成本。此外,还可以通过虚拟现实,将讲座教授的三维动态图像传送到其他会场,学生身临其境地观看演讲,提高观看场景的真实性和趣味性。

虚拟校园是基于三维可视化的虚拟现实技术,展现虚拟化的教学和校园生活的各种场景,让人们真切感受到校园的文化氛围;将虚拟现实技术与 GIS 系统以及学校人、财、物数据库进行关联,可以实时掌握校园各种信息,无限接近现实的场景,并实现信息的实时交互查询和展示,方便校园管理。

但总的来说,当前虚拟现实技术的发展还很不成熟,大量研究还处于实验阶段。由于算力、VR 眼镜等都需要巨大的投入,且绝大多数 VR 眼镜的佩戴体验并不好,也缺乏更多"刚需"的应用场景,因此,虚拟现实技术热潮从 2019 年开始逐渐消退(刘锋,2021)。

6.3.5 一体化智能教学平台

一体化智能教学平台目前并无统一定义,一般是指基于大数据与人工智能技术,以"无边界教学"为核心理念,为师生提供课前、课中和课后等教学环节所需的教学工具。一体化智能教学平台强调教学资源的"一体化"和教学过程的"闭环化",是对传统教学模式的创新和颠覆,也是实现真正的"智慧教学"的必备条件。一体化智能教学平台能够加快师生之间信息传递的速度,提升教育信息化的效能,让师生之间的交流更加简单、高效,让教与学的过程更加轻松、有趣,提升教师教学艺术性,发挥教学智慧,拓展课堂空间,激发学生的求知欲望,启发学生的创新思维,产生优质教学效果。在人工智能技术的支持下,教师可以实时了解学生学习的情况,突破教室的物理边界,实现教学信息化、智慧化、个性化和人性化。

一体化智能教学平台充分考虑了整个教学过程中的各个环节,从作为授课者的教师和作为学习者的学生角度出发,是涵盖了教师"备课—上课—出题—批改—考试—学生考评"和学生"预习—上课—测试—复习"全过程的教学综合管理平台。在一体化智能教学平台中,集成了智能备课与预习系统、智慧课堂管理系统、智能题库系统、智能考试与阅卷系统、智能作业批改与辅导系统、学业质量智能分析系统等功能模块,这些模块将教学全生命周期有机地融合在一起。

在课前，教师的首要任务是备课，备课工作包含准备上课需要用到的教学素材、准备让学生进行预习的课程内容、制作授课需要用到的演示课件、准备用于检验学生课堂学习效果的测试题等。在智能备课系统的帮助下，教师可以准确、快速、便捷地找到所需的优质教学资源，输出高质量的教学课件。在备课过程中，教师还可以引用其他老师分享的课件以及课件库里的精品课件；同时，也可以将自己已经完成课件分享给其他教师。

在课中，智慧课堂系统提供包括教育管理者、教导主任、任课老师和学科老师在内的多种角色以及权限管理，实现课堂管理、学生课堂练习、课情分析等多种功能，有效提高教师的教学质量和授课效率，提升学生的学习效率，也能提高教育管理者的管理效率。

师生在智慧教室中，利用智慧黑板和智能学习终端，依托一整套稳定可靠、功能强大的软硬件系统，既可以实现课堂互动、分组互动、研究型学习、协作性学习、个性化学习等功能，也可以为教师提供多样化的授课方式。例如，教师可以通过手机进行移动授课，让教师摆脱讲台的束缚；教学助手还支持课堂内容的自动存储和智能同步，系统将教师课堂上录制的音频、视频文件和板书自动保存并同步到云端的教师空间中；课后，教师可将存储的课堂内容推送到学生端，方便学生课后复习，也可以作为下一届学生课前预习的资料。

智能课堂系统中，课中互动有如下多种形式：

- 可以对教师布置的随堂练习中的客观题进行实时批改；
- 在人工智能程序的帮助下，可以对主观题进行辅助批改；
- 支持基于教学视频、PPT、Word、PDF 等教学资源"一对多"的互动反馈；
- 支持微课程、知识点以及作业辅导视频的点播；
- 支持作业布置、学习视频推荐、通知消息的推送；
- 实现教师机界面"一对多"广播到学生智能学习智能终端；
- 将学生智能学习终端的界面同步到教师机屏幕或者教室投影仪/大屏，面向全班讲解学生答题情况；
- 教师可对学生上传的习题或自动批阅的习题进行点评，并将需要的信息在教室投影仪/大屏上进行展示。

课后，智能作业管理与学习辅导系统可以为学生提供多类型的作业形式，让老师有针对性地布置作业。例如，针对英语学科，提供了听力、口语作业，学生在移动端提交录音后,系统调用语音作业智能批改模块,对上传的语音自动评分,还能将详细的评分点和结果及时反馈给学生,让学生了解自己发音存在的问题,从而有针对性地进行发音训练。这样,既提高了作业批改的效率,也让学生学习更加"有的放矢",提高了学生的学习兴趣和学习效率。

一体化智能教学平台对学生的学习过程管理也形成了闭环,并且可分为课前、课中、课后三个阶段,与教师的教学闭环完美契合。在课前,学生根据老师通过智能预习系统准备的导学和预习内容进行学习,也可以在系统里提问、标注;在课中,学生作为学习者的角色参与到智慧课堂系统中,与教师和同学进行课堂互动,完成课堂测验,回答教师提问;在课后,学生可以下载智慧课堂系统中的课堂板书、在线观看教学录像进行复习,完成教师在智慧教学系统中布置的作业,查看批改结果和作业点评。

6.3.6 智能教学评价

教学质量评价是大学教育评价环节中必不可少的一种反馈机制。在高等教育领域,教学质量评价可以保障学校的教育教学活动不脱离预设的培养目标,保证学校教育教学活动的效率和效果。但由于教学过程的复杂性,教学评价也是一项非常复杂的组织控制工作。

影响教学质量的因素有很多,除了教师的专业水平、学生的基本素质、教学软硬件水平之外,学校教职员工的整体素质、学校的管理水平、校园文化、学生的原生家庭背景、学习意愿和学习动机等也都是非常重要的因素。这些因素的作用最终都会体现在学生的学习行为上。因此,对大学生的学习情况进行过程性评价是教育质量评价的重要内容。

大学教学质量评价一直是困扰教育界的一个难点问题,主要有两方面原因:其一,每个学生都是一个独特的个体,学生学习活动是一个极其复杂的多要素参与的互动过程,学生学习行为和过程的模型设计是个难题;其二,传统环境下,除了出勤、作业和考试成绩、参加社会实践活动情况等数据外,教学过程数据很难采集,没有数据支持,就很难进行教学过程和效果的科学评价。由于上述两点原因,传统的教学评价只能依靠有限且片面的静态数据,难以全面、客观地反映学生学习的全过程。

在传统的教学评价中,一般通过学生评议、同行评议和专家评议等方式对教师做出教学评价,这些评价往往通过问卷评分的方式进行。但是,问卷评价这种方式本身就存在很多不客观、不科学之处,比如评价指标本身不客观、主管看法占比大、评价人常常依据个人喜好和情感倾向对教师授课进行评价,很难做到客观、公平、公正,故在测评中经常出现分数异常或普遍高分或普遍低分的情况,使教学评价结果与实际情况存在较大差距,对教师的教学改进和学校的教学管理工作不但没有指导作用,反而会产生误导作用。

当前,我国高等教育的中心工作已经从"求规模"向"求质量"转变。2018 年6 月,教育部发布的《一流本科教育宣言》中明确提出:"建立学生中心、产出导向、持续改进的自省、自律、自查、自纠的质量文化,将质量要求内化为师生的共同价值和自觉行为"(教育部,2018)。因此,我国高等教育的当务之急是提高教育教学质量,尤其是本科教学质量。

提高大学教学质量,就要加强教学的过程管理,对大学生进行过程性评价是过程管理的关键内涵之一。2018 年 4 月,在教育部印发的《教育信息化 2.0行动计划》中提出:"优化教育业务管理信息系统,深化教育大数据应用,全面提升教育管理信息化支撑教育业务管理"(教育部,2018)。在 2018 年 10 月教育部印发的《关于加快建设高水平本科教育全面提高人才培养能力的意见》中,也明确提出:"加强学习过程管理……严格过程考核,加大过程考核成绩在课程成绩中的比重……完善学生学习过程监测、评估与反馈机制"(教育部,2018)。

教学评价是教学实践中比较重要的环节,不仅是对学生学习情况的判断,更是促进学生长足发展的有效渠道。传统的教学评价因为评价数据呈现单一化或碎片化,而依赖于经验或主观评价,致使评价不全面、不科学。因此,教学数据是教学评价的关键基础或核心要素(郝祥军等,2019)。

教育信息化分硬件和软件两个层面:硬件层面主要是信息化关键基础设施,包括各类互联网接入设备、各层级的交换机、网络行为管控设备、各类防火墙、门禁和 POS 设备、监控和录播设备等;软件层面,是构建在信息化基础设施之上的各类业务系统,包括学生工作管理系统、教务管理系统、教学管理系统、学习资源管理平台、网络课程平台、考勤和在线督导系统等。这些软硬件系统积累了学生在校期间海量的学习过程数据,客观上为基于过程的大学生教学质量评价提供了有力的数据支持。

人工智能在大数据的帮助下,实现了教学评价质的飞跃。因为海量数据能够真实反映教与学的全过程,因此,人工智能促进了教学评价的过程化、精准化、科学化,教学评价的方式、方法、标准、主体都变得更加多元化。基于人工智能的教学评价主要特点体现为：

（1）变结果评价为过程评价。传统评价注重结果，评价方式往往就是一张试卷，是结果导向的评价，且具有一定的偶然性；而人工智能可以对教与学的全过程进行评价，做到对学习者的过程性评价和形成性评价。

（2）变静态评价为动态评价。传统评价基于试卷和文件，反映的都是静态数据，评价指标带有很强的时间特点；而人工智能评价是动态的，在整个学习过程中，不同的阶段给出对应的评价，在期末，还可以根据学生整体表现给出一个综合的动态评价，对学生的评价更加动态化、立体化。

（3）变唯一标准为多维评价。传统的教学评价主要看学生的学习成绩，或者更准确地说是考试成绩，非常片面。人工智能技术将教学评价多元化，不仅看最终的卷面成绩，还从进步（或退步）速度、强项弱项、成长性等多个维度对学生进行评价。此外，人工智能评价不止评价学习情况，还能对学生的心理、个性、素养等多个方面进行全面评价。

（4）变结果测量为过程支持。传统的教学评价是对学生学习效果的测量，缺乏对学习过程的回顾和指导。人工智能支持下的教学评价，能够精准分析学生对每一个知识点的掌握情况，能够对学生的学习过程、学习习惯、学习行为甚至学习态度进行精准刻画与分析，从而更有利于指导学生的学习过程改进。

进入 21 世纪第二个 10 年以来，是人工智能的快速发展期，也是教育人工智能蓬勃发展期。人工智能技术为教学评价提供了很多创新性的评价方法，比如作业自动批改、智能化教学、作文自动批阅等。同时，人工智能技术也被越来越多地应用到教学评价中，为教学评价工作提供了传统方法所不具备的功能和工具。人工智能除了可以评价学生的学习能力外，还可以开发一些新测验，对学生的沟通能力、合作能力、批判性思维能力、自主学习能力等高阶技能进行客观评价。对于这些高阶技能的评价依赖于更丰富的数据，特别是过程性数据。在这个数字化的时代，这些数据可以通过不同的渠道进行收集。而人工智能技术有利于这些数据的分析和挖掘，从而形成对学生高阶技能的评价（桑德拉·米丽根等，2019）。

智能教学评价也可作为一体化教学平台的一部分，全周期地把握教师教学和学生学习的状态。例如，针对教师，可以统计分析教师课前备课情况（预习内容、课前导学等）、课堂教学情况（课堂互动、学生反馈等）、课后辅导和考试情况（辅导数据、学生成绩等），多维度、多角度地了解教师的教学情况，形成客观而有效的教学评价体系。

6.3.7　教学环境的智能管控

随着教学信息化的发展,教室里的软硬件设备和软件系统越来越多,这些设备和软件一方面为教学提供了极大的便利,另一方面也给教室管理人员增加了越来越多的工作量。由于现代教学支持系统越来越负责,各子系统之间的协同要求越来越高,任何一个设备的损坏都可能造成"单点故障",影响整个系统功能的发挥。因此,对教学硬件设备和软件系统进行统一、合理的管理,不仅是减轻教室管理人员工作负担的问题,更是保障智慧教学环境安全、稳定、高效运行,教学工作正常开展,不出现教学事故的重要条件。

教学环境是教师从事教学和学生进行学习的场所及场所中的条件总称,涵盖范围非常广泛。从宏观角度来看,所有与教学相关的物理和虚拟条件都是教学环境。具体来看,教室、桌椅、灯光照明、空调、教学设备、网络联通、教学软件,乃至教室中的空气湿度、温度、二氧化碳浓度、光线明暗等都属于教学环境的范畴。教学环境对于保证教学工作的顺利开展和保障教学质量有重要作用,而教学环境的好坏除了设备和软件本身的质量外,对环境中各种资源进行科学、合理、有效、系统化的配置和管理也是非常重要的因素,这就需要有一套完整的系统对教学环境中的各类资源进行统一管理。

对教学环境的智能管控主要体现在教学环境准入、教学环境控制、教学设备管理、教学资源管理等几个方面。

(1)教学环境准入

让有权限进入教学环境的人自由进出,同时将没有权限的人拒之门外是教学环境管理的基本要求。由于智慧教学设备的价值都比较高,不让无权限人员进入教学环境和随意开关设备是保障设备安全的重要方法。现在,很多高校开发并部署了场所(主要是教室)预约管理系统,该系统除了与教务系统的课表数据对接外,还提供场所预约功能,使用者通过网上申请并审核通过后,即可在预约的时间内打开门禁进入教室或讨论室。与预约系统配合使用的是门禁系统,主要是应用身份识别、二维码识别、生物信息识别(比如人脸识别、指纹识别)等技术,通过门禁 IC 卡、虚拟校园卡(二维码)等载体或者生物信息进行开门权限的控制,对教室的人员进出进行管控。

(2)教学环境控制

教学环境的智能控制是物联网技术和人工智能技术的综合。在教学环境中安装多种传感器,不间断地实时采集教学环境内的温度、湿度、光照、噪声、空气质量等数据,并将这些数据统一汇总到人工智能分析系统进行实时、综合分析,并根据分析结果自动启动或关闭有关系统,从而实现对教学环境的智能控制。智能环境控制系统主要由三个子系统构成,即环境感知系统、数据传输系统、智能控制系统。环境感知系统由各种类型的传感器构成,负责实时采集教学环境中的各类数据;数据传输系统通过蓝牙、红外线、WiFi 等无线传输方式或各类有线传输网络,依照特定的通信协议,进行环境数据的实时上传和控制数据(命令)的及时下发;智能控制系统则依托人工智能程序,对传感器发送来的各类环境数据进行综合分析和判断,并通过无线或有线网络对相应的设备进行实时控制。目前,教学环境智能控制的应用有很多,例如:根据教室的使用情况,控制灯光的明暗;根据教室里人数的多少和外界环境温度,自动控制空调温度;根据现场教学模式,综合控制窗帘、投影仪、灯光等设备的开关和亮度调节;根据空气传感器采集到的二氧化碳浓度、PM2.5 浓度等,自动开启/关闭排气扇或新风系统。

(3)教学设备管理

随着教学信息化和智慧化程度的不断提高,教学设备越来越多,教学支持系统也越来越复杂,但教室管理部门的人员数量却没有明显增长,因此,对规模庞大的教学设备进行科学、合理、有序的管理就成为学校面临的一个棘手问题。教学设备来自不同的厂商,功能各异,采用不同的设计和通信标准。有些设备提供了开放接口供其他系统读取数据和接收控制指令,比如现在的大品牌投影仪都提供标准接口让程序读取其型号、灯泡使用时间等数据,方便对投影仪的统一管理和健康情况监控。也有些厂商出于商业利益考虑,不公开接口,对这些设备的管理就比较困难。当然,还有些设备在设计时就没有考虑统一管理和系统对接的问题,本身就是封闭系统,这类设备就更难以统一管理了。

在多媒体教室发展的早期,需要管理人员对每台设备单独进行开关操作,费事费力,但由于设备不多,尚可以接受。后来,随着设备的增加,多媒体设备中央控制器(简称"中控")被发明出来并用于教室设备的统一管理,中控可以将教室电脑、投影机、电动幕布、音响、功放等进行统一管理,并通过时序电源(一种可以延时关闭电源的设备)最大限度地保护电脑、投影仪、电动幕布等需要一定时间才能完全关闭的设备。因此,设备管理人员只需在上课前点击中控上的

"上课"按钮,在下课时点击中控上的"下课"按钮,即可实现对教室设备的统一开启和关闭。近些年来,随着教室设备数量的增加(比如一些物联网设备、网络视频设备等)和对教室所有电器进行统一管理的需要(比如空调、灯光、窗帘等),中控要对接的设备越来越多,对接方式越来越复杂多样,传统中控越来越无法满足需要,这时,功能更加强大的"智能中控"出现了,智能中控集中了互联网通信、物联网控制以及第三方控制(比如针对空调的红外线遥控)等功能,不但能够实现对教室中所有教学和电器设备的统一管理,还能够实现设备的远程控制和设备自动巡检等功能,大大减轻了教室管理人员的工作压力,提高了教室设备管理的效率和师生的满意度。

(4)教学资源管理

现代化的教学环境中不仅包括各类硬件和软件,还包括各种教学资源,比如课前、课中和课后用到的各种练习、题库、案例、教学视频、辅助阅读资料等。智慧教学系统需要对这些教学资源进行科学的采集、整理、分类、索引、存储,并在需要的时候实现资源的智能选择和及时调用,辅助课前预习、课堂授课、互动、出题和答题、在线视频教学以及学生的课后回顾和复习等学习行为,这些都需要对教学资源进行科学、合理、高效的管理。

随着智慧教室、智慧教学环境等概念的内涵和外延的不断扩展,对智慧教学的关注点也逐渐从教学硬件和教学软件向教学资源转移。比起教学硬件设备的设计和生产以及软性系统的开发,教学资源库建设具有更高的门槛:不仅需要开发教学资源库的采集、加工、存储以及使用的软件系统,还需要解决资源的来源、知识产权界定以及定价等问题,因此,教学资源库的建设将是未来智慧教学领域的一个竞争热点。

6.4　人工智能对教育的影响

在教育领域,人工智能的影响可能仅次于印刷术,但这种影响具有两面性。人工智能为教育的发展提供了无限可能,对缩小教育的城乡差距和地域差距、提升教育公平具有重要意义,对提高社会总体教育水平和教育质量具有显著的促进作用。但同时,对于人工智能的过度依赖和不加限制的滥用,又会造成个人隐私泄露、对技术的过度依赖以及"信息茧房"效应等负面影响。

6.4.1 人工智能为教育带来机遇

人工智能的蓬勃发展为教育的变革带来了千载难逢的机遇：首先，我国各地区师资力量不均衡、学生学习受时间和地点的限制、教育成本不断提高等传统教育难题在人工智能的支持下有望得到缓解；其次，由于我国学生人数众多，这给教育人工智能的发展提供了海量的样本资源；再次，我国已经将人工智能发展纳入国家战略，在制度上保证了教育人工智能的发展；最后，我国拥有世界领先的人工智能人才、技术和资源，这也为教育人工智能的发展提供了有力的支撑。

（1）人工智能推动教育的普及化和平民化

网络课程、网络教学、云课堂的大规模开展，让教学突破了地域和时间的限制，学习者可以在任何地方、任何时候进行网络学习；授课者也摆脱了时间和地点的限制，只要有网络，就可以开展教学活动。由于网络课程的边际成本（Margin Cost）极低，因此具有规模效应，价格低廉，受众面广泛，让边远地区和不太富裕的家庭也能以很低的价格享受到高质量的教育资源。由于网络教学促进了高质量课程的普及，传统的"精英教育"体系将不可避免地受到冲击，这在一定程度上可以促进教育公平。

（2）人工智能促进了教育的个性化

"因材施教"是教育界一直追求的目标，但在传统教育环境下，由于师资力量和经济条件的限制，几十个学生只能挤在同一个课堂上接受千篇一律的同质化教育，具有不同水平和禀赋的学生学习一样的内容，很多学生的潜能和特长未得到发挥，对个人而言是一种不公平和遗憾，对社会而言是一种人才资源的浪费。

在人工智能环境下，基于人工智能计算机程序，系统可以做到为每个学生提供一个专属的"虚拟老师"。基于学习曲线、认知螺旋等理论开发的人工智能辅助学习模型，可以为每个学生制定符合其个体学习和认知规律的教育产品，从而使得教育更加个性化，真正实现"因材施教"。此时，评价一所学校或教育机构的好坏，可能不再看它有多少特级教师、名师，而是看它的人工智能算法和学习系统有多先进。由人工智能推动的教育个性化所带来的教育质量的提升，是传统的单向式教育不可同日而语的。

（3）人工智能促进了教育更加多样化和多元化

由于网络平台上的课程提供了 7×24 小时不间断的服务,因此,学习者可以随时随地登录网络平台进行在线学习,可以通过智能移动终端利用碎片时间学习,也可以依据自身的学习情况定制学习资源,还可以设定系统在需要的时候监督、提醒自己学习,在相当大的程度上提升学生的学习意愿,促进学习效率,提高学习效果。由网络平台构建起来的虚拟学校、虚拟班级、虚拟同学,丰富了"师生"和"同学"关系的内涵,让课程变得更有趣。人工智能将"教师"的概念泛化:教师不一定是人,也可能是一台 24 小时工作、可以随时请教问题的机器。此外,在人工智能的帮助下,寓教于乐、游戏化学习将不再是梦想。因此,人工智能在各个维度上都促进了教育的多样化和多元化。

(4)人工智能让教学效果评价更科学、合理

在传统教育中,对学生的学习评价只能通过出勤、作业和期末考试成绩等静态的数据得出,不仅考核维度单一,而且考核准确性差,无法反映学生学习、成长的全过程和真实情况;对教师的评价主要基于所谓的学生期末评教打分、有无学生投诉等零散、片面的信息。而学生对教学效果的评价往往在很大程度上受到老师的个人因素(比如老师的外表、说话做事的方式、给的分数高不高等)和课程本身(比如这门课是否有趣、是否符合学生的个人喜好等)等主观因素的影响。传统教学评价由于太过主观、不科学、不合理而饱受师生诟病。

在人工智能环境下,有了教学全过程数据和人工智能的支持后,可以对教师"教"和学生"学"的全生命周期进行大数据分析,实现基于教学全过程的过程性评价。主要包括学生的课前预习情况、上课状态、互动情况、对知识点的掌握情况等信息,以及教师的课前备课情况、课堂表现、学生反馈等信息。基于以上信息,师生都可以实现基于人工智能评价结果的改进,还可以让人工智能对改进的过程进行进一步的监督,持续提出改进建议。由于"数据不会说谎",这种评价将不带有任何主观干扰和先验的价值判断,因此更加科学、合理。通过深度学习,人工智能程序甚至可以做到"比老师更了解学生""比学生更了解自己"。

(5)人工智能全面提升教育质量

当前人工智能应用的一大优势就是,可以将人类从机械的重复性劳动中解放出来。人工智能可以协助老师解决大量的机械、重复、低附加值工作,集中注意力于价值更高、更深层面的教学问题,提高教学效果;人工智能可以帮助学生找到自己的强项和弱点,并有针对性地进行强化和改进,学习曲线更加陡峭;人

工智能让老师更加了解自己的教学行为,协助老师进行教学改进,从而快速提高教学质量;人工智能有助于学校管理者更加科学地评价教师和学生,从而实施更科学的激励(赵衍,2019)。总之,在人工智能的帮助下,教育教学质量有望得到根本的提升。

6.4.2 人工智能给教育提出新挑战

人工智能在给教育带来前所未有的机遇的同时,也带来了前所未有的挑战,这些挑战甚至威胁到传统的教育教学体系,颠覆传统的教学范式,对教师和整个教育体系都提出了全新的要求。

(1)传统教育体系被颠覆

由于人工智能在结构化知识的学习能力上远超人脑,且在半结构化和非结构化知识的学习能力上也在不断提升,因此,传统的"教学名师"被重新定义,传统的"名校"有被重新洗牌的危险,教育行业被人工智能和大数据产业颠覆,名师很有可能被技术精英抢了饭碗。对于学习者来说,传统的名校毕业证书、各种资格证书可能将不再那么重要,有知名人工智能算法和知名人工智能机构的指导经历和合格证才是风光的履历。

(2)传统的师生关系和伦理被挑战

在人工智能大量参与教育教学的环境下,人与社会的互动、人与人的互动进一步减弱,取而代之的是人与机器之间的互动。人类社会长期构建起来的师生关系和同学关系不可避免地受到挑战。在传统的教育环境下,师生在长期面对面的互动中建立了深厚的感情,并构建出"师生""同学"这种独特的社会关系。但在人工智能时代,师生之间的互动、同学之间的互动、人与社会的互动进一步减弱,取而代之的是人与机器之间的互动。人类社会长期构建起来的师生关系和同学关系将受到挑战和颠覆。

(3)造成教师失业

任何一项技术的出现都会让一批人"丢了饭碗",人工智能的出现,不仅会取代很多行业的低级体力劳动者,金融、法律、教育、翻译等行业的高级脑力劳动者,也会面临失业的风险。知名经济学家、牛津大学新经济思维研究所高级研究员卡尔·贝内迪克特·弗雷和迈克尔·A.奥斯本(Carl Benedikt Frey and Michael A. Osborne,2018)认为,未来10年,美国约47%的工作会因为人工智能的应用而变得岌岌可危。芬兰就业与经济部(2018)也预计,未来10年,芬兰约 15％的工作岗位将被人工智能取代。在教育领域，一些从事结构化知识和技能性知识教学的教师可能是最早一批被人工智能取代的教育工作者。

（4）造成学习者的能力退化和社会两极分化

由于人工智能可以辅助学习、回答各类问题、甚至帮助决策，人们在不知不觉中会对人工智能产生精神依赖，人的思维方式和人的主观创造性有被逐步削弱的危险，在不知不觉中沦为机器的精神奴隶。在人工智能的辅助下，学习者可能不一定会变得更聪明，也有可能会变懒、变笨。人的不断退化可能会造成社会的两极分化，最后社会上只有两种人：制造人工智能的人和被人工智能控制的人。《未来简史》的作者尤瓦尔·诺亚·赫拉利（Yuval Noah Harari，2010）就曾提出，在人工智能时代，将有一个巨大的"无用阶层"的出现，而少数掌握算法的精英将会成为社会中的超人，这一思想被称为"高科技法西斯主义"。

（5）教育不公平可能会加剧

1990 年，美国著名的未来学家阿尔文·托夫勒（Alvin Toffler）在其所著的《权力的转移》（*Power Shift*）一书中，提出了数字鸿沟（Digital Divide）的概念。所谓数字鸿沟，是指在全球信息化进程中，不同社会群体由于对信息和互联网的拥有程度和应用能力不同造成的信息及贫富差距的进一步扩大。在教育领域，如果人工智能技术使用不当，也很有可能会造成"数字化教育鸿沟"。由于资本是逐利的，教学机构会区别对待学习者：给出价高的学习者提供功能强大的人工智能服务，给出价低的学习者提供功能一般的人工智能服务。这样，很有可能造成一种现象：有钱人的教师是昂贵、高质量的人工智能产品；穷人的教师则是便宜、低质量的人工智能产品。学生的经济地位决定了他的学习成绩，进而决定了他将来的社会地位，再一次造成教学资源的不公平分配和阶层固化。

（6）社会发展风险

人们的知识和世界观、价值观是在"教"与"学"的过程中不断被建构和塑造起来的，在人工智能大量参与教育教学的情况下，人工智能程序对人的认知影响是非常大的。人工智能程序的背后是利益集团，如果不加以严格的限制和监管，人工智能程序很容易沦为利益集团对学习者进行精神控制的工具，进而严重威胁社会的健康发展。当人工智能发展到"强人工智能"时代，机器将具有自学习能力，凭借海量的存储能力和强大的计算能力，机器可能拥有比人类更加聪明的"脑袋"，并成为人类教育领域的绝对统治者，届时，有可能会威胁到人类安全和社会稳定。

总之，人工智能是一个在教育领域具有重要影响力的全新变量，它对教育的改变是指数级的。著名的数学家、塞伯朋克流派科幻作家弗诺·文奇(Vernor Vinge,2017)曾盛赞:"(在人工智能时代)我们处于变化的边缘,可与地球上人类生命的崛起相媲美。"美国著名的专题长文博客网站 waitbutwhy. com 创始人蒂姆·厄班(Tim Urban,2017)在其发表的《人工智能之路:走向超级智能》(The AI Revolution:The Road to Superintelligence)一文中,也将人工智能视为人类新一轮革命的拐点。

6.5　人工智能应用于教育的困难和前景

人工智能在各行各业的成功应用让人振奋不已,人们更是对教育人工智能充满了期待。虽然目前人工智能在教育领域已经实现了语音识别、语音文字自动转换、自动翻译、课程助手、智能考试、智能阅卷、智能助教等多种功能,但距离人们的期待和教育领域的现实需求还相差甚远。这其中既有人们对教育人工智能的认识不足和场景的发掘不够等原因,也有当前的人工智能本身还存在相当大的局限性的原因。

6.5.1　人工智能在教育领域应用面临的困难

任何一项新技术的出现就像一个新生的婴儿,在人们一片期待的目光中蹒跚学步,在成熟之前还要经历无数困难、走很多弯路。目前,虽然人们对人工智能在教育领域的应用报以极大的期望甚至幻想,但就当前的应用效果来看,还远未达到人们的预期,其中原因是多方面的。

(1)教育是一个非常复杂的过程,且个体差异极大,归纳教育规律并将教育过程进行模型化本身就是一个难度极高的工作。而教育研究人员与人工智能工程师又存在领域知识融合和跨界合作的问题,因此,人工智能在教育中的应用研究本身就面临很大的困难。

(2)虽然目前已经有了一些针对人工智能应用于教育的研究成果,甚至有了一些已经训练好的模型,但是,理论研究是在各种限定条件下进行的,而实际情况极其复杂,绝大多数研究成果距离投入实际应用相去甚远。此外,人工智能的完整应用要经历"训练—部署"两个阶段,一些已经通过机器学习训练好的人工智能模型只完成了这个完整应用中 20% 的工作,还有 80% 的工作是在部署阶段根据实际使用场景经过多轮修改和优化才能实现的,难度丝毫不亚于构建和训练模型。在这个阶段,不仅需要耗费大量的时间和精力,还需要领域内专业人士的深度参与。

(3)教育的本质是在"师生互动"和"生生互动"中实现知识交流、思想交流和情感交流。目前,人工智能技术虽然可以给学习者提供教学工具辅助和海量资源支持,但是,无法与学习者进行思想交流,无法实现双方内心的情感互动,也满足不了学习者的内心需求。因此,在未来的智慧教育中,人工智能需要让机器具备"机械情感",让机器在教育中能够(在一定程度上)与学生进行思想和情感上的交流。

(4)当前的人工智能的发展水平依然处于"狭义人工智能"(Narrow AI)或"弱人工智能"阶段,人工智能程序只能按照人们预先设定好的步骤执行,需要大量的"人工"标注数据并"教会"计算机,远远达不到人们期待的"智能"水平。或者可以说,想要机器越"智能",就需要花费越多的"人工",这严重制约了教育人工智能的发展。

6.5.2　人工智能在教育领域的应用前景

人工智能在教育中的深度应用既需要挖掘更多的应用场景,也需要人工智能技术本身在理论、方法和具体技术上有革命性的突破。按照主流观点,人工智能的发展将经历弱人工智能、强人工智能和超人工智能三个阶段。目前以及未来较长的一段时间内,人类将都处于弱人工智能阶段。人类何时能够发展到人工智能的第二阶段,即强人工智能阶段,专家们给出了完全不同的答案:有专家认为需要 20~30 年,也有专家认为大概需要 50 年,还有专家认为在 100 年以上甚至更长。

但是,技术的发展方向和速度总是超出人们现有的认知和想象:30 年前,人们还无法想象计算机可以如此精准地翻译名人的演讲,也无法想象计算机可以打败人类围棋冠军。因此,要想以人类当前的认知水平和想象力来准确预测出人工智能发展趋势和未来 30 年甚至更长时间的能力有很大的难度。即便如此,我们还是可以从现有的研究资料和技术的发展趋势中进行一些设想和推断。

首先,人工智能只有在算力上获得突破才能产生革命性的发展。现有的人工智能发展瓶颈之一是算力问题,现有的人工智能方法主要是深度机器学习,无论是对人工智能模型的训练过程还是人工智能模型的应用,都需要规模巨大的算力支持,需要耗费大量的电能。2016 年,打败世界围棋冠军李世石的人工智能机器 AlphaGo 由 1 920 个 CPU 和 280 个 GPU 组成,在那场比赛中耗费了 3 000 美元的电能,还不算赛前训练 AlphaGo 所花费的电能。因此,如果将来人类能够在算力上获得突破,用更少的能耗实现机器智能,将是人工智能取得革命性突破的一个关键点。目前,已经有公司研究专门针对人工智能计算的处理器,比如 Google 在 2016 年的 Google I/O 年会上公布了其专门用于深度学习的张量处理器(Tensor Processing Unit,TPU),TPU 为深度学习进行了专门的设计:采用低精度(8 位)计算、采用脉动阵列设计、使用更大的片上内存等。这些设计不仅大幅度提升了处理器在机器学习任务上的性能,还大幅度降低了处理器的功耗。

其次,人工智能需要与教育领域知识进一步融合。任何研究领域的革命性突破一定首先是在理论上的突破,因此,教育人工智能的进一步发展一定要首先在相关理论上获得突破,要想获得这种突破,必须将人工智能原理与教育的基础理论和底层逻辑进行有机结合。但是就目前情况来看,人工智能研究与教育的融合还处于相当浅层次的阶段,由于教育学属于传统上的"文科",而人工智能属于"理工科",因此,能够横跨文科和理工科,即既懂教育又懂人工智能的专家少之又少。当前大量的教育人工智能产品不好用、不适用、不能用也验证了这一点。人工智能提供的只是一种技术、方法和工具,如何在教育中用好这个技术,需要在基础理论层面理解其对教育的根本性作用,深挖其在教育中的具体应用场景。

最后,人工智能在其他领域的成功应用是教育人工智能发展的重要推手。虽然高校汇集了社会上最顶尖的科技人才,也常常是新科技、新技术的发源地,但由于缺乏利益驱动,所以高校常常又是最晚应用最新科学技术的地方。当前教育人工智能的主要产品往往来自其他产业领域,比如机器翻译、人脸识别、OCR 识别、智慧物联网等技术,均是在其他领域发展成熟以后才被引入教育领域。因此,教育人工智能的发展在很大程度上依赖于其他领域的人工智能发展水平。

教育是人类社会永恒的行业,教育人工智能的发展拥有无限的潜力。教育人工智能作为一门新兴的边缘学科和交叉学科,虽然才刚刚起步,但已经取得了一些耀眼的成果,并在一定程度上改变了传统的教育模式。可以预见,随着人工智能技术的进一步发展,人工智能在教育领域将会发挥越来越重要的作用,并将持续改变教师教学和学生学习的方式,为教育不断注入新的活力,不断重塑教育教学新范式。

　　不过,同时我们也要认识到,虽然人工智能将会对教育领域产生深远的影响,但是,我们不能盲目乐观,更不能盲目悲观,因为硬币总是两面的,人工智能在颠覆既有教育体系的同时,也在为教育创造新的机会。例如,机器在替代教师的同时,也在创造更多的人工智能工程师的岗位。而且,机器再"智能",也是由"人工"创造的,人是机器的主宰。伟大的教育家叶圣陶先生曾说过:"教育是农业,不是工业。"其寓意为,教育是一个特殊的行业,是缓慢发展和变革的行业。所以,人工智能对教育的颠覆是缓慢的,在可预见的未来,人在教育中的主导地位依然无可撼动,只要人类合理开发和利用人工智能,人工智能对教育的推动之"利"就将远大于"弊"。

第7章

基于大数据的教学评价

教学是教育工作的核心内容,教学评价是评估教学质量的重要方法,教学评价结果是改进教学方法和教学管理的重要依据。科学、合理的教学评价体系应该是对教学的全面、全过程、公正客观的评价,但传统的评价方法显然不满足要求(前文已述)。与教学相关的各种系统的数据积累和大数据分析技术的出现,为更加科学的基于大数据的教学评价提供了有力的数据和技术支持。通过对教学全过程数据的采集和分析,可以全方位、多层次、多角度地客观评价教学质量,为教学和教育管理的改进提供科学依据,也为教育创新和教育模式变革提供新的依据。与教学相关的评价有对学生的评价(教学评价)和对教师的评价(评教)两种。

7.1 教学评价历史与现状

教学评价是教育管理和教学质量检测的重要内容之一,它是以教学目标为依据,按照课程的特色设计科学的评判标准,运用一系列手段对教学工作的质量做出的测量、分析和评定(程书肖,2004)。教学评价拥有漫长的历史,科举制度作为我国封建社会教学评价的主要方式,自隋朝大业三年(公元607年)开始到清朝光绪三十一年(公元1905年)结束,历经近1 300年的历史。但传统的考试侧重于内容的记忆,且模式固定,不利于思维方式的转变,不够公正,也无法挑选特长人才(杨成鉴,1995)。到了19世纪末,随着教育心理学和教育统计学的发展,教育工作者开始将心理测验的方法应用于教学评价领域,设计出更加科学客观的教学评价方式,现代教育评价体系也开始逐渐建立起来。

1989 年,美国著名的教育专家埃贡·G. 古帕(Egon G. Guba)和伊冯娜·S. 林肯(Yvonna S. Lincoln)提出了四代评价理论(the Fourth Generation Evaluation),将教育评价(Education Evaluation)的发展划分为四个阶段:前三个阶段可以视为传统教学评价,第四阶段为现代教育评价(Guba & Lincoln,1989)。

7.1.1 传统教学评价

第一代教育评价盛行始于 19 世纪后期至 20 世纪 30 年代。英国的弗朗西斯·高尔顿(Francis Galton)作为人类思维的研究者,创立了心理计量学、差异心理学和相关的统计概念,并广泛促进了对均值回归的研究。他是第一个将统计方法应用于人类差异和智力遗传研究的人,并发明了使用问卷和调查收集人类社区数据的方法,于 1869 年出版了著作《遗传的天才》(*Hereditary Genius*),开创了教育测量这一新的研究领域。1879 年,德国学者威廉·温特(Wilhelm Wundt)在莱比锡大学(Universität Leipzig)创办了世界上一个专门的心理学实验室,将数学和实验的方法引入心理学领域,之后实验心理学便成为一门现代学科,这套测量方法对教育测量的发展起到了积极的影响。1904 年,美国心理学家爱德华·李·桑代克(Edward Lee Thorndike)出版了《心理与社会测量导论》一书,该书系统介绍了统计学方法以及编制测验的原理,提出了"凡存在的东西都有数量,凡有数量的东西都可以测量"的观点,为教育测量奠定了理论基础。这一时期还出现了许多心理学测量工具,比如比奈—西蒙智力量表(Binet-Simon Intelligence Scale)、斯坦福—比奈智力量表(Stanford-Binet Intelligence Scale)等著名心理测验工具,因此,这一时期被称为"测量时期"(胡玲翠等,2007)。

第二代教育评价盛行于 20 世纪 30—40 年代。1942 年,美国著名教育学家拉尔夫·W. 泰勒(Ralph W. Tyler)领导的"教育评价委员会"在对 13 所学校历经 8 年的研究后,发表了著名的"八年研究"(1933—1940 年)报告,即《史密斯—泰勒报告》(Smith-Tyler Report)。该报告首次正式提出"教育评价"(Educational Evaluation)的概念,第一次系统地阐释了教育评价的基本思想和方法,认为"教育评价过程在本质上是确定课程和教学大纲实现教育目标的程度的过程"(Tyler,1942),这一时期被称为"描述时期"。泰勒是现代课程理论的重要奠基人,他在 1949 年出版的《课程与教学的基本原理》(*Basic Principles of Curriculum and Instruction*)被业界视为"现代课程理论的圣经",泰勒也因其对教育评价理论的卓越贡献,被称为"当代教育评价之父"。

第三代教育评价盛行于 20 世纪 40 年代末 50 年代初到 70 年代。1957 年,苏联第一颗人造卫星"斯普特尼克 1 号"(Sputnik-1)的成功发射令美国大为震惊,美国开始反思本国的教育体系,并投入大量资金进行教育改革,进而对教育评价体系也提出了新的要求。1963 年,美国教育学家李·约瑟夫·克隆巴赫(Lee Joseph Cronbach)发表了论文《通过评价改进课程》(Course Improvement Through Evaluation),系统阐释了教学评价对改进课程设计和教学的重要作用。1967 年,美国的评价学专家斯克里文(M. Scriven)发表了论文《评价方法论》(The Methodology of Evaluation),他在质疑传统的评价理论与方法的同时,对评价理论和方法进行了更加广泛和深入的研究。斯克里文首次提出了"形成性评价"(Formative Evaluation)的概念。1967 年,斯泰克(R. E. Stake)出版了著作《教育评价的面貌》(*The Countenance of Educational Evaluation*),提出了一个包含"描述"与"判断"两方面的完整的评价模式,将"判断"视为评价的两大基本活动之一。因此,"判断"就成为第三代教育评价的标志。

7.1.2　现代教学评价

自 20 世纪 80 年代开始,建构主义(Constructivism)在西方盛行,并对教学评价产生了根本性的影响。美国评价专家古帕和林肯认为,传统的教学评价存在"浓厚的管理主义倾向""忽视价值多元性",并"过分强调科学实证主义的方法"。他们基于建构主义理论,提出教学评价的本质是一种心理建构过程,应该从价值多元性的角度出发,充分考虑参与教学评价的各方意见,并认为,学生应该成为教学评价的主体。教学评价的实施者不再是教学评价唯一决策者,而是协调者、条件提供者和创造者,评价人在评价活动进行过程中与被评价者进行平等对话,通过协商让各方达成一致意见。该方法与进行单一测试的传统教学评价不同,主要通过观察和记录学生完成的学习任务、作品、演讲、实验等方式进行,增加了对学习过程的关注。自 20 世纪 90 年代开始,随着信息技术和互联网的发展,学习资源变得愈加丰富,因此,学习评价中又增加了对学习资源的评价。以上教学评价被称为"第四代教育评价"。

随着教育理论的不断发展和评价技术及工具的不断改进,教学评价理念、方式和方法不断发展和改进。近些年来,随着信息技术在教育领域的广泛深入应用,教育领域积累了大量的教学数据,这些数据为更加客观、公正、科学的教育评价提供了充足的依据。我国非常重视利用信息技术推动教育评价改革,教育部在 2019 年 2 月印发的《教育部 2019 年工作要点》中,明确提出要推进信息技术与教育教学深度融合,深化教育评价体系改革;中共中央、国务院在 2020 年 10 月印发的《深化新时代教育评价改革总体方案》中,对未来 5～10 年的教育评价改革进行了系统化的指导,并特别强调"坚持科学有效,改进结果评价,强化过程评价,探索增值评价,健全综合评价,充分利用信息技术,提高教育评价的科学性、专业性、客观性"(国务院,2020)。

7.2　评教的历史与现状

教师评价即评教,是对教师工作现实的或潜在的价值做出判断的活动(陈玉琨,1999)。它是教育评价的重要组成部分。早期的教师评价主要是基于教师的个人特质评价,但从 20 世纪 50 年代开始,教师评价开始转向关注教师的教学,通过学生的学习成果进行观察。从 1980 年开始,教师评价进一步改变,开始根据专业发展、责任感和学校教学水平的改善情况进行评估。评教的目的是提高教师的专业素养和提升教学效能,具体方法有自上而下法和自下而上法两种。

7.2.1　自上而下法

传统的教师评价是以学习管理人员意见为主的自上而下的评价模式,它主要考查教师的各项基本功。以小学教师评价为例,主要涉及以下五点(单亦魁,1994):

(1)备课

备课工作包括教师对教材的分析理解,了解课程的主要内容和知识架构,提出教学目的和课程重点、难点,熟练使用专业工具书,找出解决重难点的方法,合理设计教案、作业和练习,以便学生掌握课程内容。

(2)教学基本功

教学基本功是指实际课程中能熟练掌握各种教学工具,正确使用专业术语,生动形象地表述课程知识,根据教学内容设计纲目清晰、布局合理的板书,集中学生的注意力,激发学生兴趣,结合课程内容进行德育渗透和良好心理素质的培养,并能恰当处理课堂上的突发事件。

(3)批改、命题基本功

批改基本功要求作业批改快速准确,能写出有指导性的批语,批改后能迅速掌握学生对知识的理解水平,分析问题,改进教学;命题基本功要求命题覆盖面大,题量、难易程度、分数配比符合大纲要求,试题科学、灵活,具有启发性,考查学生对知识的掌握程度和分析解决问题的能力。

(4)教研和科研基本功

教研和科研基本功是指能正确运用教育理论,提升自己的教学经验,并在本专业内开展科学研究,有创新,能够总结成文,在本学科领域有一定的先进性和前瞻性。

(5)基本功成果

基本功成果是指学生课程考核的分数情况,以及教师本身在教学科研方面的成果奖励情况。

表 7—1　　　　　　　　　　小学教师评价考核办法

考核项目	分数
1. 师德师风民主评议(10 分)。	
2. 为人师表(7 分)。遵守《中小学教师职业道德规范》的各项要求。违背教师职业道德要求者此项不得分,打骂人、说是非一次扣 3 分。	
3. 工作态度(10 分)。服从领导、集体观念强,积极参与学校开展的活动,财物管理严格,摆放有序,未发生损失得 5 分。不服从领导分配一次扣 5 分,学校各项工作每迟到一次扣 2 分,旷职一次扣 4 分。工作失职失误,造成事故(比如值周期间发生盗窃案件)的,一次扣 5 分;学校处理不了的,严格按上级部门的要求处理。	
4. 政治学习(5 分)。政治学习准时参加,能记一定数量的笔记。期末由学校依据参加学习情况和学习笔记考查。学习时间缺席、请假、迟到,每次分别扣 3、2、1 分;笔记达标记 5 分,不达标记 2 分。	
5. 计划(3 分)。教学、班务等计划内容充实,环节齐全,措施具体,切实可行,按要求时限完成,记 3 分;否则,每推迟完成计划一次,扣 1 分。	
6. 备课(5 分)。能按学校要求备课,节次齐全,按时审批,记 5 分;不按时审批,节次不齐,每次或每节各扣 1 分。	
7. 作业批改(5 分)。能按要求设置和批改作业,批阅符合规范,按平时测查各记 1 分。	
8. 辅导(3 分)。早读、预习、符合要求记 3 分,缺课、离岗、迟到和早退每次分别扣 3、2、1 分。	

续表

考核项目	分数
9. 听课(5 分)。按学校要求节次听课,达标记 5 分,少一节扣 1 分。	
10. 课堂教学(5 分)。能按课表上课,不迟到、不早退、不缺课、不离岗,得 5 分;缺课、离岗、迟到或早退一次,分别扣 3、2、1 分。	
11. 经验、论文等材料(2 分)。按学校统一要求,统一时限完成,记 2 分;每少完成或推迟完成一份,扣 0.5 分。	
12. 出勤(10 分)。每学期请假不得超过三天,三天内,按规定每天交 50 元,绩效考核不扣分。三天以上,除每天按规定交 50 元外,绩效考核超出一天,事假一天扣 1 分,病假每天扣 0.5 分;婚假、丧假不扣分;迟到或早退一次扣 0.5 分;旷职一天扣 5 分。	
13. 教学效果(40 分)。在县、乡统测中,根据取得的名次,第二名得 40 分,每高或低一个名次加减 2 分;在学校统测中,及格率和优秀率分别达到 90% 或 40% 的记 40 分,及格率和优秀率超过和低于 1 个百分点分别加减 0.2 分;任意两科或两科以上得分者,以平均分记。	
14. 因工作失误受到市、县、镇通报批评的,分别扣 5、3、1 分。	
15. 因管理不善造成学生摔伤骨折、流血等不安全事故的,以及其他造成财产损失的不安全事故的,每次扣 2 分。	
16. 本人或分管工作受到上级表彰奖励的,凭证书或文件按级别加分;国家级、省级、市级、县级、部门级、乡级分别加 5、4、3、2、1 分。	
17. 评为优秀班队的,给班主任加 2 分,副班主任加 1 分。	
18. 能承担市、县、乡和学校组织的公开教学,分别加 4、3、2、1 分。	
19. 获得教研成果奖涉及的两类情况,按国家、省、市、县、部门级分别加 5、4、3、2、1 分。	
20. 获得指导奖的,按国家、省、市、县部门级分别加 5、4、3、2、1 分。	

资料来源:根据互联网资料整理。

表 7-1 所示的评教体系是一种"自上而下"的评价方式,看似非常全面、详细,并严格量化,但其实存在很多问题。主要问题有以下几点:

(1)具体评价是一种只面向过去的终结性评价,只注重评价后的奖惩和评级,而忽略了评价的导向和改进教学的作用。

(2)自上而下的评价方式具有一定的主观性和片面性,从而会产生不公正性,不利于教师和学校管理阶层的团结协作。

(3)单一的评价标准让评价结果具有一定的偶然性,评价结果优秀的教师存在一定的侥幸,而评价结果一般的教师也不知道具体的改进方向,制约了教学质量的提升。

（4）传统评教将重心和最大权重放在对规定的遵守和学生成绩上，以管理为中心、以结果为导向，而不是以学生为中心。这会造成教师将精力集中在完成管理上的"标准动作"，督促学生"刷题"和对知识点进行短时间记忆，造成学生在测试后会遗忘知识并保持较低的学习效率。

（5）在传统评教模式下催生出的课堂教育不重视培养学生批判性的思维能力，而强调教师作为知识分发者和学生作为知识接收者的角色，这种学习方式使学生形成思维定式，面对复杂问题时束手无策，且无法培养自主学习、终身学习的习惯。

（6）传统评教强调最终考试成绩而忽略学习过程，所以学生接收到的知识点散漫，没有形成体系架构，学习难度较大。

（7）传统的评教方式不鼓励互动教学，强调学生个人的学习和钻研，很少有机会练习小组互动和团队合作，对学生步入社会后的发展不利。

自上而下法的评教是站在学校管理者的立场，是一种管理导向和结果导向式的评教，忽略了教育真正的中心——学生，并会引发教师的本位主义和短期行为，因此具有很大的弊端。

7.2.2　自下而上法

由于"自上而下"的评教方式存在种种弊端，已被逐步淘汰，现在流行的评教方式大多是以学生为中心的问卷评教，是一种"自下而上"的评教，具体以某大学的评教表 7－2 为例。

表 7－2　　　　　　　　　　　　大学评教表

1. 对学生要求严格，敬业勤勉，为人师表，教书育人。	非常赞同□ 赞同□ 一般□ 不赞同□ 非常不赞同□
2. 备课认真，让学生充分了解课程教学大纲，并按大纲完成教学任务。	非常赞同□ 赞同□ 一般□ 不赞同□ 非常不赞同□
3. 内容充实，注重更新和丰富教学内容，介绍本学科前沿动态。	非常赞同□ 赞同□ 一般□ 不赞同□ 非常不赞同□
4. 条理清楚，突出重点，讲解难点，深入浅出，能激发学生的求知欲。	非常赞同□ 赞同□ 一般□ 不赞同□ 非常不赞同□
5. 启发学生积极思考，鼓励质疑并表达观点，形成教与学的良好互动。	非常赞同□ 赞同□ 一般□ 不赞同□ 非常不赞同□

续表

6. 根据学生的理解水平合理安排并有效调节授课进度。	非常赞同□ 赞同□ 一般□ 不赞同□ 非常不赞同□
7. 提供或推荐的教学资料和参考文献有助于学生自主学习。	非常赞同□ 赞同□ 一般□ 不赞同□ 非常不赞同□
8. 对学生课外学习给予积极指导。	非常赞同□ 赞同□ 一般□ 不赞同□ 非常不赞同□
9. 作业的布置、批阅和讲评有助于课程内容的学习。	非常赞同□ 赞同□ 一般□ 不赞同□ 非常不赞同□
10. 考核评价的内容和方式能激励学生主动学习与自觉钻研。	非常赞同□ 赞同□ 一般□ 不赞同□ 非常不赞同□
11. 通过本课程学习,我丰富了知识、拓展了视野、提高了能力。	非常赞同□ 赞同□ 一般□ 不赞同□ 非常不赞同□
12. 我认为老师是一位优秀的老师。	非常赞同□ 赞同□ 一般□ 不赞同□ 非常不赞同□

资料来源:根据互联网资料整理。

这种评教表虽然采用了"自下而上"的评教方法,也设立了涵盖教学意愿、态度、能力和结果等诸多指标项,但依然存在严重的问题:首先,表7-2本身属于问卷性质,学生的回答具有很大的随意性。其次,学生对教师的评教具有很大的主观性,在很多时候,学生会对其"喜欢"的教师各项都打高分;对于其"不喜欢"的老师,各项都打低分,造成评教严重失真。再次,表7-2中的指标项都是针对结果的评价,缺乏对教学过程的评价。最后,这种"自下而上"的评价,很容易造成教师为了得到好评而"讨好"学生的情况发生,失去了教育教学的科学性、严谨性和严肃性。实践证明,这样的评价方法在很多时候并不能反映教学的真实情况,饱受教师诟病,很多学校也只能将评教结果作为对教师考核的一个"参考"依据而已。

7.3　教学大数据

传统的四类教学评价方式和两种评教方式都无法令人满意的原因是,无法获得第一手真实、客观、公正的教学过程数据,评价具有很强的主观性、随意性和偶然性,最终达不到教学评价和评教的目的,更无法指导学生学习和教师教学的过程改进。随着教育信息化的发展,学校可以从各类教学相关的软硬件系统中获得越来越多的教学过程数据,这些数据为学校进行更加客观的教学评价和评教提供了可能。

7.3.1 教学大数据的来源

教学大数据是一种泛称,泛指学校与教学相关的各业务系统和各类型设备中产生、存储、使用的各类数据,具有典型的多模态(Multimodal)特征。从实体来源角度划分,教学大数据来自"人"和"物",其中"人"包括学生、教师、家长和管理者,"物"包括教学平台、多媒体设备、校园网络设备等(邢蓓蓓等,2016)。从数据产生环节上划分,可分为过程性数据和结果性数据:过程性数据是学生在教室学习或图书馆复习等数据,这些数据如同藏匿在黑盒中,难以量化;结果性数据是可量化的数据,比如学生的考试成绩。从数据结构化程度划分,可分为结构化数据、半结构化数据和非结构化数据:结构化数据可以用关系型数据库表示和存储,是规律型数据,查询修改方便,但难以扩展;半结构化数据是非关系型但有基本固定结构模式的数据,扩展性很好,如 JSON(JavaScript Object Notation)文档、各类软硬件系统日志文件等;非结构化数据没有固定的数据结构,比如图片、动画、文档、音频、视频等。传统的教学数据来源多以管理者、结果性、结构化为主,现阶段教学大数据的来源扩展到过程性、半结构化和非结构化数据。

从数据形态来看,校园大数据可分为静态数据(描述性数据)和动态数据(过程性数据)。静态数据主要来源于业务系统中存放的用户相对稳定、不易发生变化的数据,比如性别、年龄、学历、籍贯、身高等一些基本信息;动态数据来源较多,包括各类日志数据、消费流水、网络行为数据,以及与用户有关的视频、音频、图片、文本等数据。

静态数据基本上来自业务系统,主要包括学工系统中的学生学号、性别、出生年月、籍贯等基本信息,教务系统中的学生选课、成绩、班级信息,科研系统中的学生科研信息,宿舍管理系统中的住宿信息,保卫系统中的学生户口、护照、服兵役等信息。静态数据有规范的数据结构,可以通过数据视图或 API 接口等方式采集,甚至可以直接读取数据库。

动态数据来源广泛、类型多样,主要来源于交换机日志、服务器日志、防火墙日志、无线接入点日志、网站系统日志、校园卡 POS(Point of Sale,销售点系统)机流水、门禁刷卡记录、图书借阅信息、人脸识别系统日志、媒资管理系统中的图片和视频、教学督导系统中的照片和视频等,此外,还包括一些辅导员、任课教师填报的文本数据等。动态数据由于类型多样,处理逻辑也比较复杂,主要处理方法包括自然语言处理、模式识别、语义理解、统计分析、机器学习等。各类型数据的具体采集方法如下:

(1)各类日志数据可以通过 ETL 消息队列方式采集,采集后,需对不同类型日志数据进行清洗,明确日志数据中各段落的含义,然后将其规范化,并建立不同设备日志间的关联。

(2)文本数据通过数据交换或爬虫的方式采集,采集后,对文本进行分词、去除停用词、主题提取等操作,并转化为用户画像的标签。

(3)图片数据可通过数据交换、爬虫或信息检索的方式采集,利用图片特征提取算法和图片自带的标签进行图片特征采集。

(4)视频、音频数据文件大,信息携带量也比较大,采集和处理都比较复杂,需通过视频检索、声纹匹配、特征提取,或者音视频本身携带的标签等方式进展特征采集。

7.3.2　教学大数据采集

大数据技术就是从各种类型的数据中快速获取有价值信息的技术,因此,采集高价值的数据是大数据分析的基础和起点。传统数据分析依赖模型和算法,若想获取精确结论,必须理顺逻辑、了解因果,设计精妙的算法得出结论。这种分析方法一般是取一个很小的数据集来对整体数据进行预测和判断,所以数据采集来源单一、存储和分析的数据量小,往往直接采集关系型数据库数据。而大数据技术是在没有精准算法的情况下,依赖庞大的数据量,从数据本身保证了分析结果的有效性。它的采集包括以下几类:

(1)关系型数据库结构化数据

1970 年,有着"关系型数据库之父"之称的 IBM 公司研究员埃德加·弗兰克·科德(Edgar Frank Codd)博士提出关系模型(Relational Model);1976 年,陈(P. S. Chen)基于关系模型,提出了实体—联系模型(Entity-Relationship Mode,简称"E-R 模型")。此后,世界主流的数据库系统是基于"E-R 模型"开发的,基于"E-R 模型"开发的关系型数据库也一直是各类业务系统的最主要数据库。目前,主流的关系型数据库有 Oracle、MS SQL Server、IBM DB2、MySQL 等。对关系型数据库的采集可以通过数据视图(Data View)、数据交换(Data

Exchange)、开放数据服务接口(Open Data Service Interface,ODSI)、应用程序编程接口(Application Programming Interface,API),甚至直接读取数据库的方式获取。当前,最为流行的结构化数据的采集方式是利用提取—转换—加载(Extract-Transform-Load,ETL)工具,定期从业务系统的数据库中获取所需数据。

(2)日志数据

系统日志(System Log,Syslog)记录了软硬件系统中发生的各种事件,包括设备日志、应用程序日志和安全日志等。系统日志是一种半结构化数据,广泛存在于课程平台、管理平台、校园网络设备等各类软硬系统中,比较容易采集,具有高可用性、高可靠性和高可扩展性等特征。通过系统日志可以获得非常丰富的学生学习信息,比如登入(Login)和登出(Logout)校园网日志、应用系统日志、系统访问日志,以及学生使用移动终端类型、登录地点、使用时长等数据。有的日志数据会在系统中自动记录,生成日志文件,文件是自增的,当文件大小超过系统限定后,会新建一个日志文件;也有的系统不记录日志,但会通过特定的端口向外发送日志,这时,需要开发程序监听这个端口,及时获取日志数据并存储下来。

(3)物联网设备数据

校园物联网感知设备包括网络摄像头和各种声、光、电、温度、湿度、PM2.5浓度、二氧化碳浓度等传感器设备。摄像头产生的视频和照片数据可以通过摄像头 IP 地址直接采集,或者通过视频矩阵采集。一般网络摄像头提供了标准格式的 RTSP(Real Time Streaming Protocol,实时流传输协议)视频流,或者通过厂商提供的 API、SDK(Software Development Kit,软件开发工具包)等也可以采集,采集到的视频和照片可用于人脸识别、人群密度识别、课情分析等;各种声、光、电、温度、湿度、PM2.5浓度、二氧化碳浓度等传感器设备工作原理各异,数据类型纷繁复杂。由于物联网数据量庞大,且对实时处理要求高,因此,当集中处理的方式无法满足业务需要的时候,经常部署边缘计算节点(Edge Computing Node),通过"边缘数据采集工具集"进行数据采集,采集到的数据被放入消息队列中向服务器投递,或者直接在边缘节点中进行处理。

(4)文本数据

教学大数据中包含大量文本数据,比如教师教案、PPT、板书、课程评语、学生学习情况评语、学生心理测评、辅导员评语等。这些文本数据有些可以通过文件传输的方式直接获得;有些可以通过网络爬虫(Web Spider 或 Web Crawler)从网页或数据库中获得;有些可以定期通过 Excel 表格导入的方式获取;还有一些相对结构化的文本数据,比如在图书馆借阅的书名等,可以采用数据交换的形式获取。

总之,与教学评价和评教相关的大数据来源广泛、形式多样、种类复杂。由于教学大数据的多模态性、海量性和复杂性,对各类教学数据的采集方式差别很大,需要根据业务需要、数据的可获得性以及数据自身的特性综合设计数据采集方法。教学大数据采集往往要耗费大量的时间和精力。

7.3.3　教学大数据的清洗

教学大数据来源非常广泛,如果采集到的数据不准或价值含量低,它们对业务分析不仅没有帮助,反而会占用系统计算资源,甚至影响大数据分析过程和分析结果,因此,对采集到的数据要进行数据清洗(Data Cleaning)。数据清洗是从各类记录集、数据库和数据表中检测、修正、添加或删除存在冗余、缺失、损坏或错误的数据,主要工作包括识别数据的不完整、不正确、不准确、重复或不相关部分,然后替换、修改或删除脏数据(Dirty Read)或粗数据(Raw Data)(Wu,2013)。数据清洗的目的是通过一定的数据处理,让数据更好地为数据分析所用。数据清洗工作可以通过人工与数据清洗工具交互式地执行,也可以通过事先编写好的程序脚本自动进行。在具体工作中,采用何种数据清洗方法取决于要处理的数据类型、数据的存储方式以及要解决的具体问题。

数据清洗的主要目的是找到一种方法来最大限度地提高数据集的准确性,比如修复拼写和语法错误、对数据集进行规范化操作、补充空值字段、去除重复数据、将同义但格式不同的数据进行统一等。数据清洗被认为是大数据分析中基础性的却又十分重要的工作,因为数据质量的高低直接影响着数据分析过程和分析结果。但同时,数据清洗又是一份非常耗费时间和精力的工作,据统计,在大数据分析工作中,有近 80% 的时间用在数据清洗和数据准备上。

经过数据清洗操作后,数据质量得到提高。高质量的数据应具有以下特征:

(1)完整性。数据完整性是数据在整个生命周期中有效性的保证,也是存储、处理和查询数据的关键。有时,数据清洗可以对缺失数据进行补足,比如用学生的平均年龄或平均身高来补足学生缺失的年龄和身高数据;但有些时候,数据清洗也解决不了数据的不完整问题,比如,学生信息中缺失了性别、年级或籍贯等信息就无法补足。

(2)一致性。在所有系统中使用相同的度量单位指定同一数据内容,且同一数据内容的格式必须相同。例如,不同数据源的重量可能以磅或千克记录,必须使用算术转换将其转化为单一度量;日期、时间等数据项的格式也必须统一。

(3)唯一性。数据唯一性要求字段或字段组合在数据集中必须是唯一的,因为有些字段或字段组合是记录的主键(Primary Key),也是现实世界中实体或实体之间关系的唯一标识。例如,学生的学号和身份证号都应该是唯一的,因为不可能存在两个学生共用一个学号或身份证号的情况。

(4)合法性。数据大小须符合常识。例如,学生的身高超过 300 厘米、年龄大于 200 岁等都是有违常识的,这样的异常数据一定存在问题。

(5)权威性。当同一字段的数据在两个数据库中相互矛盾时,就需要判断哪个数据库的数据更具权威性。例如,由于建设年代的不同,学生学号、教师工号等在新、旧两套管理信息系统中可能存在不一致的情况,这时,一般以新系统的规范为准。

针对上述高质量数据的要求,数据清洗可以按照以下五个步骤进行:

(1)依据一定的规则,在保证数据不失真的前提下,补足缺失值或删除异常记录,保证数据的完整性。主要方法有:综合考虑每个字段的缺失比例和重要性,直接删除缺失率高且不重要的记录;简单填充重要性低且缺失率低的数据;对重要性高且缺失率低的数据,通过经验推测并填充缺失值,或通过计算填充该字段的中位数或平均数;对重要性高且缺失率高的数据,可尝试从其他渠道补全数据,或者使用关联字段计算获取数据,实在无法获得准确数据时,可以去除字段并在结果中标明。

(2)对数据格式和内容进行清洗,保证数据一致性。将日期、时间、数值等数据项的格式进行统一化操作;对于内容中存在多余字符的数据,比如空格、姓名中的数字符号等,需要以半自动、半手工的方式进行校验,剔除多余字符;将全角数字转化为半角,使其可以计算;对于数据内容与字段应有内容不符的情况,需仔细判别是填写错误还是导入数据时列没有对齐等问题,有针对性地分别处理。

(3)对重复数据进行去重处理,保证数据唯一性。基本思路是排序和合并,将数据的关键字段按一定规则排序,然后比较相邻记录的相似性来判定是否重复,将重复项删除,只留一条数据或将两条记录进行合并。如果重复记录中的字段完全一致或形成补集,则直接合并;如果同样的字段数值不同,则需要根据一定的方法和规则进行处理。

(4)对数据的逻辑错误进行纠正,保证数据合法性。通过正则表达式(Regular Expression,Regex)或设定最大值、最小值等方法,去除不合理值。因为数据逻辑与业务逻辑紧密关联,因此,对逻辑错误的纠正比较复杂、困难。有些逻辑错误可以修正,比如年龄大于 200 岁,可以从身份证号码中读出其出生年月进而计算正确年龄;有些逻辑错误难以纠正,比如身高超过 300 厘米,明知数据有问题,但无法纠正。

(5)关联性验证,保证数据权威性。如果同一个数据有多个来源,且不同来源的关键数据项内容不一致甚至相反,就需要判断数据之间的关系,并设定数据源的优先级。例如,在统一身份认证平台、教务系统、学工系统、校园卡系统里都会存有学生的手机号码,学生入学后,常常会不止一次更改手机号码,这样,多个来源的手机号码常常不一致。这时,需要根据学生录入或修改手机号的时间来设定这些手机号码的优先级,距离当前时间越近的手机号码可靠性越高。

以上是对结构化数据的清洗方法,而文本、图片、视频、音频等非结构化数据的清洗方法迥然不同。以文本数据的清洗为例,首先,通过分词(Tokenization)将文本分解为单词、符号等元素;其次,通过统一大小写(Capitalization)、俚语和缩写(Slang and Abbreviation)转换为正式语言获得较为完整的分词结果;再次,去掉结果中不具有重要意义的停用词(Stop Words)及不必要的字符;最终,还可以通过拼写校正(Spelling Correction)、统一词形(Stemming,Lemmatization)等方式获得更完善的分词结果(Kowsari et al.,2019)。而对图片数据的预处理则包括降噪(Noise Reduction)(即减少或去除图片中与图片主题无关、影响分析效果的信息)、增强相关信息的可检测性、最大限度地简化图片数据,有时还需要对图片进行尺寸调整(Resize)和特征缩放(Feature Scaling,也叫归一化)等操作。

7.3.4　教学大数据的存储

数据清洗完毕后,接下来的工作就是考虑大数据的存储问题。关系型数据库非常适合传统的结构化数据的存储和检索,但对非结构化的数据支持有限,无法应付海量的非结构化数据。且关系型数据库受限于设计模式,每台机器承载的容量有限,随着数据量的暴增,需要不断扩展数据存储,数据的检索速度也会急剧下降。所以,大数据一般使用分布式存储(Distributed Storage)技术实现数据的存储管理。

分布式存储也叫软件定义存储(Software Defined Storage,SDS),就是将本来集中存放的数据分散到多个数据存储服务器上进行存储的技术。传统的集中式存储系统高度依赖网络连接(Networking),数据库的访问速度深受网络连接速度的影响,高流量可能会导致系统性能瓶颈,且基本没有数据冗余,倘若数据意外丢失,将难以找回,安全性和可靠性差。分布式网络存储系统采用的是可灵活扩展的系统架构,通过多台数据存储服务器将数据进行分散存储,但依然可以利用位置服务器定位存储信息,通过同一套存储管理系统对数据进行统一管理。分布式存储不但提高了整个存储系统的安全性、可靠性、可用性和数据 I/O 的效率,整个系统更易于扩展。所以,分布式存储技术是大数据存储的最佳选择。

分布式存储要解决将大量数据分散到多台机器上存储的问题,最基本的解决方法是将数据分片(Partition),片要足够小,以使得单个分片能被任何单机存下。数据量越大,分片越多,需要的机器数量也就越多。由于硬件存在良品率问题和老化问题,会造成存储介质的物理损坏。为了保证数据不因存储介质的物理损坏而丢失,需将每个数据分片做冗余处理,具体技术包括多副本(Replication)和纠删码(Erasure Code,EC)。由于分布式存储的原理和底层技术不是本书的主要内容,在此不作详细阐述。

近些年来,随着云计算技术的发展,云存储也开始在业界流行。就系统原理和整体架构来看,云存储与分布式存储并没有本质的差别,其区别主要体现在内部的软件架构上。云存储系统架构是一种大规模、分布式的并行文件系统,是基于数量庞大的服务器和存储设备构建的大规模存储集群,能够保证在业务不中断的情况下进行扩容。在有海量存储需求的情况下(比如超过 100 个PB),云存储系统的整体拥有成本远低于传统存储系统,并具有良好的可扩展性和灵活伸缩性。

校园网中大量的网络设备、监控设备、传感器设备等持续产生源源不断的流式数据(Data Stream)。流式数据持续产生,量大、快速,且连续达到,对存储的实时性要求很高,关系型数据和文件存储都满足不了要求,需要专门的流式数据库存储。随着软硬系统数量的不断增长,流式数据在总体数据规模中所占的比重不断攀升,根据国际知名分析机构国际数据公司(International Data Corporation,IDC)的研究报告显示,预计到 2025 年,流式数据将占到数据总量的 30%(Rydning,2018)。目前,几乎所有主流的数据库厂商和云服务厂商都提供了流式数据存储产品,比如 Amazon Kinesis、Google Dataflow、Azure Stream Analytics。除此之外,有些开源的流式数据库也很成熟,比如 Apache Storm、Apache Flink、Apache Beam 等。

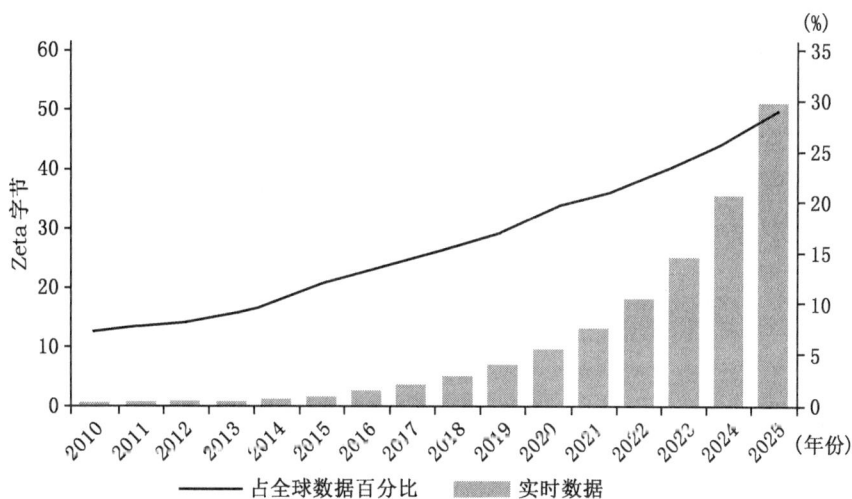

资料来源:Rydning D. R. The Digitization of the World from Edge to Core[J]. Framingham:International Data Corporation,2018:16。

图 7-1　流式数据增长趋势

校园网软硬件设备众多,数据量庞大。当前,一所一万人规模的大学,一般情况下,每天各种软硬件系统产生的数据量可达近亿条。传统的集中式存储已然满足不了校园大数据存储的业务需求,支持多节点的云存储(Cloud Storage)、边缘云存储(Edge Cloud Storage)等分布式存储技术兴起。此外,大数据的存储并不是仅仅解决存储本身的容量问题,还要考虑查询、计算等操作,因为这些操作与存储的数据结构、存储系统架构甚至硬件的设计等都密切相关。

7.4 基于大数据的形成性评价

教学大数据为教学的形成性评价(Formative Evaluation)提供了丰富的数据。形成性评价是指在课程建设、教学和学习过程中的系统性评价,教师在教学进行过程中可以随时了解学生的学习进展情况,获得教学过程中的连续反馈,为教师随时调整教学计划、改进教学方法提供参考的评价方法(莫雷,2012)。与传统的问卷式静态教学评价不同,教学形成性评价更加注重评价的连续性、动态性和过程性,更加客观、科学。我国很重视教学评价方法的改革,在 2018 年 10 月教育部印发的《关于加快建设高水平本科教育全面提高人才培养能力的意见》中,明确提出"加强学习过程管理……严格过程考核,加大过程考核成绩在课程成绩中的比重……完善学生学习过程监测、评估与反馈机制"(教育部,2018)。

7.4.1 形成性评价的三个基本阶段

形成性评价是教学信息反馈的有机组成部分,可分为一对一评价(One-to-One Review)、小组评价(Small-Group Evaluation)、现场测试(Field Trial)这三个基本阶段。经过这三个阶段后,教师可以逐步确认教学活动中存在的问题,及时调整教学活动设计。

(1)一对一评价

一对一评价是指教师与个别学生合作获取数据以修改教学资源的方法(Dick,2001)。在一对一评价中,教师从目标学生中选出至少一名学习能力优秀的学生、一名学习能力中等的学生和一名学习能力较差的学生进行单独交流,一起复习教学内容,并对其进行评论,以此来改进教学材料中存在的问题。评价所依据的信息来源包括学习者标注、态度问卷、测试成绩、评价者记录等。评价标准是确认教学材料的清晰度、教学时学生的态度和达到教学目标的影响力、教材在得到所需资源(课时、教学情境等)时的可行性。一对一评价所需收集的信息内容如表 7-3 所示。这个阶段评价的重点是教学材料而不是学生。

表 7—3   一对一评价所需的信息

标准		
	教学内容	相关内容	教学过程
清晰度	词语表达 句型 导入 具体阐述 结论 过渡	背景 实例 类比 图解 示范 回顾 总结	顺序安排 教学块大小 教学块过渡 节奏快慢 变化
	态度	成绩	
对学习者的影响力	是否有用 难度如何 学习后的满意程度	学习者在各个教学目标的学习成果	
	对学习者	资源	
可行性	成熟度 独立性 动机水平	时间 设施 环境	

资料来源:作者根据公开资料整理。

一对一评价的目标是使教学材料的词汇、举例、语言复杂度和解释等方面适合学生的学习;使学生具有正确的态度,基本达到学习目标;确认现有资源和环境适合学生的学习。

(2)小组评价

小组评价是将学生分组,每组 8～20 个人,每组学生独立学习指导材料并对学习结果进行测试,以收集所需的评估数据。小组评价的目的是确定一对一评价后,保证教学材料检查、修订的有效性,确保其在指导更多学生学习时的效果,并查看学生在没有教师指导的情况下学习该教材的效果(Ragan et al.,2004)。

在小组评价中,教师向学生说明教材处于修订状态,然后按照教学材料设计的使用方法组织学生学习,并记录学生的表现和评论,检查一对一评价中的问题是否已得到纠正,并收集有关学习态度和时间的数据。小组评价的结果是根据时间、表现和态度而修订的教学课程,教师将不断地进行这个试用和修订的过程,直到达到教学目标中指定的标准及授课时间长短的反馈为止。小组评价收集的数据是学生在前测和后测中的分数、涉及教学态度的问卷、关于教学的可行性等信息。其中,前测主要考查入门能力和教学目标能力,后测主要考查教学阶段目标和最终目标,教学可行性信息包括学生完成学习和测验的时间、按预计形式在预计环境中实施教学的可行性和花费、实施和管理、教师的态度等。小组评价后的效果应该是,教学材料能在最终教学环境中适用于大部分学生。

(3)现场测试

现场测试又称操作测试,教学材料在此评估阶段处于非常完善的状态,但仍可进行修订。可以使用现场测试来确保在形成性评价的先前阶段所需进行的修订均已得到纠正,为教材修订提供最终建议并观察指导的有效性。

现场测试实质上就是教师在现场进行一次全面的教学活动,即在实际教学环境中使用经过多次修改的课程设计和材料,实现期望的学习水平,并让学生在得到有效指导的情况下进行测试。现场测试要挑选一个具有代表性的典型人群(包含高、中、低三种水平的学生,人数在 30 人左右),需要收集学生的学业成就和学习态度、教师的教学过程和态度、资源(时间、花费、空间、设备)等。现场测试的目的是确认教学材料经过小组评价后的修改是否有效,以及教学材料能否在真实的教学环境下使用。

7.4.2　形成性评价的意义

形成性评价改变了以教师为主体的传统教学格局,它更加关注学生的学习过程,给予学生充分的参与感与知情权,学生在学习活动开始之前就能够了解评价的标准、要求和方法,明确学习的阶段性目标和考核要求,激励他们向着课程目标而努力。形成性评价在促进学生学习方面具有以下几点意义:

(1)促进学生学习的计划性

形成性评价提供了明确的阶段性目标及评价方法,有助于学生随时了解学习情况,按自己的能力制订合理的学习计划,安排好课程预习、复习以及自主拓展学习的时间,抓住薄弱环节重点学习,提高常规学习时间的利用率,掌握学习的主动权。

(2)培养学生学习的自律性

形成性评价的核心是对学生的学习进展情况进行监控与评价,通过师生之间的沟通可以及时发现学生对知识点的掌握情况,发现缺点和不足,敦促学生反思自己在学习中存在的问题,从而不断地端正学习态度、调整学习目标、改善学习习惯、改进学习方法,努力达到下个阶段的学习目标,进而培养学生的自律意识,树立学生的自信心。

(3)培养学生自我评价能力

自我评价就是让学习者根据自身情况,自己设定学习目标、确定考核标准、完成学习评价。形成性评价鼓励学生多思考,在学习过程中发现教学设计的不足,积极参与到课程评价中,为课堂教学提供客观依据,从而使教师不断改进课程材料和教学方法,增强学生的责任意识,也让学生更加了解自己,在课程学习方面取得更大的提升。

7.4.3　基于大数据的形成性评价

教育信息化为形成性评价的三个阶段提供了评价工具、评价数据采集和评价数据分析等技术支持。统一身份认证技术可以为一对一评价、小组评价提供师生的身份确认,精准提供身份信息;各类教学资源管理平台、教学互动平台都提供了难懂知识点标记、学习情况反馈、学习时长统计、测验得分等详细信息,记录学生不懂、难懂的知识点,系统后台还可以看到各类资料的下载次数和时间、视频的观看时间和反复回看的内容、学生测验花费时长及结果等数据,这些数据不仅全面、准确,而且非常及时;信息技术在教学中的全面使用可以支持形成性评价的整个闭环过程,不仅效率高,而且数据准确、及时,提高形成性评价的质量。

大数据技术除了为形成性评价提供大量的数据外,还能为形成性评价提供自动分析和辅助决策功能。根据课程目标和学生的学习能力,大数据分析技术可以为学生制订个性化的学习进度和学习计划,并密切跟踪计划的执行,及时给学生反馈和提醒;大数据分析技术给学生定期推送其他同学的学习进度和学习成果,营造互相竞争和追赶的学习氛围,提高学生的学习意愿和自律性,不断改进学习习惯;大数据分析技术还可以从教师和学生的视角分别对教学过程进行分析,让教师和学生更加客观地了解教和学的进度以及存在的问题,为教师不断改进教学材料和教学方法以及学生不断改进学习方法提供科学依据。

7.4.4　基于大数据的教学过程评价

教学过程评价与形成性评价是不同的概念,但在内容上有诸多相通之处,在大数据的供给上很多时候内容是一样的。教学过程评价是通过收集、反馈学习过程中的信息,对学生学习过程中的表现、成绩、学习测量及心智发展提供帮助的发展性评价(冷艳菊,2012)。教学过程评价通过对与学习有关的各类软硬件系统中各方面数据的收集和分析,从而对学生的学习意愿、学习态度、学习能力、学习进度、知识点掌握情况、学习习惯、学习行为等进行综合分析,涉及学生学习过程的方方面面。表7—4以孙发勤和冯锐(2019)设计的教学过程评价行为指标为例,说明基于大数据的教学过程评价涉及的维度和行为指标项。

表7—4   教学过程评价的行为指标

维度	行为指标项
学习意愿	第一次学习课程时间、平均客观题开始答题时间
学习态度	主观题完成数,客观题完成数,重复做题次数
学习能力	视频平均观看次数,题目完成质量,答题时长
学习进度	课程资源访问进度,题目完成进度
知识点掌握情况	阶段测验成绩
学习习惯	课程学习的时间
学习行为	发帖次数,回帖次数,做题时长

资料来源:孙发勤,冯锐.基于学习分析的在线学业成就影响因素研究[J].中国电化教育,2019(3):48—54。

(1)学习意愿

学习意愿主要考查第一次学习课程时间和平均客观题开始答题时间。其中,第一次学习课程时间以第一位进入课程开始学习的学生的学习时间为起点,通过比较其他学生第一次开始学习的时间与起点时间的相对间隔,来判断学生是否迅速进入学习活动,反映了学习的积极性。客观题开始答题时间同样把最早开始答题的学习者的开始答题时间记为起始点,比较其他学生开始答题的时间与起点时间的相对间隔,之后取整个课程过程的所有客观题开始答题时间的平均值,通过比较反映学习者的主动性和及时性。

(2)学习态度

学习态度主要考查主观题完成数、客观题完成数和重复做题次数。按照作业完成度来判断学生学习态度是否端正;设定题目可以重复提交并取最高得分,查看学生在未得满分的情况下是否会纠正错误、重复做题,以判断学生在遇到难题时是否会迎难赶上、具有坚韧的学习态度。

（3）学习能力

学习能力主要通过视频平均观看次数、题目完成质量和答题时长来判断。如果学生对教师的讲解视频都至少观看过一次，且平均观看次数少、答题时间短且作业完成质量高，说明该学生的学习能力强；反之，则证明学习能力弱。

（4）学习进度

通过每周比较学生的课程资源访问进度和题目完成进度是否跟上教师的教学进度来判断学生的学习进度，这些比较都可以通过系统自动实现，直接将结果反馈给教师。

（5）知识点掌握情况

知识点掌握情况是按照阶段测验成绩来判断的，通过每周或每月的阶段性测验可以考查学生的知识点掌握状况；也可以在教学视频、教案、PPT 等资源的查看页面提供反馈功能，让学生及时反馈其不理解或难理解的知识点。通过这些机制，找出学生知识掌握的薄弱点，让教师有针对性地进行讲解和布置练习作业。

（6）学习习惯

学习习惯可以通过查看学生登录系统学习的时间、学习时长来判断。学生是偏向于在白天还是晚上学习，以及学生每次登录系统学习的时长，显示出每个学生思维活跃的时间段。

（7）学习行为

学习行为可以通过发帖次数、回帖次数、做题时长、观看教学视频时长、在线时长等信息来判断。发帖和回帖次数可以反映学生是否积极主动和善于思考。对不同学生做同一道题的时间长度和所有学生做此题的平均时长进行对比；如果答题时间过长，意味着学生在答题时去做与题目无关的事；答题时间过短，则意味着学生没有仔细思考题目，只是为了完成任务，而没有认真学习。从学生观看视频时长可以看出其用在学习上的时间。通过视频中插入的互动情况，可以观察学生是否在认真观看视频。

7.5　大数据评教设计

将大数据分析技术应用于评教具有很多优点：它可以多源、多点采集各种类型的数据，提高评教的客观性和全面性；还可以采用先进的算法和高性能计算技术,提高评教的效率和科学性;大数据评教的结果可以作为评教的重要参考依据,减少评教中的主观因素影响,帮助教师找出教学中的真正问题,帮助教师更具导向性地改进教学方法;也可以帮助教学管理者及时发现教学中的问题或成功经验,帮助改进教学管理。

7.5.1 评教数据的收集

评教数据通常包括对教师资格的审查、对教师知识的测验、对实践的观察以及对学生学习收益的衡量。为了提高评教的客观性和科学性,应该采用多教师同学期同课程、单教师同课程多学期、单教师不同课程等样本数据,不仅横向分析同一门课不同教师的教学效果,也纵向比较同一教师在不同课程和不同学期的教学积极性和教学效果,多维度分析评教数据,更加精准地找出教师的优势和劣势,明确每个学期的教学质量进步情况。评教数据的来源多种多样,一般可来自调查问卷、走访、录课、论坛留言、学生考核成绩、自我评教、绩效考核评教等多种数据源。

7.5.2 评教数据分析模型

目前,有许多评价教师教学成就的方法或模型,比如有效教学措施法(Measures of Effective Teaching)、丹尼尔森框架模型(Danielson's Framework Model)、课堂评估评分系统(Classroom Assessment Scoring System)(La et al.,2004)、增值模型(Value Added Model)等。

有效教学措施法通过以下五项评估来评价教师的效能:学生在标准化测试中的成绩、课堂记录和教师的课后反思、教师的教学内容、学生对课堂和教师的评价,以及老师对教学条件和学校支持的评价(Bill & Melinda Gates Foundation,2010)。

丹尼尔森框架模型把教学活动分为 22 个组成部分,这 22 个组成部分又纳入以下 4 个板块来评估教师:计划和准备、课堂环境、课堂教学和专业职责。具体划分如表 7-5 所示。

表 7—5　　　　　　　　　　　丹尼尔森教学框架模型

板块 1：计划与准备	板块 2：课堂环境
1a. 掌握学科内容和教学方法	2a. 创造相互尊重、和谐融洽的课堂环境
1b. 了解学生	2b. 建立学习文化
1c. 确立教学目标	2c. 管理课堂教学程序
1d. 了解教学资源	2d. 管理学生行为
1e. 设计前后连贯的教学	2e. 创设课堂物理环境
1f. 设计学生评价体系	
板块 3：课堂教学	**板块 4：专业职责**
3a. 与学生交流	4a. 教学反思
3b. 运用提问和讨论的技巧	4b. 保持准确地记录
3c. 让学生参与教学	4c. 与学生家庭沟通
3d. 在教学中运用评价	4d. 参与专业团体
3e. 灵活处理、积极应对	4e. 专业成长与发展
	4f. 体现专业素养

资料来源：夏洛特·丹尼尔森. 提升专业实践能力：教学的框架[M]. 杨晓琼译. 北京：教育科学出版社,2008。

以上各指标可以被评价为不合格、合格、良好、优秀 4 个结果。教师根据不同组成部分的评判结果,有针对性地提升教学水平。例如,1a、1e、3c 可以了解所教学科的核心概念、探究工具和结构,积攒学习经验以便后续教学工作;1b、1c、1f、3b、3c 可以了解学生如何学习和发展,并提供支持他们发展的学习机会;1b、1e、2a、2b、3b、3e 可以了解学生在学习方法上的差异,创造适合不同学习者的学习机会;1d、1e、3b、3e 可以了解并使用各种教学方式方法;1e、2a、2b、2c、2d、2e、3c 可以创造一个鼓励积极的社会活动、积极参与学习和自我激励的学习环境;2a、3a、3b、3c 可以通过教授沟通技巧来培养积极的探究、协作和支持性的互动;1a、1e、3c、3e 可以根据主题、学生、小组和课程目标计划教学;1b、1f、3d、3e、4a、4b、4c 可以了解并使用正式和非正式的评估策略;4a、4d、4e 可以反思教学问题;1d、4c、4d、4f 可以促进与同事、父母和机构的合作交流。

罗伯特·皮安塔(Robert Pianta)的课堂评估评分法是根据教师与学生的互动来评价教师的。该课堂模型使用 3 个板块来评估教师的互动行为:情感支持、课堂组织和教学支持(Kane et al. ,2014)。这种方法中使用的板块因学生的年级不同而不同,更加灵活。

增值模型法是使用统计方法对学生过去的考试成绩进行分析,以预测学生将来的考试成绩,前提是学生每年的得分大约与过去几年相同。然后将学生的实际分数与预测分数进行比较,预测分数与实际分数之间的差异被归因于教师和学校,而不是学生的学习能力。增值模型法将教师的教学与教师控制范围之外的已知因素隔离开,但这些因素实际上会严重影响学生的考试成绩,包括学生的智力、经济条件和父母参与程度,所以这种方式不能作为评判的唯一标准。

7.5.3 评教过程数据分析

大数据的评教主要是基于教师授课"前—中—后"过程中的数据进行教师评价。其中授课前的数据主要包括备课时长、课程资料、准时开课率及学生到课率。备课时长可以取每节课前教师登录课程系统上传课程资料、设计作业和习题的总时长,将此时间与同样讲授这门课程的教师们的平均备课时长比较,在一定程度上判断该教师是否认真准备课程;课程资料数据的丰富及科学程度也可反映教师的专业性,将该教师历年课程资料的更新变化作对比,辅以不同学年的备课时长变化,可以判定该教师是否注重课程内容的完善及是否具有推陈出新的意识;准时开课率统计了教师的考勤数据,反映了教师的责任心和职业道德;学生到课率在一定程度上反映了教师的教学水平和人格魅力,考查了教师是否有能力将课程内容讲得深入浅出并活跃课堂气氛,吸引学生准时到课学习。

授课中的数据主要涉及各种教学行为数据,包括教师的口授频次、板书频次、示范频次、演示频次、提问频次、点评频次等,以及学生的举手频次、提问频次、回答频次、讨论频次、违纪频次等。通过运算得出不同教学行为的占比,可对教师授课过程进行评价分析:若教师讲述频次占比较高,说明该课堂教学以讲授为主;若教师操作示范频次占比较高,说明该课程偏向实验操作。通过比对不同教师在同一课程的提问应答次数,可以判断课堂的活跃程度。由多媒体演示和板书的占比,可以看出教师对于信息化教学的适用程度。从学生违纪和教师维持课堂纪律的频次,可以看出教师对于课堂的管控力度。郝绍波等(2008)通过随机抽取13门课程并分别录制每一门课的录像,以特定间隔对教学行为采样,形成了教学行为序列数据,具体如表7-6所示。

表 7-6　　　　　　　　　　　　　教学行为频数分布表

行为分类 （12 类）	教师讲述	教师板书	多媒体显示	教师操作 示范	教师指导	教师提问
频数	1 320	153	280	88	111	41
概率	0.592	0.069	0.126	0.039	0.05	0.018
行为分类	教师应答	学生问答	学生提问	学生间讨论	学生违纪	教师管理
频数	38	124	11	48	5	10
概率	0.017	0.056	0.005	0.022	0.002	0.004

　　资料来源：郝绍波，李晓东，韩玲玲. 课堂教学过程量化评价的实践与探究［J］. 黑龙江教育（高教研究与评估），2008（Z1）：173－174。

　　授课后的数据主要包括学生作业完成率、作业批改及反馈次数、课后辅导和答疑次数、学生阶段性考核成绩等。学生作业完成率不仅考查作业完成的数量，还考查作业完成的质量，这在一定程度上反映了教师是否在课堂上将课程内容讲述得清楚明白，也反映了作业布置的科学性和合理性。例如，题目内容和难易是否符合教学大纲要求、每次的授课内容是否囊括了题目所需知识点；作业的批改及反馈次数反映了教师是否积极掌握学生学习进度，以便下次课程有针对性地关注学生学习的薄弱点；课后辅导和答疑次数反映了教师的责任心和亲和力，是否愿意帮助学生进步；学生阶段性考核成绩反映了教师的教学效果，前后两次的考核成绩也在一定程度上显示了教师是否根据之前的教学效果积极改进教学方法，以适应不同学生接受知识的能力。

　　总之，随着各类信息技术在教育领域的广泛深入应用，教学评价和评教也逐渐步入大数据时代。大数据支持下的教学评价和评教方法日新月异，原本结果导向的教学效果评价逐渐转变为过程导向的形成性评价和教学过程评价，原本以管理为中心的自上而下的评教转向以学生为中心的自下而上评教。教学评价和评教数据的采集方式更加多样，数据涵盖范围更广，数据类型更加多样，评价结果对教师教学和学生学习的指导作用也更加详细、具体、准确。更加科学、准确的评教结果也为教育教学管理工作者提供了更加可靠的管理决策参考信息。

第8章

校园大数据分析

从 20 世纪 90 年代开始,我国教育领域开始进行信息化建设。1994 年,中国教育和科研计算机网(China Education and Research Network,CERNET)(简称"教科网")开始敷设第一条光缆,后来,一些高校和省级教学科研机构也开始建设局域网并接入教科网。因此,我国教育信息化建设的开始阶段,主要集中于以校园网络敷设和网络机房建设为主的信息化基础设施建设,实现校园网络化。进入 21 世纪后,全国各高校开始建设"数字校园",建设各类业务管理信息系统、发展远程教育、建设共享资源库、将信息技术应用于教学等,力图在教学、管理、服务及教学资源等方面全面实现数字化(余玲,2019)。但是,由于管理不到位,"信息孤岛"情况随着信息系统数量的增加变得越发严重。近十年来,随着云计算、大数据、移动计算、物联网、人工智能等技术被广泛应用,教育信息化从"数字校园"阶段逐步迈入"智慧校园"阶段(胡钦太,2014)。近两年来,随着信息技术与业务越来越深入的融合以及社会对信息化的期望越来越高,教育领域信息化也面临着越来越高、越来越多的新要求,"互联网＋教育""数字孪生""一网通办""教育数字化转型"等新概念不断刷新人们的认知,也在不断推动教育信息化往更高、更广、更深层次发展。

经过多年的信息化建设,各高校都积累了海量的结构化、半结构化和非结构化数据。结构化数据是工整的数据,可以用二维表来表达,即各业务系统产生的关系型数据;非结构化数据包含所有的办公文档、文本、报表、图片、音频及视频等数据;而半结构化数据是介于两者之间,如日志数据就是半结构化数据。

校园大数据分析旨在通过对校园大数据进行采集、存储、查询和分析,为高校教学、科研、管理、决策和服务提供数据支持。

8.1　校园大数据的来源

"数据源"(Data Source)是校园大数据分析的基础,校园大数据的内涵非常广泛,包括学校各类行为体在各项活动中产生的各种数据。其中,既包括学生和教师在教室、图书馆、自习室、计算机房、语音教室等学习场所产生的各类学习和教学活动数据,也包括教师和学生在参与教学活动、管理活动、科研活动、各类文体活动以及校园生活中产生的各类数据;既包括各类线上的教学活动和学习行为数据,也包括各类线下的教学活动和学习行为数据。

校园大数据的来源可分为两大类:一类是校园内部数据,包括各种形式的业务数据和机器数据(日志数据);另一类是外部数据,包括互联网数据、各类离线表格数据、手工录入数据等。这些形形色色的数据,来源非常广泛,格式也是千差万别、情况复杂。校园大数据的主要来源如图 8-1 所示。

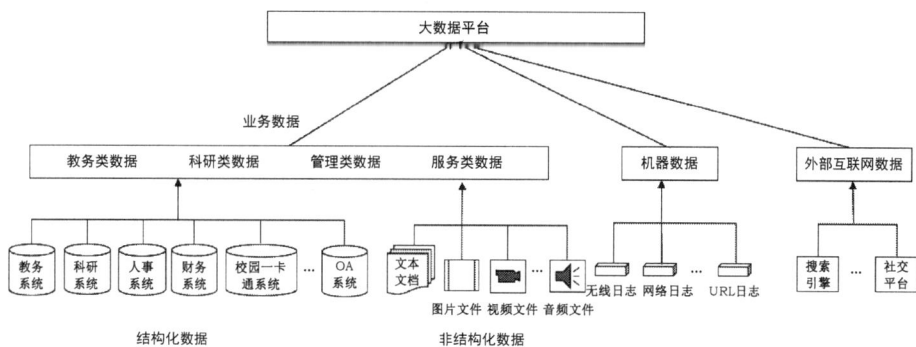

图 8-1　校园大数据来源

8.1.1　校园内部大数据来源

校园内部大数据来源有业务数据、机器数据、物联网设备数据等。业务数据可分为教学类数据、科研类数据、管理和服务类数据,是由学校教务、科研、人事、图书馆、后勤等业务部门开展正常工作时产生的数据。学校二级部门建设了许多业务管理信息系统,教学类数据来源于教务系统以及类似 Moodle 平台

(Modular Object-Oriented Dynamic Learning Environment)、慕课(Massive Open Online Courses,MOOC)及网络学习系统等网络教学平台,还有互动教学平台、视频教学平台等,包含课程基本数据、成员信息数据、师生互动数据及成绩奖惩数据等;科研类数据来自科研管理信息系统、研究生管理系统等业务系统,主要包括科研资源、科研项目、科研进度、科研成果、科研获奖情况等数据(Tang,2013);管理类数据来自人事系统、学工系统、财务系统、资产管理系统、办公自动化系统(Office Automation System,OA)、网上办事大厅系统及监控系统等,包含人员基本数据、财务数据、资产数据、办公文档、流程数据、门禁系统及监控视频等多元化的数据类型;服务类数据主要来自校园一卡通系统、后勤管理系统、图书馆借阅系统及电子资源库等,包含一卡通消费数据、宿舍数据、图书借阅与归还数据等。

机器数据主要包括无线访问接入点(Access Point,AP)日志、无线控制器(Wireless Access Point Controller,AC)日志、防火墙日志、网络流量控制日志、URL日志、中控设备日志、门禁设备日志等。校园无线访问接入点是校园用户使用手机、笔记本电脑等无线移动设备进入有线网络的接入媒介,无线访问接入点通过记录用户的登入、登出、MAC地址、终端类型等信息,形成无线访问接入点日志数据;无线控制器是无线网络的核心,集中化控制无线访问接入点,其日志记录了针对无线访问接入点的下发配置、修改相关配置参数、射频智能管理、接入安全控制等行为数据;校园网络安全设备也会产生大量的日志数据,比如防火墙(硬件或软件)在工作时会对进出数据流进行持续监测,产生大量的日志记录;校园门禁设备结合校园一卡通,可以记录教工与学生的身份识别信息、人员编码识别信息、校园及校园内各个场所的进出信息等数据。各类机器日志数据格式存在很大的差别,表8—1列举了部分设备的日志格式。

表8—1 校园网各类机器日志数据举例

序号	设备类型	日志数据举例
1	网络交换机	* Aug 6 08:37:52:%LINEPROTO-5-UPDOWN:Line protocol on Interface Gigabit Ethernet 0/9,changed state to up

续表

序号	设备类型	日志数据举例

2	无线用户信息	`<client mac="00：0E：35：52：8C：AB"><ap id="3645">LWAPP-1250-1</ap>`
		`<assoc_stat>true</assoc_stat><association id="1962">`
		`<ap id="79">ORiNOCO-AP-700-55-e6-e1</ap>`
		`<bytes_used>135357</bytes_used>`
		`<connect_time>2006-10-04T11：22：43-07：00</connect_time>`
		`<disconnect_time>2006-10-04T11：27：30-07：00</disconnect_time>`
		`<lan_elements>`
		`<lan hostname="bob. acmeville. org" ip_address="192. 1. 10. 102" />`
		`<lan hostname="cats. awesome. com" ip_address="26：1F89：1820：A：98：7A：75AD：53B" />`
		`</lan_elements>`

3	无线接入点 AP	`<ap id="79">　<interface id="88">`
		`<admin_status>Up</admin_status>`
		`<alias/>　<avg_bw_in>10. 11</avg_bw_in>`
		`<avg_bw_out>73. 58</avg_bw_out>`
		`<description>GigabitEthernet1/0/2</description>`
		`<mac_address>88：88：FC：03：C6：2C</mac_address>`
		`<name>Gi1/0/2</name>　<oper_status>Dormant</oper_status>`
		`<port_index>34</port_index><type>ethernetCsmacd</type>`
		`</interface>`
		`<ap_folder><Top>FolderA</ap_folder>`
		`<ap_group>A Group</ap_group><is_remote_ap>true</is_remote_ap>`
		`<is_up>true</is_up><remote_lan_ip>10. 1. 1. 1</remote_lan_ip>`
		`<remote_outer_ip>172. 22. 22. 1</remote_outer_ip>`
		`<radio index="1">　<bw>2</bw>`

4	防火墙	♯2020/7/21 14：40：08 FirewareB ％％01IPS/4/DETECT(l)[1]：Slot=2/0,Vcpu=0;检测到威胁。(日志序号＝17806,虚拟系统＝"public",安全策略＝"permit_202.10.96.118",源地址＝164.90.148.250,目的地址＝202.121.96.118,源端口＝37938,目的端口＝53413,源域＝untrust,目的域＝trust,用户＝"unknown",协议＝UDP,应用＝"none",配置文件＝"dmz",签名名称＝"Netcore/Netis Router Security Bypass",签名序号＝490040,事件计数＝1,目标＝server,严重性＝high,操作系统＝all,分类＝Backdoor,参考＝NA,动作＝Block)

续表

序号	设备类型	日志数据举例
5	校园卡POS机	2020−08−06 17:41:31 INFO Thread−189254 om. hzsun. easytong. equipmentgatewayservice. thread. DataProxyThread. tradeAuth(DataProxyThread. java:5742) − 0511 订单号:1943732 交易成功,tradeauth=>{"accName":"陈子航","accNum":9542,"actualPayAmount":9,"businessName":"教工食堂","businessNum":100001,"dealTime":1596706898000,"discountAmount":0,"eWalletBalance":130. 2,"eWalletId":1,"eWalletName":"现金钱包","manageFee":0,"orderStatus":3,"orgAmount":9,"payAmount":9,"perCode":"P12452","transDetails":[{"monDiscount":0,"mondeal":9,"no":1,"redRecnum":0,"walletId":1}]}
6	网站登录日志	45. 62. 169. 44 − − [28/Sep/2023:10:29:16 +0800] "POST /cgi-bin/login. cgi HTTP/1. 1" 301 490 "−" "Mozilla/5. 0 (Macintosh; Intel Mac OS X 10_9_2) AppleWebKit/537. 36 (KHTML, like Gecko) Chrome/52. 0. 2762. 73 Safari/537. 36"
7	DNS解析日志	06-Aug-2020 19:16:26. 413 client 202. 100. 100. 00 2087:view xiaonei:s123-web-mix-en-tjb. 4399sea. com IN A NOERROR + NS NE NT ND NC H 58 Response:s123-web-mix-en-tjb. 4399sea. com 114 IN A 124. 156. 245. 141:prev_io_delay:31 10 6
8	上网认证日志	0200386 绑定 IP 或 MAC 失败 2020−08−02 07:24:1310. 4. 132. 1385EED50AEF34910. 2. 5. 17

注:为保证信息安全,对表中部分数据进行了脱敏处理。

8.1.2 校园外部大数据来源

校园外部数据有不同的来源和获取方式。有些数据是从互联网获得的,这些数据可以通过网络爬虫抓取的方式获得。网络爬虫(Web Crawler)也称为网络蜘蛛(Web Spider),是指通过分析网页结构、利用程序模拟人的浏览操作获取数据。按抓取数据的范围,可以分为通用网络爬虫(General Purpose Web Crawler)和垂直网络爬虫(Vertical Web Crawler)两种。目前,很多网站设置了反爬虫机制,因此,如果想通过网络爬虫大规模获得互联网数据具有一定的难度。

外部数据来源的另一个途径是通过系统开发商提供的应用程序编程接口(Application Programming Interface,API)或者软件开发工具包(Software Development Kit,SDK)来获取。例如,新浪微博就提供了公开的 API,用户通过模拟微博登录自动授权,合理控制 API 的调用频次,结合任务分配控制器获取微博数据(陈舜华,2013)。鉴于许多高校在新浪微博建立了自己的官方微博,校园官方微博下的互动信息也可以通过新浪提供的微博 API 接口进行获取。

随着社会和校内师生对学校的要求越来越高,一些学校为了提高服务和管理水平,开发了舆情监测系统,这些系统不间断地从微博、新闻网站、各类论坛和微信朋友圈抓取与本校有关的新闻、动态、评论、图片、视频等信息,对这些信息进行综合分析和研判,为学校的决策提供依据。从网络上获取的数据主要形式是文本(占据总信息量的 80% 以上),因此,需大量使用文本处理和分析技术,主要包括文本清洗、文本存储、停用词去除、分词、信息抽取、文本情感分析等。此外,图片也是一种比较重要的网络数据,对图片的处理技术主要是模式识别(Pattern Recognition),分析图片中包含的主题,比如图片是否为本校建筑或校园场景,图片中发生的事件是否为火灾、人群聚集等非正常场景。一个典型的网络舆情检测系统结构(只考虑文本和图片信息分析)如图 8-2 所示。

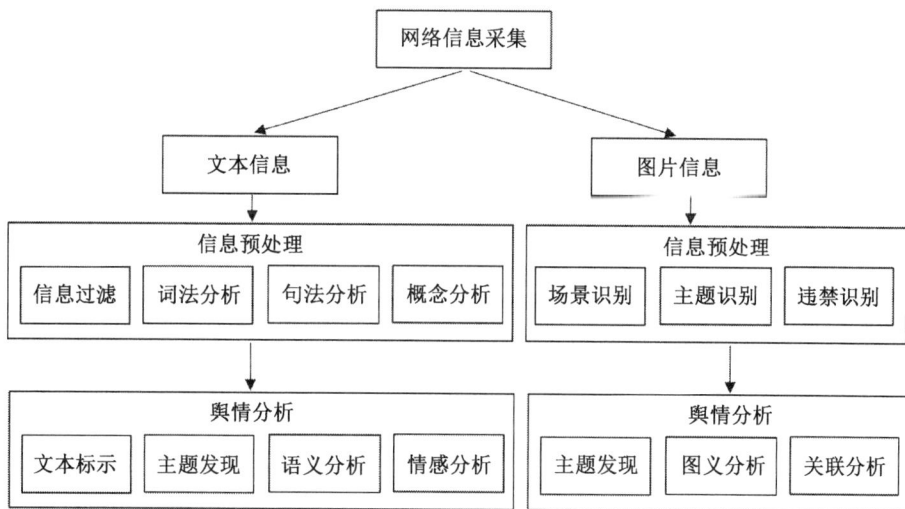

图 8-2 网络舆情检测系统架构

8.2 校园大数据采集技术

校园大数据具有数据体量巨大、数据类型繁多、数据产生速度快及数据价值密度低等特征,这些特征使得校园大数据的采集需要综合应用多种技术。常见的校园大数据采集技术有 5 大类 14 种,如图 8-3 所示。

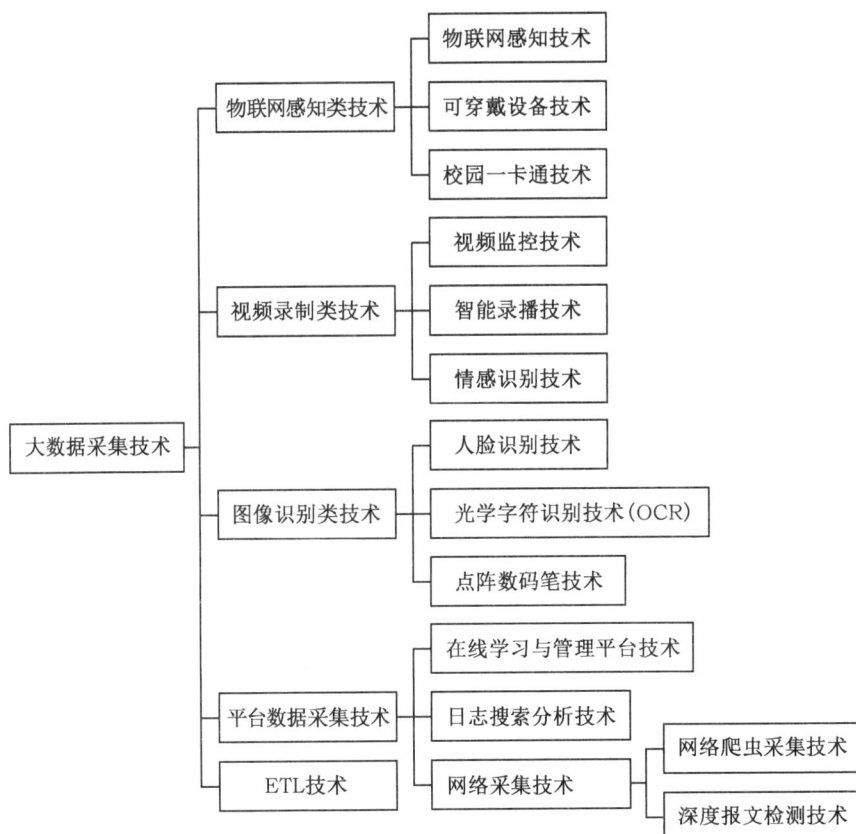

图 8—3　大数据采集技术

8.2.1　物联网感知类技术

如前文所述,物联网是一种通过各种传感设备和互联网,让现实世界中的各种物体相互连通的一种网络。物联网不但让现实世界的物体相互连通,而且实现了现实世界(物理空间)与虚拟世界(数字空间)的互连,能够有效地支持人与机器的交互、人与物品的交互、人与人之间的社会性交互(李卢一,2010)。

校园内的物联网数据采集是指从教室、会议室、宿舍、走道、各种管井等场所里的物联网设备中定时或不定时地采集电压、电流、光照、湿度、温度、二氧化碳浓度、PM2.5浓度、水压、水温、水流量、水位、空气压力等各种数据。物联网对环境的感知是通过传感器实现的,传感器用来感知采集点的环境参数,将采集到的数据通过网络传输到服务器进行存储和处理,通过对数据的处理和分析来实现智能控制设备的目标。有时由于数据量大,传输到数据中心服务器进行统一处理需要占用大量的校园网带宽;或者是对数据处理的及时性要求很高,将数据传输到数据中心服务器统一处理后再返回结果耗费时间,达不到业务处理的实时性要求;抑或是数据中心的算力限制,无法同时处理太多的数据。这时,也会通过部署边缘节点(Edge Node)的方式,直接在本地对物联网数据进行处理。传感技术有助于改善教学环境、加强校园安全管理、节能减排。例如,在教室里安装能够感知光线强度的传感器,可通过监测光线强度的变化,智能控制教室照明灯的开关。

无线射频标签(Radio Frequency Identification,RFID)技术也常常被用于校园物联网。无线射频技术的原理是将 RFID 标签贴在物体上,利用 RFID 读取器采集该物体的身份信息,通过网络将采集到的数据传输到相应系统里,经过数据分析处理来实现对各种设备和资产的管理。例如,给每个学生佩戴RFID 标签,在校内学生通行的主要路径和节点上放置 RFID 读取器,当学生经过 RFID 读取器时,系统会自动感应 RFID 信息,识别学生身份,统计学生出勤情况、学生位置信息和行为轨迹。

可穿戴设备也被用于校园管理。目前主要的可穿戴设备有智能眼镜、智能手表及智能手环等,利用可穿戴设备技术可以实时监测学生的心率、血氧饱和度、体温、健康状态、位置信息、运动状态等信息,这些设备的信息通过蓝牙传输给手持终端,手持终端可以进行任务较轻的计算,如果计算量大,手持终端会将数据上传到服务器进行计算,再将计算结果返回到手持终端,手持终端视需要再将数据传输给可穿戴设备。

8.2.2　视频录制类技术

随着安全校园、智慧校园、智慧教室、标准化考场等校园信息化和校园安全类建设项目的实施,校园内的各种场所安装了大量的网络摄像头,这些摄像头每天都在生成海量的视频,这些视频是校园大数据的重要来源。

校园内的视频录制技术最早主要用于校园安全监控,通过安装在校园内各个点位的摄像机实时采集视频数据,并对视频进行存储和分析,诊断校园安全状况,属于学校的"技防"(技术安全防范)系统。高校技防系统一般由校园安全保卫部门负责建设和使用,是独立的一整套体系,一般与校园网在物理上是隔离的,当然,在需要的时候,两个系统也是可以互联的,因为技防网和校园网在技术上本身是相通的。以前,大部分视频监控摄像头拍摄的图像通过视频矩阵实时上传到服务器端进行存储和处理。但是,近些年来,随着校园内安全的要求越来越高、摄像头越来越多,所有图像都实时上传到服务器端,网络压力很大;此外,随着人脸识别、人形识别、姿态识别等 AI 技术在校园安全领域的应用越来越多,对视频信号处理的实时性要求越来越高,有些系统将视频存储和计算能力"下沉",通过在边缘节点(比如一栋楼或一层楼的摄像头合在一起作为一个边缘节点)上放置"边缘云"(Edge Cloud)节点的方式解决视频存储和计算问题,减轻网络负担和服务器的压力,并可以实现数据的实时采集、实时计算、实时控制;甚至有些摄像头本身就自带计算和存储功能,每个摄像头都是一个独立的边缘节点,在摄像头内实现数据采集、存储、计算和控制的闭环过程。

随着智慧教学、智慧教室的发展,视频录制技术越来越多地被应用于教学工作,主要的表现形式为智能录播系统。智能录播技术主要应用于课堂教学视频的拍摄,能够实时、自动地采集教学视频,与音频信号合成、压缩后,通过校园网络进行传输。压缩过的视频流有两个去向:一个去向是存储到服务器上,通过视频服务器提供视频点播服务,如果录播系统与教务系统、教学资源管理平台对接,还可以将教学视频直接链接到教学资源平台上相应的课程和章节;另一个去向是视频教学平台,学生可以在网络上实时观看教学视频。随着教学形式与内容的多元化发展,智能录播技术还可以实现基于课堂教学内容和形式的个性化的录播(Dong et al.,2013)。

目前,通过教室摄像头对学生上课时的情绪进行识别是一个研究热点。情绪在认知过程,尤其是学习过程中起着关键作用。教学工作者如果能在教学过程中及时了解学生的情绪状态,根据学生的情绪状态调整教学内容和教学方式,则能够帮助学生更好地吸收课堂知识。借助教室里的巡课摄像头不断地采集学生表情,通过对学生面部表情的识别来提取情感信息,帮助教师判断学生的听课状态。例如,通过学生的抬头低头率判断学生上课是否认真,识别学生的情绪来判断教师讲课内容是否过难或太容易,可以帮助教师和教务及时获得教学反馈,合理调整教学内容和计划,提升教学质量。但是,目前基于学生课堂表情识别的相关研究尚不成熟,准确率较低,对实际的课堂教学帮助不大。

8.2.3　图像识别类技术

在校园里使用的图像识别类技术包括人脸识别技术、头肩识别技术、人形识别技术、光学字符识别技术、点阵数码笔技术等。

人脸识别技术是基于人的脸部特征信息进行身份识别的一种生物识别技术(张翠平等,2000)。人脸识别技术可用于校园活动的多个方面,比如课堂考勤、会议签到、校园门禁、校园支付、图书馆闸机、校园安全监测等方面。由于人脸识别技术已经非常成熟,甚至一些开源代码也能实现很高的识别率,因此,人脸识别在高校得到广泛应用。例如,张(Zhang,2019)基于 Face ＋＋人脸识别技术,设计出一套高校晨跑人脸识别系统,可以有效防止学生晨跑作弊,提高学生晨跑出勤率。但是,人脸识别技术在校园的广泛应用也引发了师生对个人隐私泄露的担忧。为此,2019 年 8 月,教育部等八部门在联合印发《关于引导规范教育移动互联网应用有序健康发展的意见》中特别强调:收集使用个人信息应当明示收集使用信息的目的、方式和范围,并经用户同意;收集使用未成年人信息应当取得监护人同意、授权;不得以默认、捆绑、停止安装使用等手段变相强迫用户授权,不得收集与其提供服务无关的个人信息,不得违反法律法规与用户约定,不得泄露、非法出售或非法向他人提供个人信息(教育部,2019)。

在校园内,有些时候只需要对人数进行统计,并不需要知道具体是谁,即并不需要对人脸进行识别,这是图像识别领域的一个专门研究分支,称为"人群计数"(Crowd Counting)。课堂的到课人数统计就是典型的"人群计数"场景。赵衍(2021)设计了一种基于教室摄像头 RTSP 视频流的到课学生头部识别的"HRM 模型",该模型不仅可以识别人的头部正面,也可以识别人头部的侧面和背面,基于 PyTorch 搭建深度机器学习框架,并利用标注过的课堂照片对"HRM 模型"进行多轮训练、调参和优化,将训练的"HRM 模型"用于上海外国语大学 100 多间教室的到课人数统计,准确率达到 97.3％。

还有的场景下,既不需要人脸识别,也不需要人头计数,只需计算人群密度,这是图像识别领域的另一个研究分支,称为"人群密度检测"(Crowd Density Estimation)。例如,在教室、会堂、食堂、操场、校门口等场景下,当人员密度超过一定的阈值时,可能会产生踩踏等安全事故,因此,需要对这些场所的视频图像(视频帧)进行实时分析,实时计算人群密度,当人群密度超过警戒值时,触发报警机制,防止发生安全事故。

光学字符识别(Optical Character Recognition,OCR)的概念最早是由德国发明家陶舍克(Tausheck,1929)提出来的,不久后,美国工程师汉德(Handel)也申请了最早的 OCR 专利。OCR 技术的原理是对印制在各种载体上的字符进行检测,通过对被检测对象的暗、亮模式分析来将图像转化为黑白点阵图像文件,以确定其形状,然后用字符识别程序将图像翻译成文本或字符。OCR 技术已经发展多年,技术非常成熟。有很多成熟的 OCR 软件,也有公司提供 OCR 识别的云服务。目前,OCR 在自动阅卷、拍照搜题、板书自动识别、发票识别等教育行业的具体业务领域有大量的应用。

此外,点阵数码笔也是教学大数据的采集手段之一。在纸张上覆盖一层肉眼不可见的点阵图案,通过点阵数码笔前端安装的摄像头实时捕捉笔尖的运动轨迹,将捕捉到的数据实时传回笔中安装的微型处理器进行简单处理和存储,在合适的时候将数据通过无线(蓝牙、红外线等)或有线(USB 数据线等)的方式传给服务器进行分析。点阵数码笔技术可以应用于学生作业、试卷判分等场景,既可以实现计算机自动判分,又能保留学生的字迹、写作时间等信息。

8.2.4　平台数据采集技术

校园大数据的平台数据采集技术包括在线学习平台数据采集技术、教学资源管理平台数据采集技术、系统日志采集技术、网络数据采集技术等。

一般情况下,比较成熟的应用系统都会提供标准的应用程序编程接口(Application Programming Interface,API)供其他系统或模块调用数据。API 可以是一些预先定义的接口(比如函数或 HTTP 接口等),也可以是软件系统中各个组成部分衔接的约定。通过 API 调用数据,不用考虑底层代码和数据在数据库中的具体存储方式,方便、高效且安全。目前,在高校使用的教务管理系统、财务管理系统、资产管理系统、人事管理系统、学生工作管理系统、教学资源管理平台、视频会议系统等业务系统以及统一身份认证系统、校园信息平台、工作流引擎等基础平台和系统基本上都提供成熟的 API,通过这些 API 可以采集各种数据,包括课程数据、教师和学生数据、教学过程数据等。

一些更成熟的、大型的软件系统还会提供软件开发工具包(Software Development Kit,SDK)供二次开发和系统对接使用。软件开发工具包是一些被软件工程师用于为特定的操作系统、软件包、软件框架以及硬件平台等开发应用软件的开发工具、相关文档、范例的集合,SDK 还经常包括示例代码、技术注解(注释)以及解释说明、澄清疑点的支持性文档。上述 API 常常也会被包含在 SDK 中。目前,SDK 在高校使用的各类业务系统和软件平台中广泛存在,例如,目前主流的标准化考场的视频采集与管理平台都提供 SDK 供其他程序获得摄像头的视频流。

有一些业务管理系统比较老旧,且没有提供 API 或 SDK,甚至没有系统功能说明文档和数据库说明文档,但在进行系统维护和系统迁移时,又需要了解和获得旧系统中的数据。此时,有两种方法可以解决问题:第一种方法是利用现有的数据视图,通过不同的逻辑组合,将旧系统中的数据同步(拷贝)到新系统;第二种方法是利用爬虫,在用户查询页面上,通过穷举的查询方法,获得所有(至少尽量多)的数据,然后用爬虫将这些数据抓取下来。

各类软硬件系统的日志类型繁多,数据格式差异较大。在数据分析开始之前,不仅需要对这些日志进行采集,还需要按照统一的标准对这些不同类型的日志数据进行标准化和归一化。目前,业界已经有了比较成熟的日志采集工具,其中应用比较广泛的有 Logstash、Fluentd、Logtail、Kafka 等。

网络数据采集技术主要包括网络爬虫技术和深度报文检测(Deep Packet Inspection,DPI)技术。网络爬虫又称为网络蜘蛛,是一个自动下载网页的计算机程序或自动化脚本。利用网络爬虫技术抓取各大门户网站、社交媒体平台等网站的数据用于教育舆情分析,或者在一些科研数据库中抓取科研论文著作信息,筛选、识别出本校师生的论文著作,同步到科研系统中,实现本校师生科研成果的自动采集。深度报文检测技术通过分析校园网内数据报文内容,对用户进行网络行为分析。例如,通过检测诸如"自杀""抑郁""网贷"等敏感词汇,根据这些数据包的源 IP 和目的 IP 识别出用户的身份以及位置,让校方及时干预,避免意外事件的发生。

8.2.5　ETL 技术

ETL(Extract-Transform-Load)是目前数据仓库(Data Warehouse,DW)使用最广泛的数据抽取(E)—转换(T)—装载(L)工具。ETL 的实现过程是将数据从源数据库中抽取出来,进行清洗和转换后,写入目标数据库。利用 ETL 技术不仅能够实现单次采集数据,还能实现数据库之间的数据同步。虽然 ETL 最常用于数据仓库领域,但其应用对象其实很广泛,并不仅限于数据仓库。ETL 不是一个具体的工具,而是一套通用的技术框架,可以借助任何编程语言实现。

潘诺斯·韦斯利德斯(Panos Vassiliadis,2005)基于 ETL 方案的逻辑,提出了一个通用且可自定义的 ETL 框架,以支持数据库设计人员的工作。该框

抽取(EXTRACT)　　　转换(TRANSFORM)　　　装载(LOAD)

图 8—4　ETL 技术

架特别为 ETL 活动而定制元模型,遵循类似于工作流的方法,使某个活动的输出可以永久存储或传递给后续活动。另外,该框架还使用声明性数据库编程语言来定义每个数据库活动的语义。由于该框架定制的元模型足够通用,因此可以捕获任何可能的 ETL 活动。

8.3　校园大数据分析技术

数据采集完成后,在进行数据分析前,先要对数据进行清洗操作。由于学校是一个复杂的大系统,各业务条线涉及面很广,因此,大数据清洗工作非常烦琐、复杂。数据清洗完毕后,要选择和构建符合学校大数据分析业务需求的大数据处理框架。此外,大数据分析要符合业务逻辑,最终也是为业务决策服务的,因此,大数据建模工作也非常重要。最后,为了让大数据分析结果更加直观、易懂,还需要实现大数据的可视化。

8.3.1　校园大数据清洗

校园业务块面多,数据类型、格式复杂,数据量大,因此,校园大数据清洗工作极其复杂繁重。在实际工作中,由于数据输入错误、数据来源复杂、数据集成及迁移等原因,都会产生大量的缺失数据、冗余数据、不准确数据及不一致数据,这些数据被统称为"脏数据"(Dirty Read or Dirty Data)。大数据清理的任务就是识别和修复这些脏数据,输出符合规定格式的干净数据。在图 8—5 中,显示了造成大数据质量问题的几种主要原因。

由于管理不严格、流程不规范、数据标准不统一、业务系统缺乏严格的校验和约束机制等问题,校内各类应用系统在使用过程中普遍存在数据不准、不对、缺失、不一致等情况,长期积累下来,形成严重的数据质量问题。以学生基本信

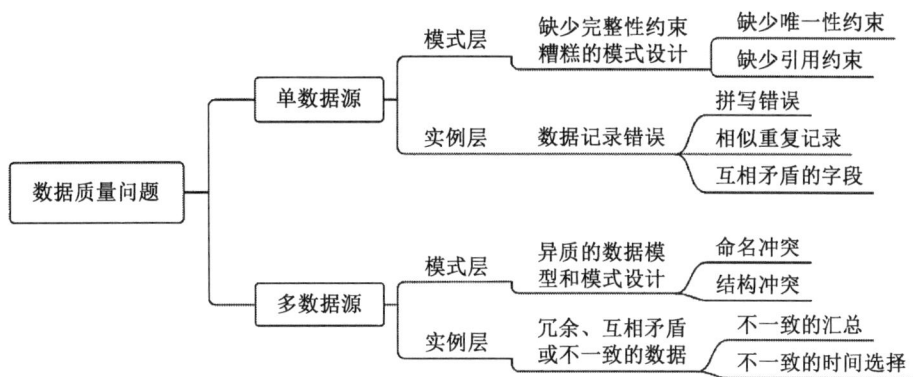

图 8—5　大数据质量问题的成因

息数据为例,在学生基本信息的收集过程中,可能会出现学生漏填某项信息、填错信息(比如身份证号码)、统计人员漏报学生信息等情况,最终造成学生的基本信息表中可能含有多个记录中的属性值为空的情况。

　　对于这些缺失的数据,需要结合自身数据分析的目标和背景信息,选择删除缺失数据,或采用合适的方法对缺失数据进行填补。若要删除缺失数据,则首先需要考虑该数据的缺失情况及重要性:若某项数据缺失率较高,或缺失数据对整体数据分析影响不大,可以考虑删除该缺失数据;对于缺失率较少且对数据分析较为重要的数据,应该采用合适的方法对缺失数据进行填补,以尽最大可能保持记录的信息完整性。对数据缺失值填补的方法主要有人工检查填补、均值填补、中位数填补、众数填补等;对于非数值型数据,可以采用按频数填补等。人工检查填补即使用人工的方法对数据进行检查,发现并填补其中的缺失数据,但是在大数据时代,数据体量巨大,人工检查填补的方法耗时耗力且效率不高。均值填补是指使用非缺失数据的平均值来对缺失数据进行填补,仍以之前提到的校园学生基本信息数据为例,若学生年龄属性存在数据缺失的情况,则可使用学生年龄的均值来填补缺失值,中位数与众数填补缺失值的思想亦是如此,分别使用中位数和众数填补缺失值。对于非数值型数据,以学生基本信息中的民族信息为例,若民族信息一项存在数据缺失情况,则可以统计学生民族中出现频数最高的民族(如汉族),然后使用该民族来填补缺失值。

　　在数据的收集过程中,常常会因为人为疏忽等原因导致数据异常现象的出现,这种情况在手工填报阶段常常出现,如果在表单填写阶段没有合理、严格的校验机制,则会产生一些异常数据。例如,学生在系统中填写个人基本信息时,将年龄"18"误输为"180";教师在科研系统中录入科研成果时,将"杂志名称"与"期号"两个字段值误填在"杂志名称"一个框中;等等。如果这些错误没有数据校验,在后台审核时也没有及时发现的话,就会成为"脏数据",并会对数据处理和数据分析结果产生一些意想不到的影响,导致数据分析结果出现偏误甚至分析失败。

在校园大数据分析中,要想排除异常数据的干扰,首先要能够识别出异常数据。对于异常数据的识别,可以采用聚类识别、回归识别等方法。聚类识别是使用聚类方法来识别异常数据,通过对数据进行聚类,具有相似属性和特征的数据聚合在一起,从而形成多个类簇,那些不属于任何类簇的"落单"数据就被认为是异常数据;回归识别是指借助多变量线性回归方法,获得多个变量之间的拟合关系,利用回归方法所获得的拟合函数,能够帮助平滑数据及除去数据中的异常值。

除了聚类识别及回归识别等传统的异常值检测方法外,数据研究人员也在不断研究和开发新的异常数据检测办法。这类研究和应用有很多,比如,阿尔菲安·富图胡尔·哈迪(Alfian Futuhul Hadi,2011)基于两表交互作用的加性主效应乘性交互作用(Additive Main Effect Multiplicative Interaction,AMMI)模型,提出了改进的G-AMMI模型。G-AMMI模型使用交替回归算法处理非正态性,可以处理任何可能与数据的非均匀性条件相吻合的异常值。克里希纳·戈帕尔·夏尔马(Krishna Gopal Sharma,2011)基于局部离群因子(Local Outlier Factor,LOF)提出了一种有效的基于密度的离群值处理算法,该算法受局部离群因子的启发,不仅关注基于密度分布来发现局部离群值,也减少了扫描整个数据库的次数,实验结果表明,基于密度的离群值处理算法可以更有效地检测离群值。

除了上述对缺失值和异常值的处理方法外,研究人员和业内技术人员结合新型的技术和工具,提出了许多新的大数据清洗方法。例如,张(Zhang,2013)提出一种基于MapReduce的云计算数据清理算法,该算法首先提取所选节点的原子知识,然后分析它们之间的关系,删除相同的对象,基于权重建立原子知识序列,最后根据该序列清洗数据,实验证明这种方法有效、可行,并且具有较好的可扩展性。王(Wang,2014)提出用于清理关系型大数据的原型系统Cleanix,该系统从多个数据源获取集成的数据,并在不共享任何内容的计算机集群上对数据进行清洗,Cleanix可以支持各种数据清理任务,比如异常值检测和纠正、不完整的数据填充、重复数据删除和冲突解决等。

MapReduce 是一种编程框架,可以利用并行技术的优势来实现大规模数据清洗,但是,由于缺乏有效的设计,在基于 MapReduce 框架的大数据清理过程中存在冗余计算问题,从而导致数据清洗性能下降。针对此问题,杨东华等(2016)基于 MapReduce 框架优化并行数据清理过程,提出了一种新的基于任务组合的优化技术,该技术通过合并相同输入文件的冗余计算和几个简单计算,可以有效减少 MapReduce 框架的迭代次数,从而减少运行时间,并最终实现系统优化。实验结果表明,该技术可以有效提高数据清理效率。

8.3.2　校园大数据处理

大数据处理是从海量数据中提取有效信息的计算过程。大数据处理框架(Big Data Processing Framework)负责对大数据系统中的数据进行计算,提取数据中有价值的信息。此外,不论数据是数据库中的历史数据还是连接系统的实时数据,数据的处理与计算都要基于数据的可访问性。

根据数据形式与获取数据结果的时效性两个指标进行分类,大数据处理框架可以分为批处理系统(Batch Processing System)和流处理系统(Stream Processing System)两类。

批处理系统是用来计算大数据的方法之一。在批处理过程中,较为庞大的处理任务会被分解为若干个较小的任务,分散在不同的计算机集群中进行计算,计算完成后,再将这些计算结果进行组合,从而得到最终结果。由上述过程可知,批处理系统在处理体量巨大的大数据时是非常有效的。Apache Hadoop 是较为典型的使用批处理模式的大数据处理框架,其主要由三部分构成:HDFS(Hadoop Distributed File System)、YARN(Yet Another Resource Negotiator)和 MapReduce。HDFS 是一种被设计为运行在通用硬件(Commodity Hardware)上的分布式文件系统,因此,它比其他类型的分布式文件系统具有更高的容错性,并且能够进行高吞吐量的数据访问,这两点特性决定了 HDFS 适合部署在多机器集群上,且适用于大规模数据集;YARN 是 Hadoop 的资源管理器,其主要负责为上层应用提供资源的统一管理和调度、管理服务器资源、负责调度作业的运行、管理 MapReduce 的计算服务;MapReduce 在之前小节中已有介绍,在 Hadoop 中,MapReduce 是默认的数据处理引擎,其使用 HDFS 作为数据来源,使用 YARN 进行数据资源的管理。

在很多时候,批处理任务会被事先安排好,以预定好的频率运行,根据实际业务需要,可能是一小时一次、一天一次、一个月一次,甚至可能一年一次。例如,校园卡消费的每日对账工作就是一天处理一次;学生成绩绩点的计算就是一学期(半年)处理一次。由于批处理的任务一般都是将输入的数据累积一段时间以后再分块交给程序处理,所以,批处理任务有较高的延时,有的需要花费数分钟或者数小时,有的则需要花费几天甚至更长时间。如果业务对数据处理的实时性要求比较高,比如网络异常流量检测、课情实时监测等业务场景下,需要使用流处理来解决大数据的实时计算问题。

流处理技术用于持续接收并处理一系列连续不断变化的无边界数据(Unbounded Data),比如校园卡系统中的交易数据、互动教习系统中的课堂互动数据、摄像头视频流数据等都属于流式数据。流处理技术的要求是响应足够快、计算低延时,并能够处理来自不同数据源的海量数据。流处理所需满足的业务响应时间一般都以毫秒(或微秒)来计算。

流处理系统与批处理系统相比,不同点在于数据处理对象:流处理系统不对已经存储的数据集进行操作,而是对从外部系统接入的实时数据进行处理。流处理系统可以细分为逐项流处理与逐批流处理:逐项流处理依次处理每一条数据,真正实现了流处理过程;逐批流处理是指按照特定的指标将整体数据划分为不同批次,然后再进行对每个批次的流处理。在开源生态中,较为典型的流处理架构有 Apache Kafka、Apache Flink、Apache Storm、Apache Samza 等。Apache Kafka 是一个分布式流处理平台,用 Java 和 Scala 编写,通过 Kafka Connect 连接到外部系统,并为流处理应用程序提供 Kafka Streams 库;Apache Flink 提供了一个高吞吐量、低延迟的流引擎以及对事件时间处理和状态管理的支持,在机器故障的情况下具有容错性,并支持一次性语义;Apache Storm 是一种侧重于降低延时的流处理框架,它可以处理海量的实时接入数据,并通过接近实时的方式处理这些数据;Apache Samza 由数据层、执行层、处理层 3 个层次组成,其自身仅提供了操作数据流的接口。

除了批处理系统和流处理系统外,一些大数据处理框架还试图综合两种处理系统的优点,形成混合处理系统(Hybrid Processing System)。混合处理系统既可以进行批处理,也可以进行流处理,数据对象包括历史数据与实时数据。较为主流的混合处理系统为 Apache Spark,Spark 由加州大学伯克利分校(University of California Berkeley,UCB)开发,其最初的设计受到 MapReduce 的启发;但与 MapReduce 不同的是,Spark 通过内存计算模型和执行优化,大幅提高了对数据的处理能力(Zaharia,2016)。

8.3.3　校园大数据建模与分析

大数据建模就是在详细研究大数据特点和规律的基础上,建立符合业务需要的大数据模型,为决策提供依据。大数据建模与分析过程一共分为五个步骤:模型选择、模型训练、模型评估、模型优化和模型应用。

大数据建模与分析的第一步是模型选择。不同的大数据分析项目业务需求不同,需要根据具体的业务需求选择模型。例如,如果需要研究学习时长与学习成绩之间的关系,可以选择回归模型;如果需要对学生评论文本进行分类,可以选择决策树、支持向量机等分类模型。一般来说,尽管诸如回归模型、决策树模型等现有模型都是既定的和成熟的,但是有些模型的覆盖范围较广,情况比较复杂。以回归模型(Regression Model)为例,回归模型包含诸多子模型,如岭回归模型(Ridge Regression Model)、包含核函数(Kernel)的岭回归模型、Lasso 回归模型等,对诸多模型的准确选择要基于大数据分析的具体业务需求。若无现有模型可以满足大数据分析的业务需要,则可以借鉴现有模型的思路以及其他研究人员的科研成果,按照需求来搭建自定义模型。

完成模型选择后,无论是现有模型还是自定义模型,其大致的框架和模式都是固定的,这样可以保证模型的通用性。这些模型中不确定的部分是模型的各种参数,不同的参数选择可以使得模型完成由一般(通用性模型)到特殊(解决特定业务需求的具体模型)的转变。在机器学习中,模型训练就是通过给定的大数据集对模型进行反复的训练与实验,来确定模型中的最优参数。模型最优参数的寻找与选择也需要依靠一定的算法来实现,比如梯度下降(Gradient Descent)法。梯度下降法使用迭代思想,可以用于求解线性与非线性的最小二乘问题,在解决机器学习算法的模型参数优化问题时,梯度下降是经常采用的方法之一。值得注意的是,由于大数据分析所使用的数据集体量巨大,选择算法寻找模型的最优参数时需要基于庞大的数据集进行复杂计算,若算法复杂性过高,势必导致求解最优参数的效率下降,因此在选择算法时要充分考虑算法运行的速度与算法复杂度。

大数据模型的计算结果可以用"推"(Push)和"拉"(Pull)两种方式提供服务。所谓"推",就是计算结果通过电话、手机短信、系统消息等方式,自动推送到相关人员或相关业务系统,让相关人员或系统能够第一时间得到消息并采取行动,这在一些与校园安全有关的系统中经常使用,比如网络攻击报警、设备故障报警、学生挂科预警、学生不在校提醒、校园卡消费异常报警、电流异常报警等。所谓"拉",就是使用者或系统在需要的时候,通过查询页面或接口程序,从大数据模型那里获取相关信息,这在需求拉动式的业务中非常普遍,比如审批学生评奖申请时,要拉取他的成绩和获奖数据,在接到网络报修时,要拉取设备的状态数据等。

赵衍(2019)在设计、开发基于教室摄像头的学生到课人数统计时,采用了开源的 PyTorch 机器学习框架搭建头部识别模型,该模型前端采用预训练的 VGG16 做特征提取,提取的特征连接到一个由三个卷积层组成的区域提名网络(Regional Proposal Network,RPN),用来预测头部矩形框的坐标值和置信度。该模型先用开源的 Brainwash 数据集进行训练,训练结果用来对教室场景下采集的数据进行预标注,然后通过人工的方法对预标注结果进行修正,形成正式的训练数据集用于模型训练。模型训练完成后,使用 C++ 和 LibTorch(PyTorch 的 C++库)将预处理、模型推理和后处理封装成独立的软件开发包(Software Development Kit,SDK),供系统集成部署。

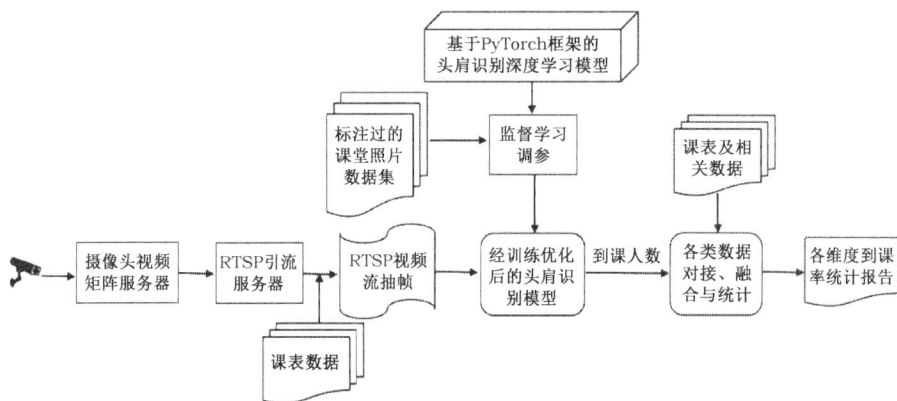

图 8-6 到课率统计系统架构

系统训练、部署完毕后,同步课表数据,从上课时间点开始,在课程开始后的前 5 分钟、中间 5 分钟和最后 5 分钟,每分钟从摄像头视频流中抽取一帧图像,计算人数,然后将人数、课程号、开课教学单位编号、教师工号以及课堂照片等数据以 HTTP 请求的方式向前端业务应用模块发送。数据采取 JSON 格式编码,作为 HTTP 的 BODY 发送给前端。前端的业务模块需要启动一个 HT-TP 服务器,监听某个固定端口,接收并处理后端发送过来的 HTTP 请求。

　　将到课人数与课程信息表、选课信息表、学生基本信息表等数据表进行关联,在教师端显示其所负责课程的到课率情况;在系主任和院长端显示各专业和学院的到课率情况,并可以按教师、班级、教学周、学期等不同维度进行查询和报表输出;在教务处及分管教学校领导端,可以按专业、学院、年级、教学周、学期等不同维度进行查询和报表输出,为学校教学的微观和宏观管理提供参考数据。

8.4　校园大数据前端展示

　　校园大数据前端展示主要就是数据可视化,是指通过对后端数据进行分析,将分析结果以图形、表格、动画等形式,在大屏、PC、Pad、智能手机等终端进行展示,让相关业务情况以非常直观的形式呈现。面向大数据主流应用的信息可视化技术主要包括文本可视化、网络(图)可视化、时空数据可视化、多维数据可视化技术等(高志鹏等,2015)。随着教育领域对大数据分析的依赖性不断提高,对校园大数据的前端展示需求也在不断提升。近些年来,很多高校、各省(市)教育厅(局)建设了校园(教育)大数据前端展示系统。

8.4.1　技术与框架

　　利用校园大数据进行数据分析,然后将数据分析结果进行可视化展示是非常重要的。大数据前端展示可以将复杂的数据分析结果以简洁易懂的表格、图形、动画等方式进行表示,以帮助人们更直观地了解大数据分析结果。而校园大数据前端展示就是基于校园大数据的统计和分析结果,运用数据可视化及相关技术,将大数据中所蕴含的有价值的信息通过各种终端设备,以图、表等形式进行直观呈现。

　　前端(Front-end)是指运行在 PC 端、移动端等浏览器上展现给用户的平台或界面。前端技术一般分为两个阶段:前端设计与前端开发。前端设计即面向用户界面的视觉设计,在前端设计阶段,设计人员会重点关注用户对前端界面的感受,力求设计效果美观大方,以便使用户获得最佳的感官体验。前端开发是使用代码对前端设计进行实现,主要包括三项核心技术:超文本标记语言

(Hyper Text Markup Language，HTML)、层叠样式表(Cascading Style Sheet，CSS)以及 JavaScript(JS)。超文本标记语言不是编程语言，而是一种通用的标识性语言(Markup Language)，通过一系列标记标签(Markup Tag)，将分散的互联网文档资源在格式上进行统一，让互联网成为一个逻辑整体。HTML 文本是由各种 HTML 标记标签组成的描述性文本，可以整合文字、图形、动画、声音、表格、链接等于网页上。层叠样式表是一种计算机语言，用来表现 HTML 等文件样式；其特点在于，不仅可以静态地对网页进行修饰，还可以结合其他脚本语言对网页中各元素进行动态整合。JavaScript 是一种高级编译型编程语言，具有函数优先、轻量级等特点(Flanagan，1997)，其主要应用场景是 Web 页面开发。

校园大数据可以通过各种各样的数据分析及可视化的技术与框架在前端展示给相关管理人员，该领域已经有一些研究成果。例如，谢(Xie，2011)提出了基于模型驱动架构(Model Driven Architecture，MDA)的校园数据分析和可视化框架，该框架由多维数据建模，数据提取，基于可视化的数据展示以及其他一些模块组成；阿胡贾(Ahuja，2016)针对麻省理工学院(Massachusetts Institute of Technology，MIT)校园的有形映射，进行了数据可视化界面的设计和开发，该界面包括一个大触摸屏，具有半透明和触摸式敏感的 3D 打印的 MIT 建筑物布置在触摸屏顶部，用户可以通过触摸或长按建筑物，或者直接点击触摸屏上显示的数字，从而实现与系统的交互，用户还可以查看 MIT 校园内各类实体的位置信息，以及与实体相关的即将发生的事件、班车时间、校园室内和室外导航的方向及各种实时社交信息等。

文本信息是最常见的信息类型，是非结构化数据的典型代表。随着文本挖掘技术的发展，有很多校园数据以文本信息的方式存储，比如学生评语、评教文本、书籍名、论文等，这些信息也需要进行可视化展示。文本须经处理后才能可视化，文本处理依赖自然语言处理技术。具体来看，就是将文本进行分词后，抽取文本特征并分析语义，将能够体现文本特征和主题的相关信息进行可视化展示。常见的标签云(Tags Cloud，也称为"词云")就是典型的文本可视化技术。标签云将关键词依据词频或其他规则进行排列布局，通过对关键词设置不同颜色、大小来赋予其不同的语义，从而实现文本信息可视化。图 8-7 为上海某高校图书借阅系统展示的标签云，对检索词进行可视化展示，实时动态展示热门检索词。

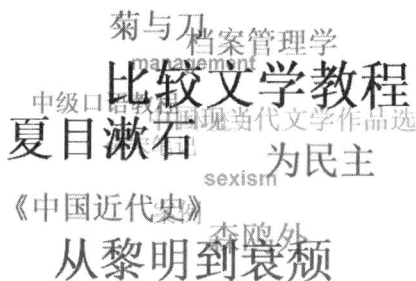

图 8-7　文本的标签云

8.4.2　校园大数据的展示

相比于传统的数据可视化,数据大屏能够实现更加丰富多彩的可视化展示,因此,数据大屏被很多学校用作数据可视化的主要载体。与传统的单一、静态数据可视化技术相比,数据大屏不仅能够将多业务系统的数据进行关联和整合,实现跨业务部门的全局数据可视化,还可以通过各类图、表、动画等形式,更加生动、直观、动态地展示实时多维数据,即时呈现隐藏在瞬息万变大数据背后的业务真相。此外,数据大屏还能够实现实时的数据交换和人机交互,让操作者及时获得所需的信息。

当前,很多数据属于流式数据(Stream Data),比如移动端 APP 或者 Web 应用程序生成的日志文件、网络流量、网络攻击日志、校园一卡通刷卡消费数据、地理空间服务数据等。前端决策者对流式数据获取和查看的实时性要求很高,比如,一旦发生网络攻击,要立刻知晓攻击的来源 IP、校区内各区域的实时人流量、某个应用程序的实时访问量等。流式数据由于量大且实时性要求高,对数据可视化提出了更高的要求。

如图 8-8 所示,该数据大屏是上海外国语大学大数据分析与决策平台的可视化界面。观察中间列,最上面区域显示的是大数据平台当前收集到的各类校园数据的条数,每秒钟都会有更新;往下显示的是从校园一卡通系统中抽取并统计的当日校园卡消费金额、从网络认证系统中抽取并统计的当前校园网移动设备连接数、从核心交换机中读取的当前校园网出口带宽流量数;再往下显示的是结合 GIS 系统和网络认证系统统计的两校区移动接入设备的连接数,亮点直径越大,表明该区域当前连接的设备越多。观察左边列,最上面区域显示的是从科研系统中抽取并统计的科研项目数据；往下显示的是从人事系统中抽取并统计的教师职称信息；再往下显示的是从本科生管理系统、研究生管理系统、国际交流学院国际生管理系统等中抽取并统计的学生国际化情况。观察右边列，最上面区域显示的是从防火墙中抽取并统计的网络攻击信息；往下显示的是从图书馆系统中抽取并统计的学生借阅数据和学习指数数据；再往下显示的是从防火墙中读取并统计的校内各类应用系统的访问情况数据。

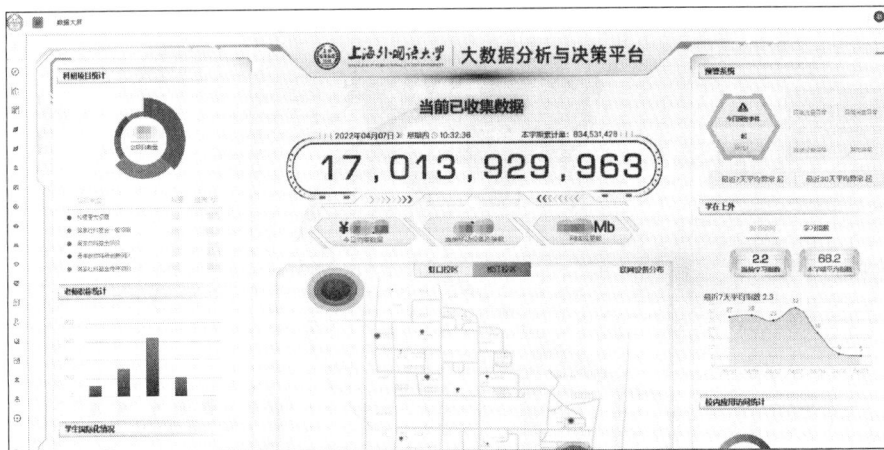

资料来源：https://dataservice. shsiu. edu. cn。

图 8—8　上海外国语大学数据大屏

一般来说，数据大屏具有如下特点：

(1)数据大屏整合多模块信息，信息量高度集中于某个主题，信息量大却很聚焦。一般而言，大屏的中间部分显示的是最想展现给浏览者的信息。

(2)数据大屏可以多方位、多角度全景展示大数据分析结果的各项指标，帮助人们增强对主题的了解和对问题的理解。例如，图 8—8 中的移动设备接入总数、各区域中的移动设备接入数就是从不同的角度来呈现校园网中当前接入移动设备的数量。

(3)数据大屏能够实现实时数据的动态监控。一方面，可以呈现事件的最新动态，辅助快速决策，比如图中的网络流量、移动设备连接数、网络攻击数量等数据更新以秒计算，非常及时；另一方面，数据大屏可以增加视觉呈现的效果，比如图 8—8 中采集到的当前数据量、当前校区中各区域中终端接入数都以大字体或高亮的动画形式显示，具有很好的视觉效果。

(4)数据大屏支持个性化定制,布局灵活,样式丰富多彩,方便更换主题和呈现效果。图 8-8 所示的数据大屏,可以在后台方便地修改显示区域、配置数据来源和数据呈现的方式,并有多种模板可供选择。

鉴于数据大屏能够整合多模块信息、实现实时数据动态监控等特点,数据大屏适用于譬如教育局、高校等大型组织机构。对于校园大数据来说,利用数据大屏,能够以更丰富、更直观的形式展示校园动态实时数据及校园大数据分析结果。

根据数据类型的不同和数据所要表现的主题的不同,数据可视化的呈现方式不拘一格。例如,对于基础信息、业务数据,可以通过饼状图、柱状图、直方图等方式呈现;对于时空数据,可以用流式地图(Flow Map)呈现;对于多维数据,可以用平行坐标图、散点图等方式呈现。

8.5　校园大数据分析的主要应用

进入 21 世纪以来,全球教育信息化发展进入快车道,陆续有些学者运用校园数据进行了一些探索性的研究。在校园环境内,校园卡的通用性很强,进校、进门、就餐、签到、消费、健身等都需要刷校园卡,因此,校园卡系统中汇集了海量的刷卡数据,这些数据格式规范、质量较高,成为当前校园大数据相关研究的主要数据来源。此外,也有学者使用教学资源管理平台数据、校园网日志数据等对学生学习行为和学业成就进行分析。

8.5.1　校园大数据分析的主要应用领域

由于高校大数据掌握在各个业务部门手中,因此各部门从业务安全和管理职能角度出发,一般情况下不愿意向外提供数据,这就造成研究人员"看菜吃饭"的情况,即手头能获得什么数据就研究什么数据,严重限制了教育大数据研究工作的开展。从数据来源角度来分,目前,校园大数据分析主要有以下几个方向:

(1)基于校园卡相关数据的分析

一些学者通过校园卡消费记录对学生的经济状况进行分析,主要研究目的是通过学生的校园卡消费数据以及学生在校内的各种行为数据,推测学生的学习状况和经济状况,找出符合某些经济特征的学生,方便学校进行管理和提供服务。姜楠和许维胜(2015)、关楚和陆新疆(Chu Guan & Xinjiang Lu,2016)等分别从校园卡刷卡数据分析学生的学习和生活习惯、经济状况等特征,并分析这些特征对学生学业成就的影响。但是,由于学生的饮食消费并非局限于校园内部,随着外卖的兴起,大量的学生在学校食堂消费很不规律,因此,此类研究成果在实践中的应用效果并不理想。

也有学者通过校园卡刷卡数据对学生学业状况进行分析。此类研究的主要目的是通过对学生在校内的行为数据和学业数据(比如考试分数、绩点、科研成果、获奖情况等)的回归分析,探索行为与学业之间的相关关系,并据此对其他学生的学业情况进行预测,对有学业风险的学生提前进行干预。黄建明(2012)、吕红胤(2015)等采用C4.5决策树算法、遗传算法等进行了此类研究,并对学生的学习效果进行预测;李彤彤(2016)利用线上教育平台数据,研究学习干预和学生成绩之间的关系。

还有学者通过校园卡刷卡记录,对后勤服务及管理状况进行分析。此类研究主要采集与后勤服务相关的数据,比如寝室门禁刷卡数据、食堂刷卡数据、打开水刷卡数据、电费充值数据等。研究目的在于通过分析这些数据,提高管理效率,降本增效,提高后勤服务质量。陈锋(2014)等对校园卡就餐数据进行统计分析,为提升校园安全和食堂服务质量提供建议。

(2)基于教学资源管理平台数据的分析

教学资源管理平台是高校开展教学活动的主要平台,也是留存学生学习数据的重要平台,国内外学者都对教学资源管理平台的数据进行了相关研究。魏顺平(2011)综合运用统计、可视化、聚类、社会网络分析等方法,对 Moodle 教学资源管理平台的日志数据和论坛讨论数据进行综合分析,揭示了一个网络在线课程的学生访问偏好和学习时间偏好。田娜和陈明选(2014)基于江南大学网络教学平台的数据,采用大数据挖掘技术,根据相似特性对学生进行聚类,分析影响课程成绩的各种因素,并对学生在课程讨论区的活跃程度进行了社会网络分析。一些研究成果已经被应用到网络教学的管理和服务中,比如 Black-Board、Moodle 等平台都可以对长期不登录平台、不查看教学资料的学生进行邮件或短信提醒。

(3)基于图书馆借阅数据的推荐功能

推荐系统(RS)是电商和各种社交及娱乐资讯平台的重要功能,可以为用户提供精准的个性化服务。推荐系统产生推荐信息的方式一般有两种:协同过滤推荐(CF)以及基于内容的推荐(CBR),或者个性化推荐(Jafarkarimi et al.,2012)。协同过滤方法根据读者的历史行为(比如其借阅过的书籍、在网上查询过的记录等),结合其他读者的相似决策建立模型。这种模型可用于预测读者可能对哪些书感兴趣(或用户对书的感兴趣程度)(Lü et al.,2012)。基于内容的推荐是利用一系列有关图书的离散特征,推荐出具有类似性质的相似图书(Mooney et al.,2000)。以上两种方法经常互相结合使用。有关推荐系统方面的研究非常多,也很成熟,在此不做赘述。

(4)基于校园大数据的综合分析

也有学者综合运用校园网日志数据、学生基本信息、学生成绩数据、学生在校园内的各类刷卡(门禁、图书馆、食堂等)数据,对学生的学习意愿、自我约束、生活规律性、学业成就等进行分析,探究学生获得学业成就的规律,为学生评价和学业指导提供依据。吴胜男等(2018)利用校园网络无线访问接入点(Access Point,AP)连接数据和校园卡消费数据,利用结构方程模型建模分析了上海某高校工商管理专业的 47 名学生的在校学习和生活状况,并且使用多元线性回归作为补充,回答了哪些因素与学生学业成就相关、影响程度如何。与其他研究不同,大数据分析使用数据轨迹分析,无须编制问卷,更为客观全面,可为高校的教学管理和学业预警提供一定参考。

8.5.2 校园大数据分析存在的问题

大数据分析技术在电商、交通、医疗、生物等领域得到广泛应用,但在教学领域却始终找不到大规模应用的场景。目前,基于校园大数据的相关研究非常缺乏,主要原因有以下几点:

(1)各类信息设备本身并不留存日志数据,各类信息系统也仅保留其认为需要保留的少量日志数据,因此,采集和保存这些数据,需要专门的硬件和软件,投入不菲。而且,由于软硬系统种类繁多,日志数据的清洗和规范化也是一项繁重的工作。因此,在目前的研究中,数据类型和来源还比较单一,大部分研究与校园卡刷卡数据相关,但随着校园社会化程度的不断提高,校园卡的作用不断减弱,校园卡刷卡数据越来越无法呈现学生在校园内活动的全貌。

(2)教师教学和学生学习是一个非常复杂的互动过程,受到动机、激励、外部物理环境、制度、自我效能等多方面因素的综合影响;对学习效果本身的评价标准也存在多种维度和方法,难以简单量化。因此,在目前的研究中,模型单薄,方法和模型不匹配,大数据分析方法只是作为传统统计方法的替代,并未发挥大数据分析方法真正的优势。

(3)企业应用大数据分析能够带来丰厚的利润,因此,有足够的动力推动大数据分析的应用和推广。但教育不是利润驱动行业,作为高校或教育主管部门,推动大数据服务于业务的需求并不是非常迫切;而且,大数据应用于教学和教育管理方面的研究有一定的前瞻性,存在失败的风险,高校和教育管理部门也不太愿意冒这个风险。

(4)此外,由于欧美国家隐私保护法特别严格,因此,鲜有欧美学者公开发表有关校网大数据的研究;即使有少数高校在进行相关研究,也仅用于私下的内部决策,并不公开发表。我国于 2021 年 11 月 1 日正式实施《个人信息保护法》,对采集、分析和使用个人信息都做出了严格的规定,这也在一定程度上限制了校园大数据的相关研究和应用。

8.6 校园数据中台

随着业务的持续快速发展和数据量的激增,越来越多的信息技术公司发现,传统业务管理模式已经无法应对越来越复杂的商业环境,公司必须打通内部数据资源,以极快的速度为客户提供高质量、可复用、个性化的数据服务,这些服务的提供要求企业具备强大、细粒度且可以灵活拆分、自由组合的数据管理能力。在这个需求的推动下,介于前端服务和后端支持的"数据中台"概念被提了出来。最早提出"数据中台"概念的是芬兰的游戏公司 Supercell。2015年,中国的阿里巴巴公司将此概念引入公司的业务管理和产品开发,并获得巨大的成功。此后,腾讯、京东、滴滴、华为等知名信息技术公司都建设了自己的数据中台系统,并在市场竞争中获得了明显的优势和巨大的商业利益。

8.6.1 数据中台的概念

传统的为企业内外部客户直接提供服务的职能称为"前台",比如销售、客服等;提供管理和支持服务的职能称为"后台",比如会计、人力资源等;使用后台资源,为前台提供支持的职能叫做"中台",比如合规、风控、内控、IT 支持等。

数据中台通过对海量数据进行采集、计算、存储、加工,形成标准的大数据

| 前台
数据应用 | ⟺ | 中台
数据清洗与融合 | ⟺ | 后台
原始数据管理 |

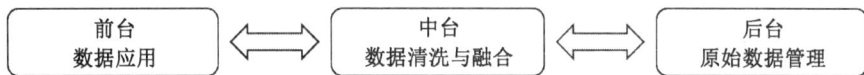

图 8-9　数据前台、中台与后台

资产层,为组织的内外部客户提供高效数据服务。数据中台能够降低数据(仓)库的重复建设,减少烟囱式协作的成本,帮助组织构建新型的差异化竞争优势。数据中台是涵盖数据资产、数据治理、数据模型、垂直数据中心、全域数据中心、萃取数据中心、数据服务等多个层次的体系化建设方法。

数据中台就像"中央厨房",在对底层各业务系统的数据进行抽取、加工、关联和模型化后,提供规范、统一的接口程序让前端应用快速、便捷地调用,以最快的速度满足前端业务需求。

在应用系统中,所有的业务都是有数据支撑的,数据是业务的起点和归宿,没有数据支撑的业务是"无源之水,无本之木";所有的数据也都是为业务服务而生的,数据的产生都有明确的业务需求,不存在抽象的数据供给。因此,数据中台出现的目的就是让"一切业务数据化,一切数据业务化"。

8.6.2　数据中台的结构

从数据处理的深度来看,数据中台系统的结构主要包含三个层级,即数据模型层、数据服务层和数据开发层。

(1)数据模型层

数据模型层提供了分层的数据模型,主要有三个层级的数据模型:第一种是基础数据模型,是通过数据表关联的形式,在传统的关系型数据库基础上进行的关系建模;第二种是融合模型,是从不同的数据维度对数据的建模;第三种是挖掘模型,是从数据应用的维度进行的数据建模。

(2)数据服务层

在数据服务层,主要是将数据模型按照应用的要求进行服务封装,这种封装与应用之间可以是 $1:n$ 关系,也可以是 $n:1$ 关系,还可以是 $n:m$ 的关系。$1:n$ 关系是指一个数据(集)可以供给多个应用使用;$n:1$ 关系是指一个应用可以由多个数据(集)支持;$n:m$ 关系是指多个数据(集)可以支持多个应用。封装的数据必须提供统一、规范的数据接口以方便调用,常见的数据接口类型有 JSON,还有厂家定义的应用程序编程接口(API)等。

（3）数据开发层

数据开发是数据的更高级、更灵活的应用，需求通过数据开发才能得到实现。数据开发主要包括三种类型：第一种是面向业务人员的数据管理平台（Data Management Platform，DMP），主要的表现形式是标签库，标签可以给前端应用提供非常灵活的分类和调用；第二种是面向结构化查询语言（Structured Query Language，SQL）开发人员的数据开发平台（Data Development Platform，DDP），提供强大且灵活的数据管理功能；第三种是提供应用环境和组件，让技术人员可以自主打造个性化数据产品。

8.6.3　数据中台的作用和特点

要彻底理解"数据中台"，需要从管理、业务和技术三个层面来剖析，如图8－10所示。

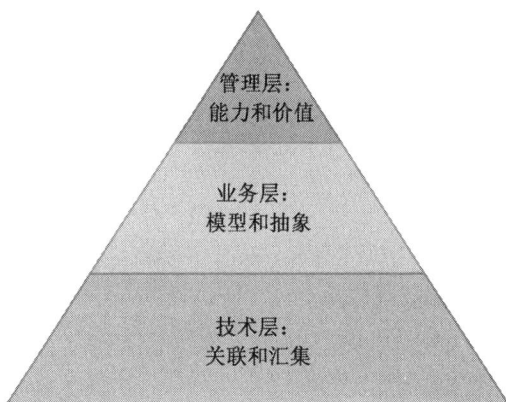

图 8－10　数据中台概念的三个层面

（1）在管理层面，数据中台体现的是数据的能力和价值

从管理角度来看，数据中台是要为前端的管理和服务流程快速投送其所需数据的一种能力，并通过这种能力的投送，为客户（可能是外部客户，也可能是内部客户）提供其所需的价值。此时，及时、准确、完整地提供所需的数据被视为组织的一种能力的体现，也是组织价值的体现。例如，在进行网络交易时，交易平台应能通过数据中台迅速判断一笔交易是否正常，从而决定是继续进行交易，还是给支付方及时的风险警告，或者是自动终止交易。从用户角度来看，这种能力体现的就是交易平台的业务能力和能够给予他的价值。

(2)在业务层面,数据中台体现的是数据的模型和抽象

在具体的业务系统中,业务操作人员并不关心底层数据,他们需要的是对业务逻辑的模拟,即数据的模型和抽象。例如,在学生助学金申请和审批这个业务中,负责审批的辅导员、学生处工作人员等并不关心这个学生的家庭收入具体是多少,他们关心的是这个学生是否已经被认定为经济困难生。因为家庭具体的经济情况与这个学生是否被认定为经济困难生的这层分析与判断已经预先在数据中台的数据模型中进行了处理,实体和实体之间的关系已经在模型的处理结果中进行了抽象。

(3)在技术层面,数据中台体现的是数据的关联和汇集

在技术实现上,数据中台对各类数据进行采集、清洗,按照业务需求和逻辑,对数据进行汇集和关联,并按照数据模型组织数据,支持各种应用对数据的灵活调用。例如,园区网中有各种类型的网络设备,这些设备日志数据格式千差万别,在进行网络问题诊断、网络安全监控等业务处理时,需要随时调用网络情况数据(比如某个智能终端从 AP 端接入,经过汇聚交换机、流控、防火墙一直到园区网络出口的整条通路的所有设备)。如果事先没有对这些设备的日志数据进行关联和汇集,是很难在短时间内完成数据清洗和整合的。

总之,从技术角度来看,数据中台是一种新型的企业 IT 架构;从管理角度来看,数据中台是一种新型的企业组织管理模式和理念;从战略角度来看,数据中台是企业为了应付日益复杂的商业环境而构建的一种新型战略工具和竞争壁垒。

8.6.4　对数据中台的误解

虽然"数据中台"概念的提出已经有些时间,也有一些组织成功地开发并实施了数据中台系统,但是,依然有很多企业和甲方组织不理解数据中台的本质,把数据中台与数据库、数据仓库、数据交换平台、共享库、商业智能、大数据平台等混为一谈,甚至有些公司采用"新瓶装旧酒"的做法,将传统数据处理产品冠名为"数据中台"。

(1)数据中台不是数据库和数据仓库

现有的业务系统数据库(Data Base,DB)以关系型数据库为主,是基于"实体—联系"(E-R)模型构建,遵循第三范式(Third Normal Form,3rd NF)或更高要求,是实时更新的结构化数据;数据仓库(Data Warehouse,DW)面向主题

和应用,其数据来源于数据库,但不用遵循第三范式,数据一般也不会改变。而数据中台中的数据可能既来源于数据库和数据仓库,也来源于机器日志、各类文本、图片、视频等,有大量非结构化和半结构数据。

(2)数据中台不是数据交换平台和共享库

数据交换平台是为了打通基于关系型数据库的各类业务系统而设立的"数据流动管道";共享库是为了在不同系统之间统一数据内容和数据标准而设立的"蓄水池"。从本质上来讲,它们仅仅实现了数据标准的统一和数据在不同系统之间流动的需求,是数据治理的最初级阶段,离"数据中台"所要求的"数据能力"还有很大的差距,尚无法实现对前端业务的直接、有效支持。

(3)数据中台不是商业智能和大数据

商业智能(Business Intelligence,BI)主要是利用数据仓库、联机分析处理、数据挖掘、数据可视化等手段进行业务数据处理,辅助商业决策,所以 BI 强调对决策的支持,且对数据实时性要求不高(一般情况下 T+1 足矣);而数据中台不仅支持决策,更侧重对业务的支持,对数据的实时性要求很高。大数据指的是数据量太大,以至于无法用传统的数据获取、存储、管理、处理、分析等方法来进行管理和使用,大数据只是数据中台的数据源之一。

数据中台市场风起云涌,但同时也乱象丛生,大量并不理解"中台"概念的公司在包装旧产品、盲目开发新产品。在数据中台市场,作为厂商,如果不能从根本上理解数据中台与传统数据交换平台、数据仓库等产品的区别和联系,不理解数据中台对甲方业务的实际支撑作用,就开发不出能真正解决甲方痛点问题的数据中台产品;而组织的"一把手"和首席信息官(Chief Information Officer,CIO),如果不能从管理、业务和技术三个角度透彻理解数据中台的概念和作用,不深刻理解数据中台对组织业务能力提升的根本动因,就无法建设真正有生产力的数据中台系统。

8.6.5 教育领域对数据中台的要求

教育的目的在于育人,育人强调的是过程。在这个过程中,从学校角度来看,如果能够为学生提供科学的管理和高质量的服务,无疑将会有效提高育人质量;从学生角度来看,信息化管理和服务已经成为校园学习和生活中不可或缺的一项重要内容,学校信息化管理的科学性、标准性以及信息化服务的及时性、便利性等已经成为学生判定学校管理和服务好坏的一个重要标准。因此,提高信息化管理和服务的质量已经成为教育管理部门必须认真审视的一个重要的战略性问题。

我国高校自 20 世纪 90 年代陆续上线各类管理信息系统以来，逐渐积累了一些数据，主要包括以教师和学生为核心的人员基础数据、课程数据、科研数据、学科数据等，这些数据零散分布在各业务系统中。各部门利用这些数据制作统计报表上报上级单位，校办、发展规划处等部门也会采集这些数据进行宏观数据统计。此时的数据服务以提供基于静态数据的统计报表为主，数据内容单一（主要是基础数据和部分业务数据）、数据量少、数据处理逻辑简单。这个时期可以称为高校"数据服务 1.0"时代。

在经过了多年的校园网络建设和业务信息系统建设后，很多学校已经建设了较为完善的信息化基础设施和业务系统，积累了一定的数据，具备了一定的信息化管理水平，这些都为"数据中台"的建设提供了必要的条件。学校之间的竞争是人才培养质量的竞争，如何在新一轮的竞争中胜出，"数据中台"的建设也许能够给学校管理者创造新的竞争优势。

随着高校信息系统的不断增加和整体信息化水平的不断提高，各种应用系统和硬件设备积累了越来越多的业务数据和日志数据，这为高校 IT 部门提供更好的数据服务奠定了客观基础，同时，随着师生信息化素养的不断提高，他们通过对标校外组织提供的 IT 服务，对学校也提出了越来越高的数据服务需求，这迫使高校 IT 部门必须为全校师生提供更好的数据服务。

具体来看，高校 IT 部门所面对的"客户"和所需提供的数据服务主要有以下几类：

（1）教职员工。教职员工需要便捷地进行网上事务办理、信息查询和消息推送等服务。特别是教学科研人员，需要快速、准确地查到与自己相关的授课信息、课堂反馈信息、成绩信息、科研费用使用情况、事务办理进度等信息。

（2）学生。学生需要简捷快速的网上事务办理、便利的信息查询和精准的消息推送，比如各种通知、讲座、就业信息的推送，以及课表、成绩、事务办理进度信息的查询等。

（3）业务部门。各业务部门需要快速配置和修改网上业务流程；需要上报各类统计报表；在具体工作中，一些业务部门也常常需要其他部门的数据。例如，保卫处需要学生和人事管理部门的数据，学生处需要教务处和团委的数据，科研处需要财务和人事管理部门的数据等。

(4)宏观决策部门。校领导以及党办、校办、学科办、发展规划办等部门,需要大量的统计数据来支持学校的宏观、战略性决策和政策的制定,这些统计工作不仅需要采集大量的各类业务数据,还需要对这些数据进行多维度、细粒度和深度的分析。

(5)IT 管理部门自服务。随着信息系统和硬件设备数量的不断增长,高校IT 管理部门运维着越来越庞大的校园信息化软硬件体系,也迫切需要大量的数据分析,支持其更加高效、高质量地开展运维工作。

以上这些需求较之"数据服务 1.0"时代,不仅数据服务对象更加多元化,而且在数据量、数据服务复杂度和数据服务响应时间等方面都有质的区别,高校数据管理已然进入"数据服务 2.0"时代。

在"数据服务 2.0"时代,传统的数据库、数据仓库和简单数据统计报表已经无法满足各部门对数据量、数据复杂度和服务响应时间的迫切需求,高校必须建立一套强大的数据中台系统,对各类数据进行及时和实时的采集、清洗、加工,按照业务类别、服务对象、数据属性、时间跨度等多个维度对数据进行整理、整合和存储,并提供有效的数据传输、数据导出、报表生成、数据可视化等工具,这样才能为各类业务需求快速地提供高质量的数据服务。

8.6.6 上海外国语大学数据中台建设方案

数据中台的作用得到了商业界的普遍认可,但在教育领域的应用却凤毛麟角。上海外国语大学是全国教育系统最早开始建设并应用数据中台的高校。上海外国语大学信息化管理部门从 2018 年开始规划、设计数据中台系统,经过一年半的建设,系统于 2019 年底正式上线。该平台采集学校各系统中的各类结构化、半结构化和非结构化数据,对数据进行清洗后,按数据类型分门别类存储,然后对这些数据进行关联并模型化,提供 JSON 等数据接口供前端应用灵活调用。

在本系统中,数据源主要包括各类人员及资产的基础数据、业务系统数据、机器数据以及第三方导入或者填报的数据等。基础数据包括学生的性别、年龄、学历、籍贯、身高等;业务数据包括科研成果、课程成绩等。

(1)基础数据和业务数据基本上来自业务系统,有规范的数据结构,采集方便。本系统利用 ETL 工具定期从业务系统的数据库(比如 MySQL、SQL Server、Oracle 等)抽取数据放到临时数据库里,同时进行一些数据整合操作。然

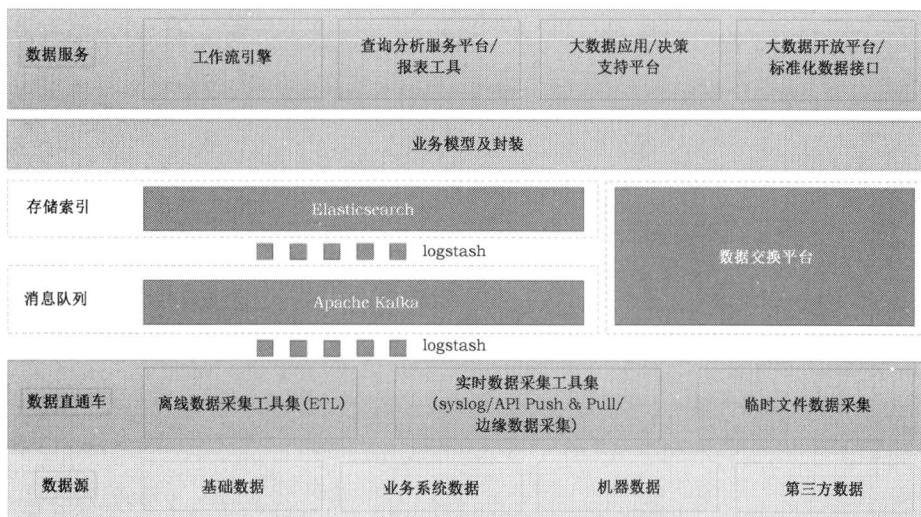

| 数据服务 | 工作流引擎 | 查询分析服务平台/
报表工具 | 大数据应用/决策
支持平台 | 大数据开放平台/
标准化数据接口 |

业务模型及封装

| 存储索引 | Elasticsearch | 数据交换平台 |

logstash

| 消息队列 | Apache Kafka |

logstash

| 数据直通车 | 离线数据采集工具集(ETL) | 实时数据采集工具集
(syslog/API Push & Pull/
边缘数据采集) | 临时文件数据采集 |

| 数据源 | 基础数据 | 业务系统数据 | 机器数据 | 第三方数据 |

图 8-11　上海外国语大学数据中台架构

后,利用工具将临时数据库里的数据存入 Kafka。有些数据直接存入 Kafka 即可;有些数据需要利用厂商提供的 API 导入 Kafka;还有一些手工填报的数据,通过 Excel 文件导入 Kafka。

(2)对于日志数据,有些可以通过 API 接口实现实时数据上报,其他类型的实时数据提供"边缘数据采集工具集",边缘数据采集工具采用 GO 语言开发,直接部署在数据产生节点上,避免了集中处理数据的压力。采集来的数据都被放入一个基于 Apache Kafka 的消息队列中。该消息队列只投递一次,避免因后续数据加工平台和数据采集工具的处理能力不匹配而丢失数据。

(3)对于文本数据,比如学生心理测评、辅导员评语等,定期通过 Excel 表格方式获取;对于一些文本数据,比如图书馆借阅的书名等,采用数据交换的形式获取;还有一些文本数据,比如学生的获奖新闻等,利用网络爬虫从学校各部门的官方网站获得。

(4)图片数据,有些从校园图片管理系统、媒资管理系统、校园图库系统等处通过数据交换获得;还有一些利用网络爬虫从学校各部门的官方网站获取。

数据采集后,对各类数据进行关联和整合。例如,将学生基础数据和学习成绩数据进行关联,形成非常详细的学生多模态动态画像;将设备基础数据和维修记录数据进行关联,形成详细的设备画像;将学生的基础数据和学生的刷卡、门禁及校园网接入数据进行关联和模型化,开发学生不在校提醒;利用教室摄像头 RTSP 视频流(帧)计算教室学生数,再与教务系统数据和学生基础数据进行关联,开发到课率统计模型;将学生基础数据与课程成绩数据关联计算,开发学业预警模型。这些模型都有规范的接口,供前端应用便捷地调用。

结　语

　　自 1946 在美国宾夕法尼亚大学诞生世界上第一台计算机至今,短短 70 余年时间里,计算机的计算和存储能力呈指数级增长。自 1969 年在美国国防部高级研究计划署(DARPA)诞生计算机网络雏形阿帕网至今,短短 50 余年时间里,互联网的网速和覆盖面也呈指数级增长。计算机和计算机网络的深度融合,造就了当今极度繁荣的信息社会,并深刻地影响、变革甚至颠覆着人类社会的每一个行业和每一个行为。

　　教育无疑是人类最古老的行业之一。在信息时代,教育行业理应与其他行业一样,享受计算机和计算机网络带来的诸多利好。但是,在相当长的一段时间里,信息技术对教育行业的改变速度却出人意料得缓慢。2011 年 5 月,苹果公司创始人史蒂夫·乔布斯(Steve Jobs)与微软公司创始人比尔·盖茨在讨论关于教育和未来学校的问题时,曾经提出一个非常著名的问题:"为什么计算机改变了几乎所有领域,却唯独对教育的影响小得令人吃惊?"这也就是有名的"乔布斯之问"。

　　如今 10 多年过去了,虽然 MOOC、网络教育蓬勃发展,特别是新冠疫情期间,全球开展了大规模的在线教学,但是,这只是教学形式和教学信息传递方式的变革,信息技术对教育内核的改变是微乎其微的。2011 年 9 月,时任美国联邦教育部长的阿恩·邓肯(Arne Duncan)曾就"乔布斯之问"给出了一种解释:信息技术并没有使教育发生结构性的改变。虽然人们可能采用网络授课和在线考试系统,也可能采用 BYOD 的课堂互动……但是,教育的本质是人与人之间的沟通,是师生互动和生生互动的过程中不断增进理解、启发思考、启迪智慧的过程。教育不仅是传授知识的过程,更是沟通心灵、传递价值观、关注生命成长的过程。这些都是目前教育信息化没有关注也无法实现的。

综观当前教育领域如火如荼的"智慧教室""智慧教学""智慧学习环境"等概念的传播和实践,在投入几千万甚至上亿元资金后,真正对教师的教育质量和学生的学习效果有多大的提升? 高校信息化主管部门不断陷入"绞尽脑汁设计和建设智慧教室——绞尽脑汁吸引和培训教师使用智慧教室"的怪圈! 其背后的根本原因在于,现有的种种智慧教学硬件和软件系统的设计都企图让师生适应信息技术工具,在某种程度上是"为了使用新技术而使用新技术",忘记了信息技术应用于教育的本质应该是让信息技术工具适应人类的教育和学习行为,信息技术在教育的过程中应该是自然而然地介入,在"不经意间"帮助到教师的教学和学生的学习。

虽然信息技术对教育的变革很缓慢,但变革已然开始! 在这个过程中,我们必须时刻把握教育的本质,铭记包括信息技术在内的所有技术都只是推动实现更好的教育的手段,帮助"人"的发展和成长才是教育的根本目的。切不可本末倒置,将手段变成了目的。

本书的撰写始于 2020 年初新冠疫情开始肆虐之时,终稿于 2022 年底全球新冠疫情步入尾声之际。新冠疫情在全球的肆虐打乱了人们的学习、工作和生活节奏,由于防疫要求,大量的工作和学习通过网络进行,这对各类网络平台和互联网本身提出了很高的要求,也让人们进一步认识到了以计算机和计算机网络为代表的信息技术的巨大作用。试想一下,如果没有可靠的信息技术的支持,我们又该如何应对这场疫情?

笔者所在部门为本校的信息化管理部门,在整个新冠疫情期间,经过各位同仁的不懈努力,不仅保障了全校各类软硬件系统和业务平台持续稳定的运行,还通过大数据和人工智能等手段,切实帮助了学校的教学和业务管理部门各项工作的顺利开展,大大缓解了一线工作人员的工作压力,提高了工作的精准性,有力支持了学校的网络办公、网络教学和抗击疫情工作的顺利开展。

新冠疫情终将过去。教育,也必将因为有了大数据而更智慧!

参考文献

英文参考文献

1. A. S. Palincsar, A. L. Brown. Interactive Teaching to Promote Independent Learning from Text[J]. Reading Teacher, 1986, 39(8): 771—777.

2. Abbott R. G. Automated Expert Modeling for Automated Student Evaluation[C]. International Conference on Intelligent Tutoring Systems. Springer, Berlin, Heidelberg, 2006: 1—10.

3. Agrawal R. Srikant R. Privacy Preserving Data Mining[C]. Proc of SIGMOD 2000, New York: ACM, 2000: 439—450.

4. Antona M., Leonidis A., Margetis G., et al. A Student-centric Intelligent Classroom[C]. International Joint Conference on Ambient Intelligence. Springer, Berlin, Heidelberg, 2011: 248—252.

5. Arora R., Livescu K. Multi-view Learning with Supervision for Transformed Bottleneck Features[C]. 2014 IEEE International Conference on Acoustics, Speech and Signal Processing (ICASSP). IEEE, 2014: 2499—2503.

6. Artificial Intelligence, Automation, and the Economy. https://obamawhitehouse. archives. gov/blog/2016/12/20/artificial-intelligence-automation-and-economy, Dec. 20, 2016.

7. AV Smart Classroom[S][EB/OL]. LACCD Information Technology Standards, http://az776130. vo. msecnd. net/media/docs/default-source/contractors-and-bidders-library/standards-guidelines/it-standards/its-008. pdf? sfvrsn=2, Dec. 9, 2011.

8. Baby D., Gemmeke J. F., Virtanen T. Exemplar -based Speech Enhancement for Deep Neural Network Based Automatic Speech Recognition[C]. 2015 IEEE International Conference on Acoustics, Speech and Signal Processing (ICASSP). IEEE, 2015: 4485—4489.

9. Bain J. Integrating Student Voice: Assessment for Empowerment[J]. Practitioner Research in Higher Education, 2010, 4(1): 14—29.

10. Baker J., Bond C., Corbett J., et al. Megastore: Providing Scalable, Highly Available Storage for Interactive Services[C]. Proc of CIDR, 2011: 223—224.

11. Baraldi L. ，Grana C. ，Cucchiara R. Shot and Scene Detection via Hierarchical Clustering for Re-using Broadcast Video[C]. International Conference on Computer Analysis of Images and Patterns. Springer，Cham，2015：801—811.

12. Biddle R. ，Noble J. ，Tempero E. Teaching the Evaluation of Object-oriented Designs [C]. Proceedings of the Fifth Australasian Conference on Computing Education，2003(20)：213—220.

13. Bill & Melinda Gates Foundation. Working with Teachers to Develop Fair and Reliable Measures of Effective Teaching[J]. MET Project，2010(1)：1—12.

14. Bledsoe W. W. ，Browning I. Pattern Recognition and Reading by Machine[C]. Eastern Joint IRE-AIEE-ACM Computer Conference，1959：225—232.

15. Bobrow D. G. METEOR：A Lisp Interpreter for String Transformations[M]. Massachusetts Institute of Technology，1963.

16. Breiman L. Statistical Modeling：The Two Cultures (with comments and a rejoinder by the author)[J]. Statistical Science，2001，16(3)：199—231.

17. Broer J. ，Wendisch T. ，Willms N. Digital Pen and Paper Technology as a Means of Classroom Administration Relief[M]. Advances in Machine Learning and Data Analysis. Springer，Dordrecht，2010.

18. Brown，M. Moving into the Post-MOOC era [EB/ OL]. http://www. educause. edu/blogs/mbbrown/moving-post-mooc-era，2013.

19. Bryson S. ，Kenwright D. ，Cox M. ，et al. Visually Exploring Gigabyte Data Sets in Real Time[J]. Communications of the ACM，1999，42(8)：82—90.

20. Bundy A. Preparing for the Future of Artificial Intelligence[J]. Public Interest Comment，2017：285—287.

21. Camastra F. A. SVM-based Cursive Character Recognizer[J]. Pattern Recognition，2007，40(12)：3721—3727.

22. Changsu L. ，Youngjoong K. Spoken Language Understanding with a Novel Simultaneous Recognition Technique for Intelligent Personal Assistant Software[J]. International Journal on Artificial Intelligence Tools，2018，27(3)：1850009.

23. Chao C. H. ，Chen Y. C. ，Yang T. J. ，et al. Intelligent Classroom with Motion Sensor and 3D Vision for Virtual Reality E-learning[C]. The 2nd International Workshop on Learning Technology for Education in Cloud. Springer，Dordrecht，2014：27—33.

24. Chen Chih-Ming，Li，Yi-Lun. Personalised Context-aware Ubiquitous Learning System for Supporting Effective English Vocabulary[J]. Learning Interactive Learning Environments，2010(18)：341—364.

25. Chen T. W. ,Chen Y. L. ,Chien S. Y. Fast Image Segmentation Based on K-Means Clustering with Histograms in HSV Color Space[C]. 2008 IEEE 10th Workshop on Multimedia Signal Processing. IEEE,2008:322—325.

26. Chiou C. K. ,Tseng J. C. R. An Intelligent Classroom Management System Based on Wireless Sensor Networks[C]. 2015 8th International Conference on Ubi-Media Computing (UMEDIA). IEEE,2015:44—48.

27. Chomsky N. Three Models for the Description of Language[J]. IRE Transactions on Information Theory,2003,2(3):113—124.

28. Chou S. W. ,Liu C. H. Learning Effectiveness in a Web-based Virtual Learning Environment:A Learner Control Perspective[J]. Journal of Computer Assisted Learning,2005,21 (1):65—76.

29. Clark T. Storage Virtualization:Technologies for Simplifying Data Storage and Management[M]. Boston:Addison-Wesley Professional,2005.

30. Cook K. A. ,Thomas J. J. Illuminating the Path:The Research and Development Agenda for Visual Analytics[R]. Pacific Northwest National Lab. (PNNL),Richland,WA (United States),2005.

31. Cox M. ,Ellsworth D. Application-controlled Demand Paging for Out-of-core Visualization [C]. Proceedings of the 8th Conference on Visualization,Phoenix AZ,USA,1997:235—244.

32. Cox M. ,Ellsworth D. Managing Big Data for Scientific Visualization[C]. ACM siggraph. 1997,97(1):21—38.

33. Cronbach L. J. Course Improvement through Evaluation[J]. Teachers College Record,1963,64(8):1—13.

34. Dean J. ,Ghemawat S. MapReduce:Simplified Data Processing on Large Clusters[J]. Communications of the ACM,2008,51(1):107—113.

35. Dhawal Shah. Online Courses Raise Their Game:A Review of MOOC Stats and Trends in 2014[EB/OL]. https://www. classcentral. com/report/moocs-stats-and-trends-2019,Dec. 17,2019.

36. Di Cerbo F. ,Succi G. A Proposal for Interactive-constructivistic Teaching Methods Supported by Web 2. 0 Technologies and Environments[C]. International Workshop on Database & Expert Systems Applications. IEEE,2007:111.

37. Dick W. ,Carey L. ,Carey J. O. The Systematic Design of Instruction (5th)[M]. New York:Longmann,2001.

38. Dong Q. ,Jiang F. ,Wang G. Research on Intelligent Recording and Broadcasting System in Classroom Teaching[M]. Informatics and Management Science Ⅵ. Springer,London,

2013.

39. Dooley J. ,Callaghan V. , Hagras H. ,et al. The Intelligent Classroom:Beyond Four Walls[C]. Workshop Proceedings of the 7th International Conference on Intelligent Environments. IOS Press,2011:457－468.

40. Dougiamas M. , Taylor P. Moodle:Using Learning Communities to Create an Open Source Course Management System[C]. EdMedia＋Innovate Learning. Association for the Advancement of Computing in Education (AACE),2003:171－178.

41. Dwork C. Differential Privacy [C]. Proc of ICALP 2006. Berlin:Springer ,2006:1－12.

42. Färber F. ,Cha S. K. ,Primsch J. ,et al. SAP HANA Database:Data Management for Modern Business Applications[J]. ACM Sigmod Record,2012,40(4):45－51.

43. Feng Z. , Hui-Feng X. ,Dong-Sheng X. ,et al. Big Data Cleaning Algorithms in Cloud Computing[J]. International Journal of Interactive Mobile Technologies,2013,9(3):77.

44. Flanagan,David. JavaScript (2nd ed.):The Definitive Guide[M]. O'Reilly & Associates Inc. ,1997.

45. Franklin D. Cooperating with People:The Intelligent Classroom. [C]. AAA/IAAI, 1998. 555－560.

46. Gantz J. , Reinsel D. Extracting Value from Chaos[EB/OL]. IDC iview, http://www. kushima. org/wp-content/uploads/2013/05/DigitalUniverse2011. pdf, June 2011.

47. Gelernter H. Realization of a Geometry-theorem Proving Machine[M]. Computers and Thought,1959.

48. Glanz J. Power,Pollution and the Internet[J]. The New York Times,Sep. 22,2012: 15－18.

49. Guba E. G. ,Lincoln Y. S. Fourth generation evaluation[M]. London:Sage Publications,1989.

50. Hadi A. F. Handling Outlier in Two‐ways Table by Robust Alternating Regression of FANOVA Models:Towards Robust AMMI Models[J]. Jurnal Ilmu Dasar,2011,12(2):123－131.

51. Hinton G. E. ,Osindero S. , Teh Y. W. A Fast Learning Algorithm for Deep Belief Nets[J]. Neural computation,2006,18(7):1527－1554.

52. Hopfield J. J. Neural Networks and Physical Systems with Emergent Collective Computational Abilities[J]. Proceedings of the National Academy of Sciences, 1982,79(8):2554－2558.

53. Hu H. ,Zhang Z. ,Xie Z. ,et al. Local Relation Networks for Image Recognition[C].

Proceedings of the IEEE/CVF International Conference on Computer Vision. 2019：3464—3473.

54. J. Ramirez,J. M. Górriz,Segovia F. ,et al. Computer Aided Diagnosis System for the Alzheimer's Disease Based on Partial Least Squares and Random Forest SPECT Image Classification[J]. Neuroscience Letters,2010,472(2)：99—103.

55. Jack Edmonds,Richard M. Karp. Theoretical Improvements in Algorithmic Efficiency for Network Flow Problems[J]. Journal of the ACM,1972,19(2)：248—264.

56. Jafarkarimi H,Sim A. T. H. ,Saadatdoost R. A Naive Recommendation Model for Large Databases[J]. International Journal of Information and Education Technology,2012,2(3)：216.

57. Jain G. P. ,Gurupur V. P. ,Schroeder J. L. ,et al. Artificial Intelligence-based Student Learning Evaluation：A Concept Map-based Approach for Analyzing a Student's Understanding of a Topic[J]. IEEE Transactions on Learning Technologies,2014,7(3)：267—279.

58. Jake Frankenfield. AI Winter [EB/OL]. https：//www. investopedia. com/terms/a/ai-winter. asp,May 9,2018.

59. Jeff Loucks,Tom Davenport,David Schatsky. State of AI in the Enterprise[EB/OL]. https：//www2. deloitte. com/cn/zh/pages/technology/articles/state-of-ai-in-the-enterprise-2nd-edition. html,Mar. 3,2020.

60. Jelinek,F. Continuous Speech Recognition by Statistical Methods[J]. Proceedings of the IEEE,1976,64(4)：532—556.

61. Kane T. ,Kerr K. ,Pianta R. Designing Teacher Evaluation Systems：New Guidance from the Measures of Effective Teaching Project[M]. John Wiley & Sons,2014.

62. Kowsari K. ,Jafari Meimandi K. ,Heidarysafa M. ,et al. Text Classification Algorithms：A Survey[J]. Information,2019,10(4)：150.

63. Kumara W. G. ,Wattanachote K. ,Battulga B. ,et al. A Kinect-based Assessment System for Smart Classroom[J]. International Journal of Distance Education Technologies,2015,13(2)：34—53.

64. La Paro,Karen M. ,et al. The Classroom Assessment Scoring System. [J]. Elementary School Journal,2004,104(5)：409—426.

65. Laksanasopin T. ,Guo T. W. ,Nayak S. ,et al. A Smartphone Dongle for Diagnosis of Infectious Diseases at the Point of Care[J]. Science Translational Medicine,2015,7(273)：273—274.

66. Le Q. V. Building High-level Features Using Large Scale Unsupervised Learning[C]. 2013 IEEE International Conference on Acoustics,Speech and Signal Processing. IEEE,2013：

8595—8598.

67. LeCun Y，Bengio Y，Hinton G. Deep Learning[J]. Nature，2015，521(5)：436—444.

68. Leo Breiman. Random Forests[J]. Machine Learning,2001,45(1):5—32.

69. Li B. P. ,Kong S. C. ,Chen G. A Study on the Development of the Smart Classroom Scale[M]. Emerging Issues in Smart Learning. Springer,Berlin,Heidelberg,2015:45—52.

70. Liu B. ,Wu Z. ,Hu H. ,et al. Deep Metric Transfer for Label Propagation with Limited Annotated Data[C]. Proceedings of the IEEE/CVF International Conference on Computer Vision Workshops. 2019:1317—1326.

71. Liu Z. Y. ,Liu L. ,Liu P. ,et al. Learning Resource Personalizing Recommendation Algorithm Based on Semantic Web[J]. Jilin Daxue Xuebao,2009,39(2):391—395.

72. Liu Z. ,Zhang S. Research on the Personalized Learning Model for Network Teaching Based on Multi-agent[C]. 2010 2nd International Conference on Education Technology and Computer. IEEE,2010(3):300—304.

73. Lloréns-Rico V. ,Lluch-Senar M. ,Serrano L. Distinguishing between Productive and Abortive Promoters Using a Random Forest Classifier in Mycoplasma Pneumoniae[J]. Nucleic Acids Research,2015,43(7):3442—3453.

74. Lü L. ,Medo M. ,Yeung C. H. ,et al. Recommender Systems[J]. Physics Reports，2012,519(1):1—49.

75. Lue,R. From MOOCs to SPOCs[J]. Communications of the ACM,2013(12):38—40.

76. Machinery C. Computing Machinery and Intelligence-AM Turing[J]. Mind,1950,59(236):433—460.

77. Maglogiannis I. ,Zafiropoulos E. P. ,Anagnostopoulos I. An Intelligent System for Automated Breast Cancer Diagnosis and Prognosis Using SVM Based Classifiers[J]. Applied Intelligence,2009,30(1):24—36.

78. Manny-Ikan E. ,Dagan O. ,Tikochinski T. ,et al. [Chais] Using the Interactive White Board in Teaching and Learning—An Evaluation of the SMART CLASSROOM Pilot Project [J]. Interdisciplinary Journal of E-learning and Learning Objects,2011,7(1):249—273.

79. Maqbool O. ,Babri H. A.. Hierarchical Clustering for Software Architecture Recovery[J]. IEEE Transactions on Software Engineering,2007,33(11):759—780.

80. McKinsey Digital. Big data：The Next Frontier for Innovation,Competition,and Productivity[EB/OL]. https://www. mckinsey. com/business-functions/mckinsey-digital/our-insights/big-data-the-next-frontier-for-innovation,2011.

81. Mayer-Schönberger V. , Cukier K. Big Data: A Revolution that will Transform How We Live, Work, and Think[M]. Houghton Mifflin Harcourt, 2013.

82. Mikolov T. ,Chen K. , Corrado G. ,et al. Efficient Estimation of Word Representations in Vector Space[J]. Computer Science, 2013. DOI:10. 48550/arXiv. 1301. 3781.

83. Mitchell T. M. Machine Learning[M]. McGraw-Hill,2003.

84. Mohri M. ,Rostamizadeh A. ,Talwalkar A. Foundations of Machine Learning[M]. MIT Press,2018.

85. Mooney R. J. ,Roy L. Content-based Book Recommending Using Learning for Text Categorization[C]. Proceedings of the Fifth ACM Conference on Digital Libraries. 2000:195— 204.

86. Moravec H. P. Techniques towards Automatic Visual Obstacle Avoidance[C]. Proceedings of the 5th International Joint Conference on Artificial Intelligence. Morgan Kaufmann Publishers Inc. ,1977(2):584—585.

87. Mosteller F. ,Wallace D. L. Inference and Disputed Authorship: The Federalist[J]. Revue de LiInstitut International de Statistique,1966,22(1):353.

88. Muchlinski D. ,Siroky D. ,He J. ,et al. Comparing Random Forest with Logistic Regression for Predicting Class-imbalanced Civil War onset Data[J]. Political Analysis,2016,24 (1):87 103.

89. Nazaré T. S. ,Costa G. B. ,Contato W. A. ,et al. Deep Convolutional Neural Networks and Noisy Images[C]. Iberoamerican Congress on Pattern Recognition. Springer,Cham,2017: 416—424.

90. Noor A. K. The Hololens Revolution[J]. Mechanical Engineering,2016,138(10): 30—35.

91. O'neil C. Weapons of Math Destruction: How Big Data Increases Inequality and Threatens Democracy[M]. Broadway Books,2016.

92. Oyelade O. J. ,Oladipupo O. O. ,Obagbuwa I. C. Application of Means Clustering Algorithm for Prediction of Students Academic Performance[J]. International Journal of Computer Science and Information Security,2010,7(1):S39.

93. Ozkan B. How to Effectively Use Free and Open Source Software in Education[C]. E-learn: World Conference on E-learning in Corporate,Government,Healthcare,and Higher Education. Association for the Advancement of Computing in Education (AACE),2008:1171— 1175.

94. Palmisano S. J. A. Smarter Planet: The Next Leadership Agenda,Council on Foreign Relations[J]. 2008,(11):1—8.

95. Penghe C. ,Yu L. ,Zheng V. W. ,et al. KnowEdu:A System to Construct Knowledge Graph for Education[J]. IEEE Access,2018,6:31553—31563.

96. Peter M. Mell,Timothy Grance. The NIST Definition of Cloud Computing[EB/OL], National Institute of Standards and Technology, https://www. nist. gov/publications/nist-definition-cloud-computing, September 28, 2011.

97. Pine B. J. Mass Customization:The New Frontier in Business Competition[M]. Harvard Business School Press,1994.

98. Prensky M. Digital Natives,Digital Immigrants[J]. Gifted,2005 (135):29—31.

99. Pu R. ,Gong P. Determination of Burnt Scars Using Logistic Regression and Neural Network Techniques from a Single Post-fire Landsat-7 TM Imagery[J]. Photogrammetric Engineering & Remote Sensing,2015,70(7):841—850.

100. Quinlan J. R. C4. 5:Programs for Machine Learning[M]. Elsevier,2014.

101. Quinlan J. R. Induction of Decision Trees[J]. Machine learning,1986,1(1):81—106.

102. Rescigno R. C. Practical Implementation of Educational Technology. The GTE/GTEL Smart-Classroom. The Hueneme School District Experience. [J]. Academic Achievement,1988:27.

103. Roy Pea,Phil Oxon,David Jacks. A Report on Building the Field of Learning Analytics for Personalized Learning at Scale[R]. Stanford:Stanford University,2014.

104. Rudd J. ,Sullivan P. ,King M. ,et al. Education for a Smarter Planet:The Future of Learning[J]. http://www. redbooks. ibm. com/redpapers/pdfs/redp4564. pdf,2009.

105. Rumelhart D. E. ,Hinton G. E. ,Williams R. J. Learning Representations by Back Propagating Errors[J]. Nature,1986,323(6088):533—536.

106. Rydning D. R. ,John G. J. The Digitization of the World from Edge to Core[J]. Framingham:International Data Corporation,2018:16.

107. Salehi M. Application of Implicit and Explicit Attribute Based Collaborative Filtering and BIDE for Learning Resource Recommendation[J]. Data & Knowledge Engineering,2013, (87):130—145.

108. Schickel-Zuber V. ,Faltings B. Using Hierarchical Clustering for Learning the Ontologies Used in Recommendation Systems[C]. Proceedings of the 13th ACM SIGKDD International Conference on Knowledge Discovery and Data Mining. 2007:599—608.

109. Schofield J. W. ,Eurich-Fulcer R. ,Britt C. L. Teachers,Computer Tutors,and Teaching:The Artificially Intelligent Tutor as an Agent for Classroom Change[J]. American Educational Research Journal,1994,31(3):579—607.

110. Searle J. Intrinsic Intentionality[J]. Behavioral & Brain Sciences,1980,3(3):450—457.

111. Sela Y. ,Freiman M. ,Dery E. ,et al. FMRI-based Hierarchical SVM Model for the Classification and Grading of Liver Fibrosis[J]. IEEE Transactions on Biomedical Engineering,2011,58(9):2574—2581.

112. Shannon C. E. A Mathematical Theory of Communication[J]. ACM SIGMOBILE Mobile Computing and Communications Review,2001,5(1):3—55.

113. Sharma K. G. ,Ram A. ,Singh Y. Efficient Density Based Outlier Handling Technique in Data Mining[C]. International Conference on Computer Science and Information Technology. Springer,Berlin,Heidelberg,2011:542—550.

114. Shen J. ,Hao X. ,Liang Z. ,et al. Real-time Superpixel Segmentation by DBSCAN Clustering Algorithm[J]. IEEE Transactions on Image Processing,2016,25(12):5933—5942.

115. Shi Y. ,Xie W. ,Xu G. ,et al. The Smart Classroom:Merging Technologies for Seamless Tele-education[J]. IEEE Pervasive Computing,2003,2(2):47—55.

116. Shuo Z. ,Wenchao L. ,Fangyu L. Application of Face Recognition Technology in Campus Morning Running System [J]. Information and Computer (Theoretical Edition),2019,31(17):121—122.

117. Si-Hui P. U. ,Jia-Yin C. ,Kai C. Design and Research on Electricity Customer Mobile Service System[J]. Electric Power Information Technology,2013,11(4):85—89.

118. Simon H. A. Why Should Machines Learn? [M]. Machine Learning. Morgan Kaufmann,1983:25—37.

119. Smart Education In Korea [EB/OL]. http://www. unesco. org/new/fileadmin/MULTIMEDIA/HQ/CI/CI/ images/wsis/WSIS_Forum_2012/55515-Smart EducationInKorea. pdf.

120. Smith P. L. ,Ragan T. J. Instructional Design[M]. John Wiley & Sons,2004.

121. Stake R. E. The Countenance of Educational Evaluation[M]. Department for Exceptional Children,Gifted Children Section,1967.

122. Stein G. ,Chen B. ,Wu A. S. ,et al. Decision Tree Classifier for Network Intrusion Detection with GA-based Feature Selection[C]. Proceedings of the 43rd Annual Southeast Regional Conference,2005(2):136—141.

123. Storey M. A. D. ,Phillips B. ,Maczewski M. ,et al. Evaluating the Usability of Web-based Learning Tools[J]. Educational Technology & Society,2002,5(3):91—100.

124. Sun K. ,Liu Y. ,Guo Z. ,et al. EduVis:Visualization for Education Knowledge

Graph Based on Web Data[C]. Proceedings of the 9th International Symposium on Visual Information Communication and Interaction. 2016:138－139.

125. Sun K. ,Xiao B. ,Liu D. ,et al. Deep High-resolution Representation Learning for Human Pose Estimation[C]. Proceedings of the IEEE/CVF Conference on Computer Vision and Pattern Recognition. 2019:5693－5703.

126. Sunstein C. R. Infotopia:How Many Minds Produce Knowledge[M]. Oxford University Press,2006.

127. Suo Y. ,Miyata N. ,Morikawa H. ,et al. Open Smart Classroom:Extensible and Scalable Learning System in Smart Space Using Web Service Technology[J]. IEEE Transactions on Knowledge and Data Engineering,2008,21(6):814－828.

128. Tang J. ,Hu Z. M. Study on Integrated Scientific Research Management Information System in Higher Vocational College Based on Workflow[C]. Applied Mechanics and Materials. Trans Tech Publications Ltd,2013,389:908－912.

129. Tanner L. ,Schreiber M. ,Low J. ,et al. Decision Tree Algorithms Predict the Diagnosis and Outcome of Dengue Fever in the Early Phase of Illness[J]. PLoS Neglected Tropical Diseases,2008,2(3):e196.

130. Tansley S. , Tolle K. M. The Fourth Paradigm:Data-Intensive Scientific Discovery [M]. Redmond, WA:Microsoft Research, 2009.

131. The White House. Preparing for the Future of Artificial Intelligence[EB/OL]. https://obamawhitehouse. archives. gov/blog/2016/05/03/preparing-future-artificial-intelligence,May 3,2016.

132. The White House. The National Artificial Intelligence Research and Development Strategic Plan[EB/OL]. https://www. whitehouse. gov/wp-content/uploads/2019/06/National-AI-Research-and-Development-Strategic-Plan-2019-Update-June-2019. pdf,Mar. 6, 2020.

133. Tibúrcio T,Finch E F. The Impact of an Intelligent Classroom on Pupils' Interactive Behaviour[J]. Facilities,2005,23(5/6):262－278.

134. Times N. Y. Power,Pollution and the Internet [EB/OL]. http://www. nytimes. com/2012/09/23/technology/data-centers-waste-vast-amounts-of-energy-belying-industry-image. html? pagewanted＝all,Oct. 2,2012.

135. Tokic D. BlackRock Robo-Advisor 4. 0:When Artificial Intelligence Replaces Human Discretion[J]. Strategic Change,2018,27(4):285－290.

136. Tony Hey,Stewart Tansley,Kristin Tolle. The Fourth Paradigm:Data Intensive Scientific Discovery[M]. http://research. microsoft. com/en-us/collaboration/fourthparadigm,

October 2009.

137. United States. Office of Educational Technology. Getting America's Students Ready for the 21st Century：Meeting the Technology Literacy Challenge：a Report to the Nation on Technology and Education[M]. US Department of Education,1996.

138. Vassiliadis P. , Simitsis A. , Georgantas P. , et al. A Generic and Customizable Framework for the Design of ETL Scenarios[J]. Information Systems,2005,30(7)：492－525.

139. Wang H. ,Li M. ,Bu Y. ,et al. Cleanix：A big Data Cleaning Parfait[C]. Proceedings of the 23rd ACM International Conference on Information and Knowledge Management. 2014：2024－2026.

140. Wang J. ,Wang X. Teaching Evaluation System through Network Based on Data Mining[J]. Journal of Henan Institute of Engineering (Natural Science Edition),2009：148－151.

141. Ward M. O. , Grinstein G. , Keim D. Interactive Data Visualization：Foundations, Techniques,and Applications[M]. CRC Press,2010.

142. Wei Z. ,Xiaolong Z. ,Juanjuan Z. ,et al. A Segmentation Method for Lung Nodule Image Sequences Based on Superpixels and Density-based Spatial Clustering of Applications with Noise[J]. PLoS One,2017,12(9)：e0184290.

143. Weng C. , Yu D. , Seltzer M. L. , et al. Deep Neural Networks for Single-channel Multi-talker Speech Recognition[J]. IEEE/ACM Transactions on Audio Speech & Language Processing,2015,23(10)：1670－1679.

144. William F. Schneider,Hua Guo. Machine Learning[J]. Journal of Physical Chemistry A,2018,122(4)：879－879.

145. Winera L. R. , Cooperstockb J. The "Intelligent Classroom"：Changing Teaching and Learning with an Evolving Technological Environment[J]. Computers & Education, 2002, 38：253－266.

146. Winston P. ,Prendergast K. XCON：An Expert Configuration System at Digital Equipment Corporation[M]. The AI Business：Commercial Uses of Artificial Intelligence. MIT Press,1986.

147. World Economic Forum. Big Data,Big Impact：New Possibilities for International Development[EB/OL]. http://www3. weforum. org/docs/WEF_TC_MFS_BigDataBigImpact_Briefing_2012. pdf.

148. Wu S. A Review on Coarse Warranty Data and Analysis[J]. Reliability Engineering & System Safety,2013,114：1－11.

149. Wu Y. C. , Hsu W. H. , Chang C. S. , et al. A Smart-phone-based Health Management System Using a Wearable Ring-type Pulse Sensor[C]. International Conference on Mobile and Ubiquitous Systems:Computing,Networking,and Services. Springer,Berlin,Heidelberg,2010:409—416.

150. Xu B. , Zhang M. , Pan Z. , et al. Content-based Recommendation in E-Commerce [C]. Computational Science & Its Applications-iccsa, International Conference, Singapore, May,Part II. Springer Berlin Heidelberg,2005:946—955.

151. Yoon D. A Smart Classroom for Enhancing Collaborative Learning Using Pervasive Computing Technology[C]. ASEE 2003 Annual Conference. 2003:8. 118. 1—8. 118. 10. (ASEE 2003),21—30. ACM Press,2003:21—30.

152. Zaharia M. ,Xin R. S. ,Wendell P. ,et al. Apache Spark:A Unified Engine for Big Data Processing[J]. Communications of the Acm,2016,59(11):56—65.

153. Zhang D. M. ,Sheng H. Y. ,Li F. ,et al. The Model Design of a Case-based Reasoning Multilingual Natural Language Interface for Database[C]. Proceedings. International Conference on Machine Learning and Cybernetics. IEEE,2002(3):1474—1478.

154. Zhu L. , Huang R. , Wang X. , et al. Research on Personalized Teaching Model for Individual User in ISI:A Web-based Learning Systems Platforms[C]. 2008 International Conference on Computer Science and Software Engineering. IEEE,2008(5):789—792.

155. Zuravska N. , Yakovenko O. Using Interactive Teaching Methods in Economic Education:A Problematic Aspect[J]. Education Technology Computer Science,2013,4(2):128—132.

中文参考文献

1. 蔡连玉. 教育信息化管理:一个新的研究领域[J]. 中国远程教育,2007(2):21—24.

2. 蔡自兴. 人工智能产业化的历史,现状与发展趋势[J]. 冶金自动化,2019(2):1—5.

3. 曾棕根. 基于 WAMP 的简体中文 Moodle 架设与性能优化[J]. 现代教育技术,2011,21(4):136—139.

4. 陈丽. 数字化校园与 E-learning——信息时代大学的必然选择[M]. 北京:北京大学出版社,2007.

5. 陈亮,沈丽燕. 基于 Sakai 的开放课程平台建设与应用[J]. 软件导刊(教育技术),2019,18(6):67—69.

6. 陈舜华,王晓彤,郝志峰等. 基于微博 API 的分布式抓取技术[J]. 电信科学,2013,029(8):146—150+155.

7. 陈卫东,叶新东,许亚锋. 未来课堂:智慧学习环境[J]. 远程教育杂志,2012,30(5):

42—49.

8. 陈卫东,叶新东,张际平. 智能教室研究现状与未来展望[J]. 远程教育杂志,2011,29(4):39—45.

9. 陈为,张嵩,鲁爱东. 数据可视化的基本原理与方法[M]. 北京:科学出版社,2013.

10. 陈熙霖,胡事民,孙立峰. 面向真实世界的智能感知与交互[J]. 中国科学:信息科学,2016,46(8):969—981.

11. 陈祥. 电化教学不是一种电化教育[J]. 外语电化教学,1983(2):30.

12. 陈忆金,曹树金,陈少驰,陈珏静. 网络舆情信息监测研究进展[J]. 图书情报知识,2011(6):41—49.

13. 陈玉琨. 教育评价学[M]. 北京:人民教育出版社,1999.

14. 程书肖. 教育评价方法技术[M]. 北京:北京师范大学出版社,2007.

15. 辞海编辑委员会. 辞海[M]. 上海:上海辞书出版社,1979.

16. 崔文博. 高校多媒体教室向智慧教室转型初探[J]. 课程教育研究,2018(43):26.

17. 崔亚强,甘启宏,王春艳. 高校智慧教学环境的建设和运行机制思考——以四川大学为例[J]. 现代教育技术,2020,30(3):95—100.

18. 大数据战略重点实验室. 大数据概念与发展[J]. 中国科技术语,2017,19(4):8.

19. 单亦魁. 教师教学基本功的内容,标准及评价的研究[J]. 现代中小学教育,1994(6):55—57.

20. 翟小铭,孙伟,郭玉英等. 智慧教室:应用现状及其影响研究[J]. 中国电化教育,2016(9):121—127.

21. 董士海. 人机交互的进展及面临的挑战[J]. 计算机辅助设计与图形学学报,2004(1):1—13.

22. 董婷婷. 智慧教育时代背景下人工智能如何推动教学变革[J]. 中国成人教育,2018(10):86—88.

23. 樊畅. 人工智能技术赋能个性化学习[J]. 教书育人(高教论坛),2018(12):76.

24. 范福兰,张屹,周平红,李晓艳,朱映辉,杨莉,白清玉. "以评促学"的信息化教学模型的构建与解析[J]. 电化教育研究,2015,36(12):84—89.

25. 付芬,豆育升,韩鹏. 基于隐式评分和相似度传递的学习资源推荐[J]. 计算机应用研究,2017(12):211—215.

26. 甘永成. 虚拟学习社区的知识建构分析框架[J]. 中国电化教育,2006(2):27—31.

27. 高地. MOOC在西方高校德育课程中的应用及其对我国高校思想政治理论课建设的启示[J]. 现代远距离教育,2014(2):21—27.

28. 高裴裴. 计算机视觉远心成像三级梯度实验教学设计[J]. 工业和信息化教育,2020(1):70—74.

29.高志鹏,牛琨,刘杰.面向大数据的分析技术[J].北京邮电大学学报,2015,38(3):1—12.

30.龚理专,梁国彪,张建站,朱可.现代教室多媒体技术环境的设计与应用[J].中国电化教育,2010(11):124—126.

31.郭亚宁,冯莎莎.机器学习理论研究[J].中国科技信息,2010(14):208—209+214.

32.郭玉清,袁冰,李艳.基于云计算的智慧教室系统设计[J].数学的实践与认识,2013,43(4):103—107.

33.郝绍波,李晓东,韩玲玲.课堂教学过程量化评价的实践与探究[J].黑龙江教育:高教研究与评估,2008(1):173—174.

34.郝祥军,王帆,祁晨诗.教育人工智能的发展态势与未来发展机制[J].现代教育技术,2019,29(2):7.

35.何克抗.智慧教室+课堂教学结构变革——实现教育信息化宏伟目标的根本途径[J].教育研究,2015,36(11):76—81+90.

36.何屹松,孙媛媛,汪张龙等.人工智能评测技术在大规模中英文作文阅卷中的应用探索[J].中国考试,2018,314(6):63—71.

37.何增颖.Moodle,Claroline和Dokeos开源网络教学平台的比较[J].中国现代教育装备,2014(11):33—34+37.

38.何哲.五中全会,大数据战略上升为国家战略[EB/OL].人民网,politics. people. com. cn/n/2015/1108/c1001-27790239. html,2015—11—08.

39.胡蝶.人工智能在金融领域的应用研究[J].金融纵横,2018,482(9):47—51.

40.胡玲翠,许有.浅析国外教育评价发展的主要阶段及特点[J].中国校外教育,2007(6):1.

41.胡钦太,郑凯,林南晖.教育信息化的发展转型:从"数字校园"到"智慧校园"[J].中国电化教育,2014(1):35—39.

42.胡卫星,田建林.智能教室系统的构建与应用模式研究[J].中国电化教育,2011(9):127—132.

43.黄德群.云服务架构下的Canvas开源学习管理系统研究[J].中国远程教育,2013(7):64—70.

44.黄荣怀,胡永斌,杨俊锋,肖广德.智慧教室的概念及特征[J].开放教育研究,2012,18(2):22—27.

45.黄荣怀.中小学数字校园的建设内容及战略重点[J].北京教育(普教版),2009(8):6—7.

46.贾积有.教育技术与人工智能[M].吉林:吉林大学出版社,2009.

47.贾积有,乐惠骁,张誉月等.基于大数据挖掘的智能评测和辅导系统设计[J].中国电化教育,2023,434(3):112—119.

48. 蒋东兴,付小龙,袁芳,蒋磊宏.高校智慧校园技术参考模型设计[J].中国电化教育,2016(9):108—114.

49. 孔企平.关于评价与教学过程有机结合的探索[J].全球教育展望,2014,43(12):18—24.

50. 赖志欣,王鑫,肖艳萍,杨晓鹏.基于智慧教学平台的新型混合式教学现状及趋势研究——2016—2017年文献可视化分析[J].软件导刊,2018,17(9):219—221+226.

51. 兰国帅,郭倩,魏家财,杨喜玲,于亚萌,陈静静.5G＋智能技术:构筑"智能＋"时代的智能教育新生态系统[J].远程教育杂志,2019,37(3):3—16.

52. 冷艳菊.本科教学过程评价研究[J].黑龙江教育:高教研究与评估,2012(12):29—30.

53. 李保华.Moodle平台上基于知识管理的网络课程设计[J].软件导刊(教育技术),2008(2):70—71.

54. 李德毅.人工智能在奔跑 教育的机遇与挑战——在"北京联合大学智能机器人产学研合作与人才培养创新发展研讨会暨机器人学院成立大会"上的报告[J].北京联合大学学报,2016,30(3):4.

55. 李国杰,程学旗.大数据研究:未来科技及经济社会发展的重大战略领域——大数据的研究现状与科学思考[J].中国科学院院刊,2012,27(6):647—657

56. 李卢一,郑燕林.物联网在教育中的应用[J].现代教育技术,2010,20(2):8—10.

57. 李生.自然语言处理的研究与发展[J].燕山大学学报,2013,37(5):377—384.

58. 李廷军,黎仰安.试论数字化校园的特征和营造[J].高等函授学报(自然科学版),2004(3):41—44.

59. 李昕原.烟台市珠玑小学智慧教室应用案例[J].中国现代教育装备,2015(18):6—7.

60. 李学龙,龚海刚.大数据系统综述[J].中国科学:信息科学,2015,45(1):1—44.

61. 李有增,曾浩.基于学生行为分析模型的高校智慧校园教育大数据应用研究[J].中国电化教育,2018,378(7):33—38.

62. 李运江,李宏阶,徐鹏翔.多媒体教室声学设计[J].四川建筑科学研究,2008(5):172—175.

63. 梁娜.人工智能时代新型师生关系的建构[J].现代教育科学,2020(1):95—99.

64. 梁迎丽,刘陈.人工智能教育应用的现状分析、典型特征与发展趋势[J].中国电化教育,2018(3):24—30.

65. 刘锋.从世界数字大脑形成看元宇宙未来趋势[EB/OL].澎湃新闻,https://www.thepaper.cn/newsDetail_forward_15238087,2021—11—05.

66. 刘军.智慧课堂:"互联网＋"时代未来学校课堂发展新路向[J].中国电化教育,2017

(7):14—19.

67. 刘俊杰. 智能课堂质量评价系统设计[J]. 黑河学院学报,2019,10(8):136—138.

68. 刘少华. 网络技术在现代教育技术中的应用[J]. 湘潭工学院学报(社会科学版),2003(6):130—131.

69. 刘知青,吴修竹. 解读 AlphaGo 背后的人工智能技术[J]. 控制理论与应用,2016,33(12):1685—1687.

70. 刘知远,孙茂松,林衍凯,谢若冰. 知识表示学习研究进展[J]. 计算机研究与发展,2016,53(2):247—261.

71. 马金钟,马森. 基于学习者视角的国内主要 MOOC 平台比较研究[J]. 延边大学学报(社会科学版),2019,52(4):104—110+143.

72. 迈克尔·霍恩,希瑟·斯泰克. 混合式学习:用颠覆式创新推动教育革命[M]. 北京:机械工业出版社,2018:167—168.

73. 美通社. 昇腾 AI 的温度:关爱超 2700 万听障者,破解手语学习难题[EB/OL]. https://www.prnasia.com/story/366713—1.shtml,2022—6—29.

74. 孟庆军,孙宁. 解析"数字化校园"[J]. 中国电化教育,2003(8):87—88.

75. 孟小峰,慈祥. 大数据管理:概念、技术与挑战[J]. 计算机研究与发展 2013,50(1):146—169.

76. 莫雷. 教育心理学(21 世纪高校心理学教材)[M]. 广州:广东高等教育出版社,2012.

77. 莫赞,冯珊,唐超. 智能教学系统的发展与前瞻[J]. 计算机工程与应用,2002,38(6):6—7.

78. 南国农. "中国电化教育(教育技术)发展史研究"课题研究情况汇报[J]. 电化教育研究,2012(10):14—16.

79. 聂风华,钟晓流,宋述强. 智慧教室:概念特征、系统模型与建设案例[J]. 现代教育技术,2013,23(7):5—8.

80. 钱学敏. 论钱学森的大成智慧学[J]. 中国工程科学,2002(3):6—15.

81. 钱英,孙小磊. 人工智能与大数据在临床工程中的应用与挑战[J]. 华西医学,2019,34(6):607—611.

82. 邱仁宗,黄雯,翟晓梅. 大数据技术的伦理问题[J]. 科学与社会,2014,4(1):36—48.

83. 任友群. 教育治理视角下的教育管理信息化顶层设计[J]. 中国教育信息化,2014(18):21—25.

84. 桑德拉·米丽根,张忠华. 大数据、人工智能与学习评价方式[J]. 北京大学教育评论,2019,17(4):14.

85. 深圳前沿产业研究院. 2019 人工智能行业现状与发展趋势[EB/OL]. https://bg.qianzhan.com/report/detail/1910081709070618.html,2020—03—09.

86. 沈富可.《教育管理信息化建设与应用指南》解读[J]. 中国教育信息化,2015(7):4－7.

87. 沈书生. 学习空间的变迁与学习范式的转型[J]. 电化教育研究,2018,39(8):59－63.

88. 施行,潘绪年. 国外视听技术发展小史[J]. 外语电化教学,1979(1):2.

89. 宋建功,张冀中. 课程录播系统的研究与应用[J]. 现代教育技术,2010,20(8):44－48.

90. 宋灵青,许林. 人工智能教育应用的逻辑起点与边界 ——以知识学习为例[J]. 中国电化教育,2019(6):14－20.

91. 苏季. 微软与北大等高校联手培养 AI 人才开放四方面共享资源[N]. 新京报,2018－05－12.

92. 孙飞鹏,汤京淑. 高校智慧教室的建设与评价——以北京语言大学为例[J]. 现代教育技术,2019,29(12):75－81.

93. 孙曙辉,刘邦奇. 基于动态学习数据分析的智慧课堂模式[J]. 中国教育信息化,2015(22):21－24.

94. 孙志军,薛磊,许阳明,王正. 深度学习研究综述[J]. 计算机应用研究,2012,29(8):2806－2810.

95. 唐家渝,刘知远,孙茂松. 文本可视化研究综述[J]. 计算机辅助设计与图形学学报,2013,25(3):273－285.

96. 陶祥亚,胡建华. 高校教学信息资源中心数据存储系统研究[J]. 电化教育研究,2010(5):68－72.

97. 田斌,田虹,潘利群,黄河. 数字化校园体系结构建设[J]. 理工高教研究,2002(4):86－88.

98. 田娜,陈明选. 网络教学平台学生学习行为聚类分析[J]. 中国远程教育,2014(21):38－41.

99. 田启川,王满丽. 深度学习算法研究进展[J]. 计算机工程与应用,2019,55(22):25－33.

100. 万新恒. 信息化校园:大学的革命[M]. 北京:北京大学出版社,2001.

101. 王建华. 浅议多媒体教室的建设及其在教学中的运用[J]. 科技视界,2019(19):145－164.

102. 王鉴,王明娣. 高效课堂的建构及其策略[J]. 教育研究,2015,36(3):112－118.

103. 王珊,肖艳芹,刘大为,覃雄派. 内存数据库关键技术研究[J]. 计算机应用,2007(10):2353－2357.

104. 王帅国. 雨课堂:移动互联网与大数据背景下的智慧教学工具[J]. 现代教育技术,2017,27(5):26－32.

105. 王素. 人工智能与教育双向赋能[N]. 中国教育报,2018－06－29.

106. 王威丽,何小强,唐伦.5G 网络人工智能化的基本框架和关键技术[J].中兴通讯技术,2018,24(2):38—42.

107. 王咸伟,徐晓东,赵学孔,张宏珊,冯燕奕.开源网络教学管理系统的体系结构与选择[J].电化教育研究,2013,34(2):59—65.

108. 王彦哲,张立民,张兵强,李振宇.改进卷积输入的端到端普通话语音识别[J].计算机工程与应用,2019,55(17):143—149.

109. 王玉龙,蒋家傅.以需求为导向的智慧教室系统构建[J].现代教育技术,2014,24(6):99—105.

110. 王育齐,陈永恒.大数据时代背景下智慧教学模式的研究[J].中国信息化,2019(1):69—70.

111. 王竹立,李小玉,林津.智能手机与"互联网+"课堂——信息技术与教学整合的新思维、新路径[J].远程教育杂志,2015,33(4):14—21.

112. 维基百科.光学字符识别[EB/OL].https://zh.wikipedia.org.

113. 维基百科.可视化分析论[EB/OL].https://zh.wikipedia.org.

114. 尉小荣,吴砥,余丽芹,饶景阳.韩国基础教育信息化发展经验及启示[J].中国电化教育,2016(9):38—43.

115. 魏顺平.Moodle 平台数据挖掘研究——以一门在线培训课程学习过程分析为例[J].中国远程教育,2011(1):24—30.

116. 魏忠.教育正悄悄发生一场革命[M].上海:华东师范大学出版社,2014.

117. 吴康宁.学生仅仅是"受教育者"吗?——兼谈师生关系观的转换[J].教育研究,2003(4):43—47.

118. 吴旻瑜,郭海骏,卢蓓蓉,严文藩,任友群.美国国家教育统计中心对我国教育管理信息化建设的启示[J].世界教育信息,2014,27(3):13—19.

119. 吴胜男,吴桐蕊,刘文钦.基于日志数据的学生学业成就影响要素探究[C].第二十二届世界管理论坛、东方管理论坛论文专集,2018:649—656.

120. 吴筱萌.交互式电子白板课堂教学应用研究[J].中国电化教育,2011(3):1—7.

121. 吴志刚,肖广.多媒体网络教室特点与功能简介[J].上海电教,2000(1):39—42.

122. 新华社.八十多年前的"新媒体人"——中国电影教育开山宗师孙明经的影像人生[EB/OL].新华社新媒体,https://baijiahao.baidu.com/s?id=16401179382580500042&wfr=spider&for=pc,2019-07-26.

123. 邢蓓蓓,杨现民,李勤生.教育大数据的来源与采集技术[J].现代教育技术,2016,26(8):14—21.

124. 熊慧君,宋一凡,张鹏等.基于深度自编码器和二次协同过滤的个性化试题推荐方法[J].计算机科学,2019,46(S2):172—177.

125. 徐鹏,王以宁,刘艳华,张海.大数据视角分析学习变革——美国《通过教育数据挖掘和学习分析促进教与学》报告解读及启示[J].远程教育杂志,2013,31(6):11—17.

126. 徐顺,陈吉利,王锋.新加坡基础教育信息化发展规划对我国基础教育信息化的启示[J].中国远程教育,2012(12):80—84.

127. 许亚锋,尹晗,张际平.学习空间:概念内涵、研究现状与实践进展[J].现代远程教育研究,2015(3):82—94+112.

128. 许艳凤,张为忠,连榕.教育机器人对儿童语言学习的影响分析[J].教育评论,2019,241(7):8—13.

129. 许志杰,王晶,刘颖,范九伦.计算机视觉核心技术现状与展望[J].西安邮电学院学报,2012,17(6):1—8.

130. 宣华,王映雪,陈怀楚.清华大学综合教务系统在教务管理中的应用[J].计算机工程与应用,2002(12):237—239.

131. 闫志明,唐夏夏,秦旋,张飞,段元美.教育人工智能(EAI)的内涵、关键技术与应用趋势——美国《为人工智能的未来做好准备》和《国家人工智能研发战略规划》报告解析[J].远程教育杂志,2017,35(1):26—35.

132. 阎坚,桂劲松.基于物联网技术的智慧教室设计与实现[J].中国电化教育,2016(12):4.

133. 杨成鉴,金涛声.中国考试学[M].北京:书目文献出版社,1995.

134. 杨东华,李宁宁,王宏志,李建中,高宏.基于任务合并的并行大数据清洗过程优化[J].计算机学报,2016,39(1):97—108.

135. 杨南昌,钟志贤.多元智能理论对个性化网络学习环境设计的启示[J].中国远程教育,2003(3):48—50.

136. 杨晓琼,戴运财.基于批改网的大学英语自主写作教学模式实践研究[J].外语电化教学,2015,162(2):17—23.

137. 杨艳雯,王小根,陶鑫荣.基于蓝墨云班课的混合式学习研究与设计[J].中国信息技术教育,2016(12):106—109.

138. 杨宗凯.教育的全面数字化转型已成必然趋势[J/OL].中国青年报,https://baijiahao.baidu.com/s? id=1729789458818466002&wfr=spider&for=pc,2022—04—11.

139. 叶晓辉.Blackboard平台高校应用现状及思考研究——以西南大学为例[J].电子世界,2011(12):10—13.

140. 叶新东,陈卫东,张际平.未来课堂环境的设计与实现[J].中国电化教育,2014(1):82—87.

141. 殷斌.智慧教室建设现状及发展方向[J].现代信息科技,2018,2(12):135—137.

142. 于翠翠.新中国70年教学技术研究回顾与展望[J].教育史研究,2020,2(1):27—

37.

143. 余娟. 当代新型师生关系的解读与构建[M]. 长春:东北师范大学出版社,2018.

144. 余玲,马媛. 从高校信息化建设历程看智慧校园发展趋势[J]. 科技视界,2019(16):125－126.

145. 余明华,冯翔,祝智庭. 人工智能视域下机器学习的教育应用与创新探索[J]. 远程教育杂志,2017(3):11－21.

146. 俞伟,刘渊. "互联网＋"时代"智慧教室"建设的研究与实践[J]. 教育理论与实践,2017,37(15):44－46.

147. 郁晓华. 美国 iPad 项目及其对中国电子书包的启示[J]. 开放教育研究,2014,20(2):46－55.

148. 袁静. 高校图书馆情景敏感服务模式的理论基础解析[J]. 图书情报工作,2017,61(21):22－29.

149. 袁松鹤. 典型网上教学平台的功能特性对比研究[J]. 中国远程教育,2012(7):12－19.

150. 袁秀娟. 智慧课堂的理念构建及模型解析[J]. 教学与管理,2017(21):99－101.

151. 张翠平,苏光大. 人脸识别技术综述[J]. 中国图象图形学报,2000(11):7－16.

152. 张帆,龚翠艳,时德才,汪星航. 基于计算机视觉技术的课堂自动考勤系统研究[J]. 课程教育研究,2015(10):204.

153. 张敏,尹帅君,聂瑞,唐存周. 基于体验感知的中外慕课学习平台持续使用态度对比分析——以 Coursera 和中国大学 MOOC 为例[J]. 电化教育研究,2016,37(5):44－49.

154. 张屹,白清玉,李晓艳,朱映辉,范福兰,谢玲. 基于 APT 教学模型的移动学习对学生学习兴趣与成绩的影响研究——以小学数学"扇形统计图"为例[J]. 中国电化教育,2016(1):26－33.

155. 张屹,陈蓓蕾,李晓艳,朱映辉,白清玉,王婧. 智慧教室中基于 APT 模型的 iPad 电子教材设计与应用研究——以小学英语五年级上册 Toby's Dream 为例[J]. 电化教育研究,2016,37(8):63－71.

156. 张引,陈敏,廖小飞. 大数据应用的现状与展望[J]. 计算机研究与发展,2013,50(S2):216－233.

157. 张优良,尚俊杰. 人工智能时代的教师角色再造[J]. 清华大学教育研究,2019,40(4):39－45.

158. 张子石,金义富,吴涛. 未来教育空间站网真教室的设计及其核心价值[J]. 远程教育杂志,2015,33(4):106－112.

159. 赵春,任友群. 高校管理信息化:离智慧校园有多远[J]. 中国教育信息化,2013(23):3－7.

160. 赵国栋,汪琼. 中国、美国及香港地区高校信息化发展状况比较研究[J]. 现代远程教育研究,2003(2):12-18+63.

161. 赵建华,蒋银健,姚鹏阁,李百惠. 为未来做准备的学习:重塑技术在教育中的角色——美国国家教育技术规划(NETP2016)解读[J]. 现代远程教育研究,2016(2):3-17.

162. 赵林. 高校教学管理信息系统建设的思考与探讨[J]. 中国教育信息化,2010(23):7-8.

163. 赵衍,张文正,张志悦等. 基于 IPv6 的多语种教学资源管理平台设计与实现[J]. 通信学报,2018,39(A01):13-21.

164. 赵衍. 上海外国语大学:到课率统计系统的设计与实现[J]. 中国教育网络,2021(6):2.

165. 赵衍. 上海外国语大学打造可定制的智慧教室[J]. 中国教育网络,2019(11):63-64.

166. 赵衍. 云网端融合实现智慧教室按需定制[J]. 上海信息化,2019(11):24-27.

167. 郑丽,牛英华,许霞. 关于 Blackboard 网络学堂应用的调查与分析[J]. 实验技术与管理,2016,33(2):143-146+158.

168. 中共中央、国务院,中国教育现代化 2035[EB/OL]. http://education. news. cn/2019-02/23/c_1124154392. htm,2020-03-06.

169. 中共中央、国务院. 中共中央、国务院印发《深化新时代教育评价改革总体方案》[EB/OL]. http://www. moe. gov. cn/jyb_xxgk/moe_1777/moe_1778/202010/t20201013_494381. html,2020-10-13.

170. 中国医学装备协会眼科专业委员会. 儿童青少年近视眼检测与防控的应用标准[J]. 中华眼科医学杂志(电子版),2018,8(6):41-53.

171. 中国政府网. 国务院印发《新一代人工智能发展规划》[EB/OL]. http://www. gov. cn/xinwen/2017-07/20/content_5212064. htm,2017-07-20.

172. 中华人民共和国工业和信息化部. 工业和信息化部关于印发《促进新一代人工智能产业发展三年行动计划(2018—2020 年》)的通知[EB/OL]. https://www. miit. gov. cn/zwgk/zcwj/wjfb/zh/art/2020/art_de90191568e94fb0b358864d30c67ae9. html,2017-12-14.

173. 中华人民共和国工业和信息化部. 工业和信息化部关于印发大数据产业发展规划(2016—2020 年)的通知[EB/OL]. http://www. miit. gov. cn,2017-01-17.

174. 中华人民共和国教育部. 关于批准 2018 年国家级教学成果奖获奖项目的决定(教师〔2018〕21 号)[EB/OL]. http://www. moe. gov. cn/srcsite/A10/s7058/201901/t20190102_365703. html,2018-12-25.

175. 中华人民共和国教育部. 国家教育管理信息系统建设总体方案[J]. 中国教育信息

化:基础教育,2013(8):11.

176. 中华人民共和国教育部. 国家中长期教育改革和发展规划纲要(2010—2020 年)[EB/OL]. http://www. moe. gov. cn/jyb_xwfb/s6052/moe_838/201008/t20100802_93704. html,2010—07—29.

177. 中华人民共和国教育部. 教育部 2019 年工作要点[EB/OL]. http://www. moe. gov. cn/jyb_xwfb/gzdt_gzdt/s5987/201902/t20190222_370722. html,2019—02—22.

178. 中华人民共和国教育部. 教育部等八部门关于引导规范教育移动互联网应用有序健康发展的意见[EB/OL]. http://www. moe. gov. cn/srcsite/A16/moe_784/201908/t20190829_396505. html,2019—08—15.

179. 中华人民共和国教育部. 教育部关于加快建设高水平本科教育全面提高人才培养能力的意见[EB/OL]. http://www. moe. gov. cn/srcsite/A08/s7056/201810/t20181017_351887. html,2018—10—08.

180. 中华人民共和国教育部. 教育部关于加强新时代教育管理信息化工作的通知[EB/OL]. http://www. moe. gov. cn/srcsite/A16/s3342/202103/t20210322_521669. html,2021—03—15.

181. 中华人民共和国教育部. 教育部关于印发《高等学校人工智能创新行动计划》的通知[EB/OL]. http://www. moe. gov. cn/srcsite/A16/s7062/201804/t20180410_332722. html,2018—04—03.

182. 中华人民共和国教育部. 教育部关于印发《关于加强高等学校本科教学工作提高教学质量的若干意见》的通知[EB/OL]. http://www. moe. gov. cn/s78/A08/gjs_left/s5664/moe_1623/201001/t20100129_88633. html,2001—08—28.

183. 中华人民共和国教育部. 教育部关于印发《教育信息化 2.0 行动计划》的通知[EB/OL]. http://www. moe. gov. cn/srcsite/A16/s3342/201804/t20180425_334188. html,2018—04—18.

184. 中华人民共和国教育部. 教育部关于印发《教育信息化十年发展规划(2011—2020 年)》的通知[EB/OL]. http://www. moe. gov. cn/srcsite/A16/s3342/201203/t20120313_133322. html,2012—03—13.

185. 中华人民共和国教育部. 教育管理信息化建设与应用指南[EB/OL]. http://old. moe. gov. cn/publicfiles/business/htmlfiles/moe/s5892/201411/177983. html,2014—11—13.

186. 中华人民共和国教育部. 联合国教科文组织正式发布国际人工智能与教育大会成果文件《北京共识——人工智能与教育》[EB/OL]. http://www. moe. gov. cn/jyb_xwfb/gzdt_gzdt/s5987/201908/t20190828_396185. html,2019—08—28.

187. 中华人民共和国教育部党组. 中共教育部党组关于教育系统学习贯彻党的十九届

四中全会精神的通知［EB/OL］. http://www. moe. gov. cn/srcsite/A12/s7060/201911/t20191129_410201. html,2019－11－07.

188. 中华人民共和国教育部科技司. 2018 年 12 月教育信息化和网络安全工作月报［EB/OL］. http://www. moe. gov. cn/s78/A16/gongzuo/gzzl_yb,2019－01－25.

189. 中华人民共和国卫生部国家环境保护总局. 室内空气质量标准 GB/T18883-2002 (20030301)［EB/OL］. http://www. nhc. gov. cn/wjw/pgw/201212/34183. shtml,2002－11－19.

190. 钟志贤. 信息化教学模式［M］. 北京:北京师范大学出版社,2006.

191. 周纲,胡晓源. 关于多媒体教室设计与实践［J］. 电化教育研究,2001(9):75－77.

192. 周伟祝,宦婧. 新的面向对象知识表示方法［J］. 计算机应用,2012,32(2):16－18＋37.

193. 周一青,潘振岗,翟国伟,田霖. 第五代移动通信系统 5G 标准化展望与关键技术研究［J］. 数据采集与处理,2015,30(4):714－724.

194. 朱建平,章贵军,刘晓葳. 大数据时代下数据分析理念的辨析［J］. 统计研究,2014,31(2):10－19.

195. 朱婉平. 智慧教室建设与应用的实践探究［J］. 教育信息技术,2014(12):21－23.

196. 祝智庭,管珏琪,邱慧娴. 翻转课堂国内应用实践与反思［J］. 电化教育研究,2015,36(6):66－72.

197. 祝智庭,贺斌. 智慧教育:教育信息化的新境界［J］. 电化教育研究,2012,33(12):5－13.

198. 祝智庭,刘名卓. "后 MOOC"时期的在线学习新样式［J］. 开放教育研究,2014,20(3):36－43.

199. 祝智庭. 现代教育技术［M］. 北京:教育科学出版社,2002.

200. 祝智庭. 智慧教育新发展:从翻转课堂到智慧课堂及智慧学习空间［J］. 开放教育研究,2016(1):10.

201. 庄新一. 以拍照搜题为例,浅谈教育人工智能的发展与应用［J］. 中国新通信,2019,21(3):165－166.